# 이제는
## 성과가 아닌
## 성장을 말하라!

기하급수적인 성장을 이끄는 마인드-풀(Mind-Pull) 리더십 가이드

기하급수적인 성장을 이끄는 **마인드-풀(Mind-Pull) 리더십** 가이드

# 이제는
# 성과가 아닌
# 성장을 말하라!

**오인경 · 최치영** 공저

학지사

# 저자 서문 1

내가 삼성그룹에서 일할 때 모든 계열사의 성장속도는 놀라웠다. 삼성에 근무하면서 겪었던 내 인생에 행운의 사건을 꼽으라면 **기하급수적인 기업성장을 이루는 데 깊이 참여**했다는 것이다. 우리나라가 한창 IMF 여파로 고통받고 있던 2000년, 크레듀(현 멀티캠퍼스)의 창업멤버가 되었던 것이다. 고 김영순 사장님과 나를 포함한 11명의 창업멤버는 주변 사람들의 걱정과 우려에도 불구하고 벤처기업에 도전과 희망을 걸고 힘찬 발걸음을 내디뎠다.

크레듀는 창업 첫해부터 업계 1위를 구가하며 독보적인 전문성과 시장 점유율을 갖고 기업교육 이러닝 시장을 확대해 나갔다. 1년 만에 자본금을 만회하는 연매출을 거두며 성장에 가속도를 붙였다. 2007년 거래소 상장 시 사흘간 상한가를 기록하며, 주가는 액면가의 200배까지 뛰어올랐다. 이러닝의 성공은 국가적으로 **고용보험 법규를 제정**하는 데도 많은 영향을 끼쳤다. 가장 뜻깊은 것은 **이러닝 산업이라는 새로운 산업군을 국내**

**에 정착**시켰다는 것이다. 기존에 존재하던 산업을 개선시킨 것이 아니라 신(新)사업영역을 창조하고 기하급수적으로 성장시켜 냈다는 것은 참으로 보람 있는 일이 아닐 수 없다. 즉, 피터 틸이 얘기한 'Zero to One'을 이룩한 것이다. 이 기업은 지금까지도 독보적인 위치를 차지하고 있다.

지금 경제인들은 너 나 할 것 없이 **저성장**이란 단어를 입에 달고 산다. 마치 피할 수 없는 것으로 인정하고 얘기를 시작한다. 과연 그러한 사고방식이 합리적이고 효과적이고 이로울까?

한국을 방문하는 외국인들은 한국의 역동성에 놀라곤 한다. 지금 청년들의 마음이 힘든 이유 중의 하나는 한국인으로서 선천적으로 타고난 무한한 역동성과 열정을 마땅히 쏟아부을 곳이 없기 때문이 아닐까? 이들에게 새로운 성장의 씨앗을 만들어 줘야 한다. 더 나아가서 그들이 스스로 성장의 씨앗을 만들도록 도와줘야 한다. 그리고 기존의 기업들도 가열차게 재성장을 도모해야 한다. 그러려면 **성장원리를 제대로 알아야** 한다.

이러한 성장원리와 인간 본성을 알기 위해서 학자들은 원숭이나 어린 아기들의 행동을 유심히 관찰한다. 왜냐하면 이들은 아직 사회화되지 않았기 때문에 인간과 자연의 원리에 따른 고

유반응과 행동들을 보이기 때문이다. 인간의 역사 또한 우리에게 본질을 보여 준다. **고대부터 현대까지 장구하게 흐르는 본질**은 우리에게 교훈을 준다.

이 책은 **리더를 위한 책이자 인간 '성장'에 대한 보편적인 원리에 관한 책**이다. 이제까지 많은 리더십 원리가 경영학 이론이나 스킬 함양에 중점을 두었다면, 이 책은 **리더십의 본질을 인문학과 과학에서 찾고자** 한다. 인간에 대한 근본적인 성장원리를 바탕으로 **리더십과 기업의 궁극적인 성장원리를 재해석**하고자 한다.

1장부터 3장까지는 먼저 **'성장'은 무엇일까**를 얘기하는 것으로 시작한다. 성장의 본질을 얘기하고, 인간의 잠재력과 위대함을 일깨워 준다. 그리고 이런 위대함에도 불구하고 이의 실현을 방해하는 인간적 오류들을 설명한다. 4장은 **기하급수적인 기업들의 성장원리들**을 지극히 단순한 공식으로 이끌어 내고, 이를 모델(TAG² 모델)로 제시한다. 이 부분이 바로 리더들이 가장 궁금해할 부분일 것이다. 5장은 기하급수적인 성장을 이끌어 가는 사고와 행동의 이면에는 바로 인간의 **감정이 깊숙이 관여**한다는 사실을 강조한다. 감정이 없다면 성장도 없다. 마지막 6장에서는 불가능해 보이는 '가슴 뛰는 미래'로 직원들을 강력히 끌어당기는 **'마인드-풀(Mind-Pull) 리더십 스킬' 설명**으로 마무리하려고 한다. **앞부분이 '무엇을'**에 대한 얘기라면, **6장은 '어떻게'**에 관한 부분으로 '창조자적인 마음가짐'으로 존재 변화를 한 마인드-풀 리더들의 리더십 역량과 실행력을 높이는 데 주안점을 두었다.

과거에 나는 어떤 리더였을까? 나는 이 책을 자기반성 차원에서 시작했다. 책을 쓰면서 나는 나 자신이 성장하고 있는 것을 깨닫는다. 이 책의 완성을 위해 방대한 양의 독서와 협업이 필요했다는 점을 강조하고 싶다. 같이 힘을 보태 주신 공저자 최치영 박사님께 감사드린다. 학습을 통한 내면적 정보축적, 그리고 협업을 통한 외연적 확장은 이 책의 관점을 나선형으로 확대하게 해 주었고, 그 결과로 TAG² 모델과 마인드-풀 리더십이 완성되었다.

이 책은 충분한 문헌연구를 바탕으로 기획되었기 때문에 **기업 리더뿐 아니라 리더십을 공부하는 학생들이 읽어도 도움이 될 것**이다. 그리고 인간의 보편적인 성장원리를 얘기하기 때문에 학생들의 성장을 책임지고 있는 **교사들과 부모들이 같이 읽어도 유익할 것**이다.

마지막으로 책의 내용적 초점을 고객경험 중심에 맞추려고 노력했다. 저자가 쓰고 싶은 내용보다는 그동안 리더들이 알고 싶었던 내용 그리고 리더십을 경험하면서 겪게 되는 궁금증들을 해소하는 데 초점을 두고, 이를 이해하기 쉽게 풀려고 했다. 초안이 완성되고, 직접 고객계층에게 읽혀 보고 의견을 구했다. 이 책을 정성들여 읽고 피드백을 준 나의 죽마고우 김헌수 코치와 베스트셀러 작가인 양병무 코치께 감사를 드린다. 그리고 이 책을 흔쾌히 출간해 주신 학지사 김진환 대표, 편집을 맡아 수고해 준 유가현 대리께 감사드린다.

　끝으로 나를 성장시켜 주신 부모님께 깊은 감사를 드린다.

2019년 1월
오인경

# 저자 서문 2

이 책의 첫 페이지를 여는 순간 당신은 지금까지 보지 못했던 새로운 것을 발견하게 될 것이다. 이 책은 모든 개인과 조직을 일깨우는 '가장 인간다운 리더십 창조'를 강조한다. 우리는 이것을 '마인드-풀 리더십'이라고 명명한다. 지금까지의 리더십은 잠시 잊어도 좋다. 이 책에서 당신은 다음과 같은 세 가지의 원리를 알게 된다.

첫째, 리더십의 본질은 인간의 본성, 그리고 자연과 사회법칙에 조화가 되어야 한다. 많은 학자의 연구는 물론 인류의 문명을 일깨운 고대 철학에서도 그 근거를 찾는다. 당신의 경영철학은 무엇에 가치를 두고 있는가?

둘째, 역사적으로 인간은 성과평가보다 성장 욕구에 대한 본성이 강하게 표출되어 왔다. 그래서 인류는 '불가능한 미래' 실현을 통해 성장해 왔다. 당신은 아직도 단기성과 달성으로 위대한 인간, 위대한 리더로 존경받기를 원하는가?

셋째, 개인과 조직은 근본적으로 '기하급수적 성장'을 할 수 있는 역량을 가지고 있다. 우리는 연구를 통해 이 진리를 통찰했다. 이를 위해 당신은 인간에 대한 새로운 시각과 관점을 가지고 사고를 전환하게 될 것이다. 당신의 존재방식은 지금까지 하던 것을 열심히 하면 더 많은 성과를 달성하고 생존한다는 것인가?

인간의 잠재력을 과소평가한다면 리더는 결코 조직을 성장시키지 못할 것이다. 리더십은 바로 인간의 위대함을 발굴하고 도출하는 것이다. 이 책은 바로 이 부분을 처음부터 알 수 있게 쓰였다.

최근 애플이 창업 42년 만에 시가총액 1조 달러를 돌파했다. 애플은 실리콘밸리식 '불가능한 미래'를 실현한 수많은 기업 중 하나다. 그렇다고 우리는 못한다고 생각할 필요는 없다. 우리도 불가능한 미래를 창조한 나라다. 만일 당신이 급진적 변화와 혁신은 하지 않고 낡은 승리전략만 고수하며 현상유지에 급급하다면, 이 책을 읽어라. 만일 당신이 예측 가능한 SMART 목표달성을 뛰어넘지 못하고 있다면, 이 책을 읽어라.

새로운 산업혁명이 도래하고 있지 않은가! 철저히 대비하고 기회를 창조하라. 사람은 책을 쓰고, 책은 사람을 10×로 성장하게 한다고 믿는다. 이 책을 당신의 성장 동반자로 활용하라. 외부에서는 무섭도록 빠르게 변화하는데 당신의 내면에서는 얼마나 빠른 변혁이 일어나고 있는가?

 마지막 페이지까지 읽기 전까지는 이 책에 대한  당신의 평가는 부분적일 수 있다. 책 전체를 하나로 정리하라. 값진 보석과 마법을 발견하게 될 것이다. 그리고 당신의 인생이 바뀌고 '불가능한 미래'를 실현할 수 있다는 자신감으로 가슴은 뜨겁게 부풀고 뛰기 시작할 것이다. 힘든 현실이라고 원망하기 전에, 당신의 가슴 속에 무엇이 있어야 하는지를 찾기를 바란다.

지금이 당신의 미래를 만드는 첫 시간이다.
끊임없이 성장하는 당신을 응원한다.

2019년 1월
최치영

# 추천사

**매일경제 기자, 부장 김선걸**

성장이 잊혀진 시대, 성장이 터부시되는 시대다. '한강의 기적'으로 가슴 벅찼던 대한민국이 어쩌다 이렇게 됐는지 안타까울 뿐이다. 이런 때 저자는 가뭄의 단비 같은 희망을 뿌린다. '성장'과 '자신감'을 말하고, '긍정'과 '미래'를 말한다. 중요한 점은 저자가 '긍정'을 훈시하지 않고 감정을 매만진다는 점이다. 곳곳에 무릎을 치게 하는 대목이 있다. 이 시대의 리더, 특히 나라를 이끄는 리더들이 꼭 읽어야 하는 책이다.

**엔씨소프트 전무 심민규**

이 책은 리더십에 대한 그동안의 인식을 대대적으로 바꾸는 계기를 만들어 주었다. 젊고 창의적인 조직을 경영하는 리더들에게 큰 울림을 주는 역작이라고 확신한다. 자연법칙 및 인간 본성과 조화되는 기업 성장원리는 근래 보기 드문 혁신적인 연구라고 생각한다. 깊은 감동을 느끼게 하는 책으로 적극 추천한다.

**한양대학교 교수, 지식생태학자 유영만**

4차 산업혁명은 기술혁명이고, 기술혁명은 사람혁명에서 비롯되며, 사람혁명은 리더십 혁명으로 이끌어 낸다. 모든 것이 연결되는 세상, 사고의 혁명을 일으키기 위해서는 이전과 다른 리더십 혁명이 필요하다. 때마침 경영학적 리더십을 넘어 우주와 자연, 인간을 연결시켜 자연법칙과 에너지 흐름을 따라 사람의 열망을 끌어당기는 마인드-풀 리더십이 나왔다. 리더십의 기본과 근본을 동시에 뒤흔드는 새로운 차원의 리더십에 관심이 있는 모든 분에게 이 책은 필독서가 아닐 수 없다.

**평창올림픽 여자 컬링 대표팀 멘탈담당 코치 이영실**

결과로 평가받아야 하는 냉정한 스포츠 세계에서도 경기의 승패를 떠나 인간의 성장 가능성을 믿어 주고 인생 전체를 응원하는 것이 진정한 리더가 갖추어야 할 태도다. 마인드-풀 리더십의 원리는 기업 리더뿐만 아니라, 스포츠 세계의 리더에게도 큰 도움이 될 것이다.

**현대자동차그룹 인재개발원 부원장, 전무 조미진**

이 책의 특징은 먼저 흥미가 넘친다. 그리고 리더십의 출발점과 종착점을 새롭고 창의적인 관점으로 구체화하고 있다. 또 저자들은 리더가 구성원들의 탁월함을 존재적으로 이해하고 이끌어 낸다면, 어려운 환경 속에서도 조직은 기하급수적으로 성장할 수 있다는 희망의 리더십을 볼 수 있게 한다.

**KT 인재개발원 원장, 전무 최영민**

이 책은 접근방식부터 색다르다. 기업성장에 있어서 인간에 초점을 두고, 방대한 문헌조사를 바탕으로 인류의 위대한 역사를 관통하는 성장원리를 도출해 내고 있다. 성장 마인드세트와 인간중심적인 철학을 바탕으로 기하급수적인 성장을 이끌어 내는 리더십론은 플라톤이 말한 진리와 선을 실천하는 철인정치를 생각나게 한다. 원대한 포부를 꿈꾸고 싶은 리더뿐 아니라, 코칭의 깊이와 차원을 넘어서고 싶은 코치와 학생들이 읽기에도 손색이 없다.

# 차례

저자 서문 1 • 005
저자 서문 2 • 011
추천사 • 015
이 책의 특징 • 025

## PART 1
왜 성장을 말하는가? • 031

지속 가능이 아닌 '지속성장'을 꿈꾸라 • 033
성장하는 삶 • 035
왜 성과보다 '성장'을 지향하고자 하는가? • 036
고착 마인드세트와 성장 마인드세트 • 038
이 책의 근본 가정들 • 039
   1. 성장모델로의 전환 / 2. 전인적 인간관으로의 전환 /
   3. 기하급수적 성장 관점으로의 전환
우리가 풀어야 할 네 가지 의문들 • 043

## PART 2
의문 1: 인간은 보잘것없다?
우리는 자신이 생각하는 것보다 훨씬 능력 있는
존재다 • 045

다세포 유기체로서의 인간 • 047
인간의 경이적인 발달사 • 049
낙관론을 지지하는 또 한 사람 • 051
뇌과학에서 본 인간의 고차원적인 사고과정 • 052
   뇌구조 / 개념 이해 / 사고패턴 형성 / 모자란 정보 추측하기 / 예측하기 /
   초보자와 전문가의 차이 / 성찰과정 / 판단과 의사결정 / 아하! 체험 / 창의력

정보의 순환과정: 몸과 뇌와 감정 • 061

인간이 세상을 제패할 수 있었던 이유 세 가지 • 062

　　인간 신경계의 발명 / 언어의 발명 / 숫자의 발명

4차 산업은 인간에게 어떤 능력까지 주었나: '현재' 일어나고 있는

　　이야기 • 069

4차 산업은 인간에게 어떤 능력까지 가능하게 할까: '미래'

　　이야기 • 071

　　몸 / 지능 / 마음 / 새로운 계층의 탄생

**PART 3**
의문 2: '너 자신을 알라?'
나는 나 자신도 모르고 있다 • 079

나? 내가 알고 있는 내가 맞는가? • 081

어떻게 '나'를 남과 구별할 수 있는가? • 083

　　생물학적인 '나' / 심리학적인 '나' / 철학적인 '나'

진짜 자기란? • 086

나의 리더십 스타일과 성격유형 • 088

성격이란? • 090

성격 부적응에 대한 이해 • 091

　　A타입과 경계선 성격 / B타입과 강박성 성격 / C타입과 연극성 성격 /

　　D타입과 회피성 성격

과도함을 피해 성격의 균형과 조화를 • 103

직장인을 괴롭히는 정신문제들 • 105

　　우울장애의 이해 / 불안장애의 이해

거대한 미래를 상상하는 데의 걸림돌: 다양한 심리적 오류 • 109

　　인지적 오류 / 감정적 오류 / 행동적 오류

고착 마인드세트와 성장 마인드세트 리더십 • 130

오류들을 수정하는 '생각에 관한 생각' • 134

희망적인 소식 • 137

**PART 4**
의문 3: 시간은 미래를 향해 흐른다?
그러나 위대함은 미래로부터 현재로 흐른다 • 143

고대부터 현대까지 • 146

미래, 우리가 창조하는 것 • 147

인간은 어떻게 과거 그리고 미래란 의식을 갖게 되었는가? • 150

마이너리티 리포트 • 151

왜 지금 불가능한 상상이 요구되는가? 미래 변화를 직시해야 하는
  리더! • 152

불가능한 미래를 상상하는 기업들 • 154

MTP와 BHAGs • 156

MTP 문화 • 157

리더가 스스로 해야 할 셀프코칭 질문들 • 160

불가능한 미래를 탄생시키는 원리 I: 성장곡선 • 162

  1. 기하급수적인 성장곡선 / 2. 기하급수적인 성장은 자연현상 /

  3. 성장곡선에 초점을 둔 리더십 이론가, 켄 블랜차드 /

  4. 기하급수적 성장을 예견한 피타고라스 /

  5. 기하급수적인 성장을 하는 기업의 본질 /

  6. 기하급수적인 성장을 하는 기업의 경영원리: MTP의 2대 속성(아이디어와
    규모) / 7. 피타고라스 정리와 MTP의 관계성: 사고$^2$+행동$^2$=성장$^2$ /

  8. 더 높이 그리고 더 멀리: 자연과 인간과 조직은 동일한 성장원리를
    공유한다 / 9. TAG$^2$ 모델은 마인드−풀 리더의 도구

불가능한 미래를 탄생시키는 원리 II: 황금비 • 184

  1. 삶과 비즈니스에서 황금비를 적용한 사례에는 어떤 것이 있나? /

  2. 황금비 원리를 적용한 TAG$^2$ 모델 / 3. 황금비의 기업경영 사례

사고하며 행동한다: 반복 실험을 통한 실패극복 • 194

기하급수적 성장을 위한 거대한 상상을 하는 방법 • 196

  1. 의심과 경이로움, 호기심 갖기 / 2. 학습력 늘리기 /

  3. 협력하는 방법을 배우기 / 4. 기하학적 사고방식으로 기획하기

**PART 5**
의문 4: 나는 이성적이다?
인간은 너무도 감정적인 존재다 • 207

인간은 전인적인 존재 • 209

인간은 왜 감정을 느끼나? • 210
　　감정이 삶에 미치는 영향 • 212

조직에서의 감정의 소외 • 214

조직 내 행동주의와 인본주의의 충돌 • 217

조직에 무조건 순응했던 아이히만 • 218

뇌수술로 감정이 없어진 사업가 엘리엇 • 220

감정은 성장을 이끄는 강력한 촉매: 감정이 비즈니스에 미치는
　　영향 • 221
　　사고력과 통찰력 / 의사결정력 / 창조력 / 동기유발 및 변화관리 /
　　잠재력 / 소통능력

고차원적인 사고는 고정된 것이 아닌 흐르는 것 • 236

진정한 '존중'은 어떻게 하는 것일까? • 237

위선적인 리더십 • 239

감정적 웰빙은 정신건강의 핵심 • 241

자기 감정 자각을 통한 평정심 갖기 • 242

협업을 위한 의사소통: 기업교육의 변화 • 245

분노라는 감정 • 246

타인의 감정을 온몸으로 읽기 • 247

거울로 비춰 주는 대화는 상대 감정을 만족시킨다 • 249

항상성 본능과 조직의 덕(德) • 251

'감정수용→사고촉진→행동독려'의 선순환을 고려한 'HR과 HRD
　　시스템' • 253

'감정-사고-행동의 틀'을 기반으로 하는 기업교육으로의 전환 • 254

감성능력(EQ)의 허점: 감성능력보다 감정읽기부터 발휘하라 • 256
　　1. 감정과 감성의 차이 / 2. 조직에서 감성능력을 발휘하기 어려운 이유

기하급수적인 성장을 이끄는 긍정심리학 • 259

3대 1의 비밀 • 261

긍정심리가 기업성장에 미치는 효과 • 263

행동경제학적으로 직장의 긍정적인 정서 늘리기 • 265

조직의 가치관과 감정 • 266

4차 산업시대와 가치관 • 269

구글의 긍정주의적 인본주의 경영철학 • 271

일과의 공감은 소명감으로 가는 길: '감정–사고–행동'의
　경영원리 • 272

지금까지의 이야기: 중간정리 • 273

**PART 6**
불가능한 미래를 실현하는 마인드–풀 리더십 • 277

마인드–풀 리더란? • 279

마인드–풀 리더를 돕는 강력한 코칭 • 280

마인드–풀 리더십의 3대 방향 • 281

'CEO의 변태'는 '조직의 돌연변이'를 일으킨다: 새 역사의 시작 • 284

코치가 도와주는 원대한 미래 상상하기 • 285

다분히 긍정심리학에 근거한 마인드–풀 리더십 • 288

존재방식 변화: 운영자 마음가짐에서 창조자 마음가짐으로 • 289

존재방식이 변하면 사고와 행동방식은 따라서 변한다 • 293

마인드–풀 리더십의 시작 • 296

불가능한 미래를 상상하는 절차 • 298

　　1. 감정을 먼저 수용하라(부정적인 감정 수용) /

　　2. '나에 대한 자각'을 통해 위대함을 일깨우기(긍정적인 감정으로 전환) /

　　3. 나의 소망을 담은 미래 상상하기(나의 소망 정의) /

　　4. 나의 소망과 세상의 조화를 이룬 성장목적 수립하기(MTP 정의) /

　　5. '왜 그런 상상을 했는가'란 질문으로 마무리(소명 정의)

TAG$^2$ 모델 양식을 활용하여 마인드–풀 리더십 발휘하기 • 310

　　1. 간단한 작성실습(창조적 존재방식의 예) /

　　2. 잘못된 예(운영자적 존재방식의 예) /

　　3. 완성된 양식의 예(기업의 예: SpaceX)

대한민국의 성장곡선 • 323

A급 팀 구성 • 326

점진적 노출을 통한 자신감 향상 • 329
정말 강조되어야 하는 또 하나는 '실행'이다 • 330
헌신적인 대화와 긍정적인 수용은 리더십의 기본 • 332
    1. 감정이입 우선의 원칙 / 2. 비판단적 대화의 원칙
마인드-풀 리더의 기본자세 • 340


이 책을 마치며 • 343
교육 프로그램 소개 • 347

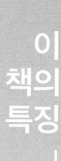

이
책의
특징

# 이 책의 특징

이 책은 일반인들이 읽기 쉽게 특별히 **교수설계**된 책입니다. **만일 빠르게 읽고 싶은 독자가 있다면, 굵은 글씨만 읽어도 이해가 되도록** 정성들여 기획했습니다. 얕게 읽든지 깊게 읽든지, 그것은 독자들의 선택이고 자유입니다. 부디 행복하고 유익한 독서가 되기를 기원합니다.

이 책은 **리더십에 관한 책**이면서 인간에 관한 책이다. 아무리 기업에 소속되어 있다 할지라도, **인간이란 존재는 모든 학문과 연결된 이슈**다. 그래서 이 책은 **폭넓은 학문분야를 아우른 융합적인 시각과 통합적 연구**를 기반으로 **인간, 나, 성장, 리더십, 기업의 본질**을 들여다보고자 했다.

이 책은 조직에 속한 인간뿐 아니라 **'나'에 대한 궁금증도 풀어 준다.** 또한 리더들이 직장과 가정, 즉 '삶'에서 궁금증을 가져봤을 궁극적인 의문들을 건드려 보고 싶었다. **삶이란 직장과 가정으로 분리할 수 없는 것**이기 때문이다. 그리고 이 책은 업무할 때뿐 아니라 소통할 때에도 도움될 것이다. **업무와 소통 또한 분리할 수 없는 것**이기 때문이다. 이 책은 경영서 또는 자기계발서일 뿐 아니라 인문서이기도 하다. 독자들은 이를 염두에 두고 읽어 주기 바란다. 내용이 가볍지도 않다. 가벼운 내용을 찾는다면 다른 책을 권한다. 그러나 가능한 한 쉽게 써 보려고 무척 노력을 했다. 물론 **이 책이 근거 있는 주장이 되기 위해 백여 권의 최근 서적을 부단히 학습하고 연구한 결과임**을 먼저 밝혀 두고 싶다.

### 첫째, 경영학 원리를 넘어서는 인본주의 리더십

"천문학이 망원경에 대한 학문이 아니듯, 컴퓨터공학도 컴퓨터에 관한 학문이 아니다." 마찬가지로 **경영학도 기업경영에 관한 학문이 아닌 '사람'에 초점을 두어 인문과학[1]이라는 망원경'으로 포괄적이고 원격적이고 장기적인 관점에서 인간을 바라보아야 한다.** 이 책은 기존의 경영학 서적에서 보기 드물었던, 인간은 어떤 존재인지, 뇌는 어떻게 작동하는지, 나란 존재는 어떤 사람인지 등 리더들이 삶과 직장에서 꼭 알아야 할 근본적인 의문점들을 해소해 준다.

### 둘째, '삶' 연구에서 시작하는 코칭리더십

리더십이 점점 코칭으로 변화해 가고 있다. 코칭은 삶에 관한 것이다. 그것이 비즈니스 코칭이라 할지라도 말이다. 기업과 인간은 하나의 경영학이란 단독학문으로 따로 떨어뜨려 연구할수 없고, 모든 학문과 연결되어 있다. 이 책은 **수학, 예술, 뇌과**

---

1) 인문과학을 인간 및 인간적 사상 일반에 관한 과학적 연구라는 의미로 해석한다면 자연과학·사회과학·인문과학의 전부를 포함하는 것이 된다(출처: 두산백과).

학, 생물학, 미래학, 경영학, 행동경제학, 리더십, 사회학, 교육학, 심리학, 상담학, 철학 등의 학문분야를 아우른 융합적인 시각과 한 통합적 연구를 기반으로 한 리더십을 얘기한다. 이런 통합적인 관점에서 리더십의 본질을 들여다보고자 했다.

### 셋째, '자연'법칙을 따르는 리더십

인류는 자연 속의 일부다. 이 책은 복잡한 **자연 속에 면면히 흐르는 근본 질서와 원리를 찾고, 이를 인간과 조직의 삶에 적용**해 보고자 했다. 자연의 성장 법칙에서 인간성장의 원리와 리더십의 핵심원리를 이끌어 낸다. **자연과 인간과 조직은 유사한 성장의 원형을 공유**한다. 종래의 인위적인 경영기법을 탈피한 원형적인 리더십 모델을 제시한다.

### 넷째, 4차 산업 대응력을 고도화하는 리더십

4차 산업에 대응하기 위해 **선형적 성장이 아닌 변혁적 성장이 필요한 시기에,** 어떻게 불가능한 미래를 상상하고 실현하는지에 대한 심도 깊은 이해와 철학적 가이드를 제시한다. 전통적인 선형적 성장을 주장하는 **전통적인 리더십과는 달리, 높은 차원으로 단번에 시프트하는 리더십 모델을 제시**한다. 특히 인간의 행동 및 사고방식의 변화 차원이 아닌 나의 존재의식 자체가 바뀜을 경험함으로써 **모든 관점이 일거에 재창조되는 창조자적인 마음가짐**을 어떻게 가질 수 있는가를 알려 준다.

### 다섯째, '내면 성장' 중심의 리더십

지금껏 '성과' 중심의 수치 달성에 집착하느라 소외되어 버린 인간다움을 되찾고, **인간의 '내면 성장'을 통해 기업성과를 이끌어 내는 인본주의에 입각한 리더십** 변혁을 강조한다. 경영학 속에서 감정이 감춰져 버린 이유를 밝히고, **'감정'이 인간성장을 이끌어 나가는 데 필수적인 촉매작용**을 한다는 사실을 심도 있게 제시한다.

### 여섯째, '흐름'을 열어 주는 리더십

**리더십은 개인의 내부에 고여 있는 타고난 잠재력을 자유로이 흐르게 하는 것**이다. 잠재력은 애써서 발휘하는 것이 아니라 자연스럽게 휘발시키는 것이다. **인간의 모든 성장과 변화는 '흐름'으로 인식해야** 한다.

### 일곱째, 인류의 정신건강을 위한 리더십

리더십은 개인의 건강한 성장을 통해 사회의 건강함을 되찾게 도와주어야 한다. 이 책은 **일**에서 잠재력을 발휘하고, **삶**에서 행복감을 느끼며, **사회**적으로 가치 있는 활동으로 소명감을 느끼게 함으로써 **기업**성장뿐 아니라 **인류의 성장과 건강을 도모하기 위해 다분히 코칭적이고 상담자적인 입장에서 접근**한다.

# 왜
# 성장을
# 말하는가?

르누아르의 〈가브리엘과 장〉[1]

이 그림은 르누아르의 아들인 장과 인척인 가브리엘이 찰흙을 가지고 함께
놀이하는 평화로운 모습을 그린 작품이다. 몽실몽실한 아기의 살, 호기심에
가득 찬 표정으로 막 움직이려고 하는 모습을 생동감 있으면서도 부드럽게
보여 주고 있다. 놀랍게도 갓 태어난 아기들은 엄마와 자신을 동일한 개체
로 생각한다고 한다. **15개월**쯤 되면 비로소 **엄마와 자신이 각각의 존재**라
는 것을 알게 되면서 **분리 개별화**되는 성장과정을 거친다. **비로소 개인이
되려고 하는 것**이다. 이는 **인간의 심리적 성장의 첫 발걸음**이다.

---

1) 르누아르의 부인이 아기를 낳으러 갔을 때 친척 여인이 아들을 보살펴 주는 그림이라
고 한다.

# 지속 가능이 아닌
## '지속성장'을 꿈꾸라

**저성장!** 요즘 **한국 경제의 키워드로 가장 많이 언급되는 단어**다. 어떤 학자는 현재의 경기 침체를 '조용한 대공황'으로 정의하기까지 한다. 저성장 국면을 극복하기 위해 기업들은 혁신에 모든 힘을 쏟는다. 그렇다면 **'지금과 같은' 극복방식으로 열심히 점진적인 혁신을 계속해 나가면 과연 지속적인 '성장'이 가능할까?** '지속 가능'이 아닌 '지속성장' 말이다. 더 나아가서, 이러한 점진적 개선을 통해 과거와 같은 '고속성장'을 다시 경험하는 게 가능할까? 답은 '아니오'다.

그 이유를 아인슈타인이 대신 말해 준다. **"어제와 똑같이 살면서 다른 미래를 기대하는 것은 정신병 초기증세다."** 너무도 유명한 명언이라 한 번쯤은 들어 보았을 것이다. 기업들이 지금과 같은 방식으로 지속성장하기를 바란다면 정신병 초기라 하겠다. 아마 지속 가능은 할지도 모르겠다. 그러나 지속성장, 더 나아가서 **고속성장을 위해서는 과거를 잊어야 한다.** 엄마 품을 떠나는 아기처럼 **과거와 분리된 새로운 정체성**을 찾고, **과거와 분리된 성장방식을 찾아야 한다.**

지금이 **저성장 시대라고는 하지만, 세계 곳곳에서는 생각지도 못했던 사고와 행동방식으로 기하급수적인 성장을 일궈 내고 있는 기업들이 있다**는 것을 독자들은 알 것이다. 그들은 과연 어떤 기업이며, 어떻게 했기에 성공할 수 있었을까? 그들의 색다른 기업경영 방식은 과연 세상에 존재하지 않았던 완전히 새로운 것이었을까? 한마디로 답하면 '그렇지 않다'이다. **그들은 과거 자연과 인간의 역사에서 면면히 흐르는 단순하고도 보편적인 그러나 강력한 '성장의 원리'들을 적용하고 있었다.** 본래 자연과 인간은 때가 되면 기하급수적으로 성장하기 마련이다. 그런데 **단기적인 개선이나 성과에만 집착하면 장기적인 성장 동력은 훼손된다.** 매일 시험공부에만 집착하던 아이가 육체적으로나 정신적으로 저성장증에 걸리는 것과 같은 이치다. 매일, 매달, 매년 닥치는 심리적 압박을 헤쳐 나가기 바쁜데, 어찌 미래 성장의 꿈을 꿔 보겠는가! **기하급수적으로 성장하는 기업들은 마치 꿈꾸는 아이 같은 '성장' 활력을 고스란히 유지하고 있다.**

**기하급수적인 성장 기업의 리더들은** 성과를 지향하기보다는 **자신과 동료들이 더 나은 세상을 만들어 나간다는 거대한 '성장' 목적과 인류애와 주인의식을 갖고 경영에 임한다.** 그들은 불가사의할 정도로 위대한 인간의 잠재력에 대한 믿음을 갖고 끊임없는 실험을 한다. 그 결과로, 일반인의 시각에서는 **불가능해 보였던 미래를 스스로 만들어 우리에게 보여 주고 있다. 이 책은 이런 불가능한 미래를 실현하는 비결**들을 말하려고 한다.

# 성장하는
## 삶

20세기 가톨릭 지성인 중, 중요 인물이자 철학자인 **로마노 과르디니**는 『삶과 나이』에서 이렇게 말한다. **'인간이 진정한 성장을 하려면, 모든 삶의 시기마다 고유한 과제를 거쳐야 한다'**고 말이다. 예를 들어, 유년기의 과제는 모태를 떠나 개별 존재로 사는 것이다. 청년기의 과제는 참된 성취를 위해 자신의 힘을 일정한 형태로 만들어 가는 것이다. 노년의 과제는 물러남을 인정하고 지혜로운 인간이 되기 위해 노력하는 것이다. **때때로 정상적인 성장 발달이 실패하기도 하는데, 그 요인은 이미 끝냈어야 할 시기에 고착되거나, 모두가 말하는 평균적 현실(성공, 이득 좇기 등)에 집착하기 때문**이라고 한다. 인생의 어느 시기에 입은 손상은 삶 전체를 손상시키므로 단계적 성장은 삶에 매우 중요하다.

이 개념은 직장생활에서도 마찬가지로 적용된다. **직장인도 취업하는 순간부터 성장 단계를 거친다. 성장과정에서 상사로부터 독립을 이뤄 개별 존재로 살지 못하거나, 외부에서 부과된 성공과 성과 기준에 지나치게 집착할 때 직장인으로서의 발달 지체**가 일어난다. 발달지체가 일어나면 자신의 존엄성과 가치 하락으로 심적 고통을 받게 된다.

성장은 개인 삶에서나 직장에서나 한 인간으로 건강하게 살기 위해 매우 중요하다. **외부 성과에 과도하게 집착해서 나를**

돌아보지 못하고 내적 성장이 지체되는 한, 조직 구성원뿐 아니라 조직 전체의 발달 수준은 고착되고 만다. 그렇다면 과연 삶에서 행복감을 느끼며, 일에서 잠재력을 발휘하고, 사회적으로 가치 있는 활동으로 소명감을 느낌으로서 기업성장뿐 아니라 인간 모두의 성장과 건강을 도모하기 위해 리더들이 한 번쯤은 생각해 봐야 할 이슈들은 무엇일까?

## 왜 성과보다 '성장'을 지향하고자 하는가?

많은 리더는 사실 엄청난 심적 부담에 시달린다. **성장을 생각할 겨를 없이 단기성과에 내몰려야 하는 경우가 많다.** 그럴수록 리더들은 숨을 가다듬고 성과와 성장의 차이를 구체적으로 따져 보기 바란다. **리더들이 어디에 초점을 두는가에 따라 직원들에게 미치는 영향은 다르다.** 이에 대해 심리학적인 설명을 하자면 다음과 같다.

첫째, 사람들은 **성과(performance)는 '달성해야만 하는 것(should 동기)'으로 여긴다.** 꼭 달성해야만 한다는 생각은 심리적으로 불안과 두려움을 일으킨다. 성과 관리를 위해 정해진 규정으로 나와 남을 강박적으로 통제한다. 성과 달성에 실패할까 봐 더 큰 도전을 회피하고, 안전감을 확보할 수 있는 한도 내에서만 행동반경을 제한한다. 그래서 **성과라는 단어는 위협적인 느낌**

을 주고, **위험 '회피' 본능을 유발**한다. 달성여부를 평가함에 있어서도, **달성했거나 또는 달성하지 못했거나의 이분법적 사고로 당착**되게 된다. **조직이 성과만을 강조한다면** 구성원들은 회피본능으로 불안해지고, 자신의 **일을 '해치워야 할' 것으로 치부**한다. 듣기만 해도 지긋지긋하지 않는가?

반면에 **성장(growth)은** 모든 **유기체가 가진 자연스러운 지향성**이다. **에이브러햄 매슬로에 따르면 인간은 늘 '스스로 될 수 있는 것이 되려는 시도(want 동기)'를 한다**고 한다. 인간은 유기적으로 평온한 상태를 넘어선 무엇을 추구하는 본능을 지닌다. 즉, 성장을 바란다. **성장은 자신이 원하는 존재가 되려 하고,** 자신이 원하는 대로 이루려는 것이므로 심리적으로 **가능성에 '접근'하고자 하는 본능**이다. 달성여부를 평가할 때도 달성정도와 노력의 과정을 다각도로 조망하기 때문에 유연한 평가를 할 수 있다. 성장의 측면은 한 가지가 아니라 다양하므로 개인의 다양성도 존중되고, 때로는 목표 이상의 예기치 않은 놀라운 성과를 불러오기도 한다. 더구나 **개인의 성장은 조직성장으로 이어지는 확산효과를 가져오며, 조직성장은 곧 성과로 돌아온다. 성장이 먼저 일어나야 성과가 따라오는 것이다.** 더욱이 **'하고 싶다'**란 긍정적인 동기로 임하므로 원래의 목표보다 **상향 달성**할 수도 있다. 또한 **늘 무언가 학습하는 모습**을 보인다. 이렇게 **성장된 역량을 근원으로 한 성과향상은 금방 소멸되지 않고 지속 가능**할 것이다.

# 고착 마인드세트와
# 성장 마인드세트

요즘 성장 마인드세트란 단어를 주변에서 종종 들을 수 있다. 스탠퍼드 대학교의 저명한 심리학과 교수인 **캐럴 드웩**은『성공의 새로운 심리학』에서 고착 마인드세트와 성장 마인드세트를 구별한다. 성공과 성과달성을 선호하는 **고착 마인드세트를 가진 사람은 자기 실력이 고정되어 있고, 이를 타인에게 입증해야 한다는 강박감**을 가진다. 능력 입증에 실패할까 봐 불안하고 **타인은 동료가 아닌 적군이라는 의식**을 가지게 된다.

반면에 성장을 선호하는 **성장 마인드세트**를 가진 사람은 결과보다 **과정을 중시하여 노력**하는 모습을 보인다. 그리고 **자신을 완성해 가야 할 존재로 여겨 배우는 일에 관심을 둔다고** 한다. 드웩은 이 책의 말미에 학교나 기업이 **'심판하고 받는 틀(고착 마인드)'에서 '학습하고 학습을 돕는 틀(성장 마인드)'로 진화되어야 한다고** 강조한다. 이를 위해 우리에게 '오늘 학습과 성장을 돕는 기회는 어떤 게 있을까?'를 매일 질문하라고 말한다.

성과란 성장의 한 부산물에 지나지 않는다. 수학적으로 표현하자면 **'성과 < 성장'**이다. **성과만 추구했을 때 기업은 회피본능으로 인해 제대로 성장하지 못할 뿐 아니라,** 결국은 같은 투입으로 적은 이익을 얻는 **기회손실**을 경험하게 된다.

그래서 인간의 가능성을 믿고 **'존재 그 자체로서의 가치**[2]**'**를 존중하며, 인간을 **성장시키는 것**이 이 시대의 기업에서 중요한 가치로 부상되고 있다. 실제로 **실리콘밸리**의 수많은 기업은 이런 **인본주의적인 성장 마인드세트 접근을 적용해서 기하급수적 성공**을 거두고 있다.

## 이 책의 근본 가정들

이런 인본주의적 성장관점을 근거로 해서, 이 책은 **성과에 집착함으로 인해 인간의 본능과는 거리를 두게 된 현대의 경제와 경영규범들로부터 좀 벗어날 수 없겠는가, 그리고 자연의 순리 및 인간 본연의 성장원리와 조화되는 본질적인 리더십 원리는 무엇인가**를 다시 성찰해 보고, 이를 개인적·조직적·사회적 성장의 근본원리로 삼을 수는 없겠는가 하는 근원적인 소망을 바탕으로 기획하게 되었다. **이 책의 근본 가정들**은 다음과 같다.

---

2) 매슬로는 이를 존재동기를 기반으로 한 'Being 가치'라고 정의했다. 그는 존재동기란 결핍동기 제거 후에 나타나는 동기라고 했다. 그러나 필자는 이에 의문을 표한다. 인간에게는 결핍동기가 있음에도 불구하고 존재동기를 추구하는 사례가 많이 관찰되기 때문이다. 인간은 '더 나은 것'을 위해 즉각적인 쾌락을 지연시킬 수 있는 힘이 있다. 이것이 다른 동물과 다른 점이다.

## 1. 성장모델로의 전환

**리더십이 질병모델에서 '성장모델'로 전환하면 인간들은 더 많은 잠재력을 실현할 것이다.** 우리는 그동안 경영에 있어서 **'질병모델'을 적용해 왔다. 질병모델에서의 인간과 기업은 부족하고 고칠 점이 많아서 늘 가르치고 잘못된 것을 고쳐 줘야 하는 대상으로 인식**된다. 멀쩡한 부하들을 마치 환자처럼 취급해 온 것이다.

그러나 **성장모델은** 인간과 기업의 존재 자체를 존중하고, 각각의 **잠재력을 발휘해서 성장할 수 있다고 믿는 긍정적 심리가** 깔려 있다. 그리고 **미래지향적**이다. 따라서 인간은 무궁무진한 잠재력을 가지고 있으며, 이런 창조력을 믿고 지지해 줘야 하는 존엄한 존재로 인식되는 것이다. 우리가 성장을 지향한다면 구성원들을 새로 고치고 만들려고 하기보다는 그들의 존재를 인정하고 인간의 **자연스러운 실현 경향성과 가능성을 최대한 발휘하게 하는 성장중심의 모델을 기반으로** 삼는 것이 바람직하다. **구성원들을** 질병 있는 환자로 보지 말고 앞으로 **성장가능성이 무궁무진한 건강한 정상인으로 대해야** 한다.

## 2. 전인적 인간관으로의 전환

**리더십이 이성적 인간관에서 '전인적(全人的) 인간관'으로 전환되면 인간은 더 만족하고 더 성장할 것이다.** 인간이 이성적인 동물이라고 하는 것은 틀렸다. **인간은 감정과 이성과 행동을 가진**

전(全)인격체다. 감정, 이성, 행동의 3요소는 서로 영향을 주고받으므로, 어느 하나를 간과하면 다른 요소 발휘에도 제한을 받는다. 경영원리도 이런 심리학적인 근본원리에 맞춰서 이제껏 소외되었던 감정의 중요성을 깨닫고, 매출만을 경영의 존재목적으로 삼는 것이 아닌, 또 다른 **경영목적 중의 하나로 구성원들의 감정적 건강함을 돌보는 일을 포함해야** 한다. 역사적으로 인류생존에 있어서 감정의 기능은 말할 나위 없이 중요했지만, 현대사회가 정작 감정의 중요성에 대해 관심을 두게 된 것은 얼마 되지 않았다. 만일 조직 **구성원의 감정과 이성과 행동 모두를 균형 있게 조화시키는 전인적 리더십이 실현된다면** 이는 직원들의 정신건강과 내면 성장을 돕고, 나아가서 **조직성장과도 연결될 것**이다. **감정이야말로 구성원들의 사고와 행동을 폭발적으로 증가시켜 주는 원동력**임이 여러 학문적 경로를 통해 밝혀졌기 때문이다. 감정을 소중히 여기는 것, 이것이 인본주의 경영으로 가는 첫 관문이다.

## 3. 기하급수적 성장 관점으로의 전환

**기업이 선형적 성장 관점에서 '기하급수적 성장 관점'으로 전환한다는 것은 인간 본연의 성장원리를 회복하는 길이다. 기하급수적인 성장은 불가능한 것이 아니다.** 선형적인 성장보다 오히려 더 인간적이다. 왜냐하면 무엇을 배우든 **인간의 역량발달은 본래 S자 곡선을 그리기 때문**이다. 인류 역사도 S자 곡선을 그리며 기하급수적으로 성장해 왔다. 자연과 기술발전의 역사도 그러하다. 그러나 **많은 인간은 자신이 선형적으로 성장하고 있다는 잘못된 관념을 갖고 있다.** 이런 면에서 **기존의 경제학 모델은 실제 일어나는 현상들과 들어맞지 않는다는 비판을 받고 있다.** 거시적인 관점에서 기업과 인간의 성장을 다시 바라보는 눈이 필요하다. 기하급수적인 성장을 이루는 기업들, 그리고 그런 성장을 이루게 하는 조건들이 속속 밝혀지기 때문이다.

**이 책은 이러한 세 가지 가정을 확인하기 위해 연역법적으로 그 근거들을 차례차례 확인**해 보고자 한다. 이 과정에서 밝혀진 사실들을 바탕으로, 성장을 이루기 위해서 리더들이 꼭 성찰하고 넘어가야 할 근본적인 의문점들 또한 풀어 보고자 한다.

### <생각해 볼 문제>
### 요즘의 리더십 추세: 왜 리더는 코치로 변신해야 하는가?

앞의 세 가지 가정들은 코칭 기본 철학인 개인의 '잠재성, 창의성, 전인성(全人性)'에 대한 믿음과 일맥상통한다. 최근 **세계적인 기업들에서 코칭리더십에 대한 요구가 급격하게 증가**하고 있는데, 이런 모든 움직임은 **인본주의적인 방향성**을 갖고 흐르고 있다. 코칭의 세 가지 철학은 인간 본연의 성장원리와 매우 닮아 있다. **이런 현상은 리더십뿐 아니라, 정치, 사회 등의 세상의 많은 트렌드에서도 발견**되고 있다. 세상의 초점이 인간중심 인본주의로 점점 선회하고 있다는 방증이다.

반면에 '**전통적'인 경제학, 경영학 측면에서 본 리더십은 성과, 매출 등의 숫자에 초점**을 맞추고 있다. 경영학과 경제학의 계량적 연구를 통해 그동안 기업들이 도움받은 측면도 많았던 게 사실이다. 그러나 **최근의 거시적인 트렌드는 이러한 초점을 다시 인간으로 돌려놓고 싶은 것이다.**

그래서 이 책은 리더십 책이기는 하지만 최근의 트렌드를 반영한 코칭의 개념이 다분히 묻어 있다. **리더십과 코칭은 점점 중복성을 더해 가고 있다.** 독자들은 이런 전환적 추세를 염두에 두고 앞으로 이어질 리더십 개념을 이해하기 바란다.

# 우리가 풀어야 할
# 네 가지 의문들

여러분은 리더십이 무엇이라고 생각하는가? 튜링상[3]을 수상한 네덜란드의 컴퓨터과학자인 에츠허르 다익스트라는 **"천문학이 망원경에 관한 학문이 아닌 것처럼, 컴퓨터과학은 더 이상 컴퓨터에 관한 학문이 아니다"**라고 얘기했다. 이에 빗대어 이 책에서는 **"리더십은 더 이상 기업에 관한 것이 아닌, '인간'에 대한 것이다"**란 개념을 주장한다. 인간을 알지 못하면, 인간을 긍정적으로 변화시키고 성장시킬 수 없기 때문이다.

**여러분은 리더로서 다음과 같은 의문들을 가져 봤는가?** 인간은 궁극적으로 어떤 존재인가? 고대부터 현재까지 인간은 어떤 존재라고 여겨졌을까? 나는 과연 어떤 사람인가? 나는 어떤 인간관을 가졌는가? 내가 추구하는 가치는 무엇인가? 인간이 느끼

3) 튜링상은 컴퓨터 과학의 노벨상이라고 불린다.

고 사고한다는 것은 과연 어떤 현상인가? 성장은 본질적으로 무엇을 의미하는가? 미래에 대비하기 위해서는 어떤 사고방식과 능력을 키워야 하는가? 미래학자들은 인간의 미래를 어떻게 예측하는가? 기하급수적으로 성장하는 기업들은 어떤 원리를 따르고 있는가?

**이 오묘한 물음들에 대한 답이 본질적인 일련의 흐름을 구성**하고 있다면 여러분은 믿겠는가? **고대에서부터 현재, 그리고 미래까지 연결될 어떤 공통적인 맥락이 존재**한다면 놀랍지 않은가? 여러분은 그것들이 궁금하지 않은가? **그것들을 찾아내 보고자 하는 것이 이 책의 주제다.** 그것을 안다면 불확실성을 조금이라도 덜어 낼 수 있다. **불확실성 제거는 미래에 대한 불안을 덜어 준다.** 그리고 인류의 안녕에 도움을 준다.

리더든 아니든, **나를 알고, 주변사람들을 알고, 조직을 알고, 세계를 폭넓게 알아 감으로써 세상에 올바르게 기여**할 수 있다. **기존의 리더십 연구가 주로 기업입장에 서서 성과향상에 초점을 두었다면, 이 책은 기업입장에서 약간 떨어져서 건강한 인간 그리고 세계인으로서 어떻게 성장해 가야 하는지의 본질**과 근본원리를 정리하려고 한다.

자, 그럼 지극히 인간 본연의 입장에서 여러분이 어렸을 때부터 가져 왔을지도 모르는 근본적인 의문들을 마주할 준비가 되었는가?

# 의문 1: 인간은 보잘것없다?
# 우리는 자신이 생각하는 것보다
# 훨씬 능력 있는 존재다

푸생의 〈아슈도드의 흑사병〉

이 그림은 전염병을 주제로 한 푸생의 명화다. 흑사병은 14세기 유럽 인구
의 1/3을 사망하게 했다. 전염병의 창궐은 사회 모든 면에서 격변을 일으켰
고, 난공불락이었던 봉건제도마저 무너뜨리는 역할을 했다. 지금의 **저성장
에 대한 우리의 무기력증은 과거의 전염병처럼 번지고 있다.** 인간은 과거
무자비한 환경의 위험들 속에서도 꿋꿋하게 살아남은 위대한 종이란 점을
되새겨야 한다. **현대인들은** 이런 **인류의 위대함을 과소평가**하고 있는 것
같다.

# 다세포
# 유기체로서의 인간

요즘의 뇌과학자 또는 생명과학자들의 책들을 읽다 보면, 인간은 세포들의 덩어리 혹은 알고리즘일 뿐이며, 다른 유기체들과 동일한 전기화학적 메커니즘으로 움직인다고 주장하는 학자들을 어렵지 않게 만난다. 맞는 말이다. 그들의 은근한 속내는 인류에게 겸손할 것을 요구하는 것처럼 들린다. 인간은 지극히 작은 단세포로 시작해서 자기분열을 거쳐 지금의 복잡한 형상으로 진화해 온 것이 맞다. 그러나 **인간은 분명히 식물이나 단세포 바이러스, 혹은 다른 동물들과는 다르다.**

단세포 생명은 약 35억 년 전에, 이어 다세포 생물은 20억 년 전에 지구상에 출현했다고 한다. 불(火)을 발견한 원인(猿人)은 겨우 백만 년밖에 되지 않는다고 한다. **단세포에서 다세포 개체로 진화하는 15억 년 동안**의 과정에서 유기체는 생존과 번식을 위해 세포들 간의 움직임을 통일할 필요가 생겼다. **세포들 간의 일사불란한 소통을 위해 신경망이 생겼고, 이 신경들을 모두 모아 뇌로 보내기 위해 중추신경계가 발달**하게 되었다. 이 중추신경을 통해 척추동물들은 모든 세포를 **목적지향적으로 움직일 수** 있게 된다. 그래서 개체를 구성하는 각각의 단세포는 자율성을 포기하고 하나의 목적을 달성하기 위해 지정된 영역에서 지정된 기능을 한다.

여기서 주목할 것은 중추신경계와 뇌가 직접 연결돼 있다는 점이다. 이 둘 간의 약 40헤르츠의 전기적 신호에 의해 '의식'이 탄생했다. 상세히 말하면, 의식은 외부 자극(시각, 청각, 후각, 미각, 촉각)들이 척수로 들어와서 전기적 신호로 변환되어 뇌로 연결되는 과정에 발생하는 것이다. 뇌는 일종의 전자기기이고, 의식은 전자기기가 작동하는 상태다. 박문호는 그의 경이적인 베스트셀러 『뇌 생각의 출현』에서 인간의 **의식이란** 마치 기계의 **계기판처럼 몸의 상태가 하나의 종합적인 장면으로 느껴지는 것**이라고 한다. 정리하면, **의식은 척수-뇌 시스템의 깨어 있는 상태**이고, 우리가 보고 듣고 만지는 등 체감각으로 들어오는 정보들이 의식의 내용이다.

몇 년 전 지인에게 이런 질문을 받았다. **"우리가 생각하는 데 몸이 무슨 상관이 있지? 뇌만 있으면 되는 것 아닌가?"** 이런 생각을 하는 사람들이 적지 않을 것 같다. 우리의 신체가 없다는 것은 키보드나 마우스가 없는 컴퓨터와 같다. 즉, 뇌로 들어오는 외부 정보 입력을 받을 수 없는 것이다. 또한 모니터나 프린터가 없는 컴퓨터와 같이, 뇌의 명령을 사지로 출력할 수도 없다. 따라서 우리는 **모든 정보의 통로 및 소통의 진원지로서의** 나의 **몸**에 대해 좀 더 민감한 주의를 기울일 필요가 있다. 저명한 뇌과학자 안토니오 다마지오에 따르면 **몸과 뇌와 마음은 생명체가 자기보존과 안녕이란 동일한 목적을 수행하기 위해 상호연결된 장치**이며, 단지 역할만 다를 뿐이라는 것을 임상을 통해 밝혀냈다.

동물도 의식을 가졌다는 데 동의하는 학자들이 적지 않다.[1] 그러나 **인간은 환경 자극에 반응하는 단순한 의식뿐 아니라 고차원적인 사고를 통해 환경을 창조하는 '고등 의식'도 있다.** 이런 창조적인 능력을 갖고 이제껏 없었던 무엇을 열심히 만들어 내고 발견하고 혁신하는 정신을 발휘해 온 존재는 인류 외에는 없는 것이다. **그래서 인간은 특별한 존재다.** 모든 사람은 지위 고하를 막론하고 이런 위대한 여정을 겪고 유구한 지속성장을 거듭해 온 **경이롭고 소중한 존재**다. 또한 **앞으로도 그런 성장가능성을 가진 존재**다.

지금 옆에 있는 사람을 보라. 그를 이렇게 소중한 존재로 생각한다면 그의 존재감이 다르게 느껴질 것이다. 그들은 존중받아 마땅한 존재인 것이다. 리더들 또한 같이 일하는 직원들을 위대하고 경이로운 존재로 대해야 함은 물론이다.

# 인간의
# 경이적인 발달사

캐나다의 금광재벌인 피터 멍크가 설립한 오리아 재단은 2008년부터 글로벌 토론회를 개최해 왔다. 국제적으로 이슈가 되는 주제에 대해 세계 정상급 지식인들

---

1) 런던대학교 심리학 교수인 니콜라스 험프리처럼 이에 동의하지 않는 학자들도 물론 있다.

이 2개 조로 나뉘어 토론 배틀을 벌인다. 양측의 토론이 끝나면 청중들은 자신이 지지하는 쪽에 찬성표를 던진다. **멍크 디베이트**라고 불리는 이 토론은 고급 토론문화를 지향하는 **세계적인 지적경연**으로 유명하다. 『사피엔스의 미래』라는 책은 2015년도 멍크 디베이트의 토론내용을 그대로 엮은 책이다. **토론 이슈는 '인류는 진보하는가'**였는데, 토론자로 나선 이들은 스티븐 핑커, 매트 리들리, 말콤 글래드웰, 알랭 드 보통 등 이 시대 최고의 지성이라 일컬어지는 쟁쟁한 사람들이었다. 핑커와 리들리는 **낙관론**의 입장에서, 글래드웰과 드 보통은 비관론의 입장에서 열띤 토론을 펼쳤다. 낙관론을 대변한 핑커는 인간이 진보한 증거 열 개를 제시했다. 평균수명, 보건, 절대빈곤, 평화, 안전, 자유, 지식, 인권, 성평등, 지능이었는데, 다양한 증거와 사례를 들어 인류가 분명히 더 나은 방향으로 성장하고 있다고 주장했다. **비관론**의 글래드웰은 과거에 괜찮았으므로 앞으로도 그럴 것이란 인지적 오류를 범하지 말아야 한다고 강조했다. 토론의 승리는 청중이 투표한 비율로 정해지는데, **73%대 27%로 낙관론의 승리**로 돌아갔다. **일반 대중도 인류가 성장해 왔고 앞으로도 성장할 것이라는 데 믿음을 같이하고 있다**는 얘기다.

# 낙관론을 지지하는
# 또 한 사람

　　　　　이 이슈에 대해 핑커와 비슷한 이유
로 낙관론을 지지하는 사람이 또 있다. 역사학 교수이자 세계적
베스트셀러 작가인 **유발 하라리**다. 그는 『호모데우스: 미래의 역
사』의 첫머리에서 **기아, 질병, 전쟁 퇴치의 세 가지 인류의 업적**에
대해 기술하고 있다. 이 세 가지는 핑커가 얘기했던 열 개 중에
당연히 포함된다. 먼저, 기아에 대한 그의 입장을 들어 보자. 이
제 인간은 **기아**로 죽는 사람보다 과체중으로 죽는 사람의 숫자가
더 많다. 일부 국가의 식량부족은 모종의 세계 정치적인 문제에
기인한 것이지 식량생산 부족이 원인은 아니라고 한다. **자연적인
기근은 이미 소멸된 상태**다.

　　**질병**은 어떠한가? 17세기 유럽, 전염병 발병으로 수년간 수천
만의 인구가 사망했다면, 현재는 생명과학의 도움으로 **신종 바이
러스의 DNA를 한 달 내에 완벽히 해석**해 냄으로써 면역제를 만
들 수 있다. 하라리는 우리도 잘 기억하고 있는 사스(SARS)를 그
예로 들고 있다. 2015년 WHO 통계에 따르면 사스로 인한 사망
자 수는 전 세계적으로 500여 명에 그쳤다.

　　또한 **전쟁**에 있어서도 비록 국지전은 지속되지만 핵폭탄이나
수소폭탄을 터뜨리는 **참혹한 세계 전쟁의 위험은 거의 제로**에 가
깝다고 한다. 이에 대한 이유로, 물질이 아닌 지식이 중요한 경제
자원이 되어 버려서 **물건과 땅을 찬탈하는 물리적 전쟁의 채산성**

이 크게 떨어졌기 때문이라는 창의적인 해석을 내렸다.

이런 **역사적인 증거들은 인류가 엄청난 역경에 부딪힐 때마다 얼마나 위대한 극복과 성장을 해 왔는지를 보여 준다.** 우리는 그렇게 살아남은 자들의 후손이다. 국제코치연맹의 코칭철학[2] 첫 번째인 **'인간은 잠재력을 가진 존재'라는 것을 믿을 수밖에 없는 이유**다. 지금 이 책을 읽는 리더들은 인류 역사에서 보여 준 위대한 인간의 잠재력을 굳게 믿는가? 그리고 우리 주위에 있는 인간들이 또 다시 그러한 일을 해낼 것이라는 사실을 진심으로 믿는가?

## 뇌과학에서 본 인간의 고차원적인 사고과정

이제는 인류차원이 아닌 인간 개인의 차원에서 성장과정을 살펴보겠다. **뇌에 대한 이해는 인간은 어떤 존재이며, 얼마나 위대한지를 아는 데 매우 도움**이 된다. **인간의 내면 변화를 다루는 리더들이 가장 먼저 이해하고 넘어가야 할 것이 바로 인간의 뇌 작용**이다. 일을 하거나 학습을 할 때 인간의 뇌 속에서는 과연 어떤 일이 벌어질까? 그리고 지금 이 책을 읽고 있는 여러분의 뇌에는 어떤 일이 벌어지고 있는 것일까?

2) 국제코치연맹(International Coach Federation)의 세 가지 코칭철학은 '인간은 잠재력 (resourceful) 있고, 전인적(holistic)이며, 창조적(creative)임'을 믿는 것이다.

이에 대한 답으로 최신 과학서적들에 대한 연구결과를 여러분에게 제공한다.[3] 좀 어려울 수 있겠으나 뇌의 기능을 안다는 것은 인간의 본질 및 성장을 이해하는 데 필수적이므로 인내하고 읽어 보기를 권한다.

## 뇌구조

뇌피질을 집중적으로 연구하는 세계적인 인물인 **제프 호킨스**는 그의 역작인 『생각하는 뇌, 생각하는 기계』에서 뇌의 기능을 상세히 밝혀 놓았다. 그는 IT업계 거물이자 인공지능 개발을 위해 인간의 뇌를 먼저 이해해야 한다고 주장하는 사람이다. 그는 **신피질 연구의 대가다.** 인간의 고차원적 사고는 뇌의 가장 겉부분에 해당하는 신피질에서 이뤄진다. **신피질은 명함을 6장 쌓은 것 같은 구조로 되어 있다. 6층을 모두 쌓아 놓으면 전체 두**

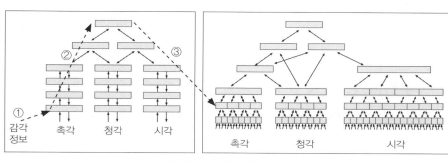

**[그림 2-1] 뇌의 계층구조**
출처: 『생각하는 뇌, 생각하는 기계』에서 발췌

3) 뇌과학에 대한 부분은 제프 호킨스, 대니얼 카너먼, 안토니오 다마지오, 박문호 등 금세기 초일류 과학자들의 저술을 주로 참고하였다.

께는 2mm이며, 모두 펼치면 넓이는 큰 식탁용 냅킨만큼 된다고 한다. 6개 층은 계층구조를 이루고 있으며 **계층끼리는 시냅스로 복잡하게 상호연결**되어 있다. 신피질 전체는 300억 개 뉴런(신경세포)이 있는 것으로 추정된다. 1mm²당 10만 개 뉴런이 분포되어 있다. 실로 엄청난 양이다.

## 개념 이해

오감을 통해 시각·청각·후각·미각·촉각의 **감각 정보가 처음으로 입력되면** [그림 2-1]의 점선 ①과 같이 **신피질 계층구조의 가장 아래층으로 간다.** 입력된 정보는 점선 ②와 같이 **계층구조를 따라 위로 올라간다.**[4] 그 과정에서 개인이 이미 갖고 있던 기억(과거 경험)과 맞는 정보인지를 비교하면서 올라간다. 만일 **입력된 정보와 과거 기억이 딱 맞아떨어진다면 비로소 정보의 의미가 파악**된 것이다.

그러나 딱 떨어지는 기억이 없다면 정보는 점점 더 높은 계층을 타고 올라간다. **맨 위층에서도 맞는 기억이 없다면 정보는 되먹임(feedback)을** 통해 점점 하향해서 맨 아래층으로 돌아온다. 그런 후 **최신의 감각 정보를 좀 더 받아들여 정보의 양을 추가한 후 다시 위로 이동**한다. 그 과정에서 기억과 맞는 현상이 있다면 '아! 이건 무엇이구나' 하고 **개념을 이해**할 수 있게 된다.

---

4) 모든 정보가 이런 방향으로 올라가는 것은 아니고, 경우의 수가 너무 복잡하므로 가장 주요한 통로를 언급한 것이다.

## 사고패턴 형성

만일 **동일한 자극 경험이 반복되면** 뇌는 일정 **패턴을 형성해** 서 연결고리가 강해진다. 그러면 **비슷한 상황에** 닥칠 때마다 입 력의 유사성을 인식하고 **신속하게 일련의 기억패턴들을 함께 떠올릴 수 있게** 된다. 이런 각각의 패턴은 다시 모여서 **패턴들 의 집합으로 변해 아주 복잡한 기억들을 한 덩어리로 축약해서 저장함으로써 신속하고 효율적인 사고를** 가능하게 한다. 예를 들어, 라면이란 정보가 입력되면 우리 뇌에는 라면 유형을 파악 해서 조리하는 방법까지 연결된 기억을 한꺼번에 주르륵 떠올 릴 수 있다. 패턴들이 한 덩어리로 작용하기 때문이다. 이런 사 고패턴이 효율적이기도 하지만, **단점으로는 각자의 사고패턴(사 고의 틀)으로 선택적 추론을 하게 될 우려가** 있다는 점이다. 우리 가 동일한 상황을 보고도 개인적으로 다르게 이해하는 이유, 그 리고 상황 전체를 보지 않고 부분적인 현상만 보고 판단을 하는 이유가 바로 이것이다.

## 모자란 정보 추측하기

만일 입력된 정보에서 모호한 부분이 있다면 **과거 기억에 준 해서 모호한 점을 메꾸기도** 한다. 그런 현상을 **필링**(filling)이라 고 한다. 필링 덕분에 우리는 간혹 오탈자가 있어도 문맥을 보 고 쉽게 바로잡아 인식할 수 있는 것이다. 또한 직원들과 대화할 때 상대가 단어를 잘못 얘기해도 찰떡같이 알아듣는 것이다. 업무 시 약간 부족한 사항들은 창의력으로 멋지게 메꿀 수도 있다. 우리는 그런 가능성이 충분한 존재다.

## 예측하기

우리 **뇌의 주요원리는 '기억-예측모델'로 설명될 수 있다.** 이 모델로 인해 우리는 다음에 무엇이 일어날지 예측할 수 있다. 대니얼 카너먼은 『생각에 관한 생각』에서 독자들에게 간단한 실험을 한다. '바나나'와 '구토'란 두 가지 단어를 보여 준다. 사람들의 머릿속에는 바나나가 구토를 유발한다는 연결고리가 생기면서 바나나에 잠시 혐오감을 느끼게 된다. 이런 체험을 할 때 뇌에서는 어떤 일들이 일어날까? 첫째, 뇌는 현재 사건이 얼마나 위협적인지를 평가하기 위해 구토에 관한 정보를 과거의 '기억'에서 꺼내 온다. 둘째, 미래에 일어날 일(바나나를 먹으면 구토할 것이다)에 대한 맥락을 최대한 '예측'한다. 셋째, 바나나에 혐오감을 느낀다. 이것이 기억-예측모델이 작동되는 절차다.

다른 예를 들어 볼까? 익숙한 발자국 소리가 들린다. **입력된 청각정보를 과거 기억과 비교해서** 아버지의 발소리인 것을 인지하고, 평상시처럼 내 방으로 다가와 방문을 열 것이라는 **미래를 예측**할 수 있다. 이러한 뇌의 **기억-예측모델로 인해서 인간은 미래를 예견할 수 있는 능력을 갖게 된 것이다.** 무언가 안다는 건 그에 관한 예측을 할 수 있다는 의미다. **기억-예측을 하지**

못하면 우리의 모든 일상생활은 **엉망**이 되어 버린다.

## 초보자와 전문가의 차이

재미있는 사실은 처음에는 계층구조 맨 위 단계까지 도달해서야 예측을 할 수 있었던 고차원의 자극이었다 할지라도, **자주 반복되어 연결이 안정화되면 그 기억-예측패턴 작용은 신피질 계층구조의 아래층(저차원)에 재형성되어 쉽고 빠르게 떠올릴 수 있게 된다**([그림 2-1]의 점선 ③). 자연히 **위 단계들은 비워져서 더 복잡하고 미묘한 패턴학습을 할 여유**를 갖게 된다. 일례로, 단어에 대한 개념적 틀이 부족한 유아들은 동화책을 읽을 때 ㄱ, ㄴ 등을 하나하나 조합해서 단어를 읽고, 자신의 기억창고에 있는 단어인지를 비교하는 데 피질 맨 위의 상위 계층을 쓰면서 상당한 시간과 노력을 들일 것이다. 반면에 성인인 여러분은 이 책을 읽을 때 단어 하나하나에 공들이지 않고 문장 전체의 뜻을 이해하는 데 애를 쓸 것이다. 즉, 단어에 대한 개념적 이해가 이미 있기 때문에 단어를 이해하는 것은 피질의 낮은 계층에서 무의식중에 이뤄진다. 대신 피질의 상위단계는 복잡한 문장이해를 위해 할애된다. 이런 점이 어린이와 성인들 간의 책읽기의 차이점이다. **전문가가 된다는 것은 낮은 계층에 저장했던 수많은 유용한 지식패턴을 무의식적으로 사용하면서, 동시에 지극히 창의적이고 고차원적인 사고들을 높은 계층에서 할 수 있다는 뜻이다.** 즉, 그들은 **고차원적인 뇌구조를 고차원적인 생각에**

많이 이용한다.

## 성찰과정

그런데 **예상치 못한 전혀 새로운 자극이나 사건이 주어지면** 정보는 맨 위 계층으로 올라가면서 기억을 더듬고, 거기서도 맞는 기억을 찾지 못하면 다시 밑으로 되먹임을 보내는 루프를 지속 반복한다. 이러한 **반복되는 '상향↔하향의 되먹임 루프' 과정에서 더 넓고 다양한 뇌 영역들이 갖고 있는 기존의 정보들과 연계성을 점점 확장해 가면서 단서를 찾아 나간다.** 우리가 물건을 잃어버렸을 때 익숙한 곳을 먼저 찾고, 거기서 못 찾으면 점점 더 반경을 넓혀 가는 것과 같은 이치다. 이런 되먹임 작용에 의해 **더 넓은 관점에서 문제를 조망하게 되는 것**이다. 그러기에 시간이 길어지고 혼돈스러운 상황이 되기도 한다. 이런 과정이 **성찰**의 과정이라고 할 수 있다. 이런 과정에서 얻어진 지혜가 통찰이다. 리더와의 면담 또는 코칭 시, 자기 탐색을 위해 점점 더 깊은 성찰로 들어갈 때 뇌에서는 이런 현상이 벌어진다. 직원이 뭔가를 찾기 위해 깊은 탐색으로 들어가는 모습을 보인다면, 이는 매우 좋은 현상이므로 리더는 조급함을 접어 두고 충분히 기다려 주는 자세가 필요하다. 그래서 침묵은 매우 유용한 리더십 도구 중 하나다.

## 판단과 의사결정

깊은 성찰로도 정확한 단서가 발견되지 않고 여러 선택지를 남겨 놓을 때가 있다. 그러면 우리는 결정을 해야 할 순간에 놓인다. 이때 **뇌는 여러 패턴의 선택지 중에서 한 패턴의 발화만 남겨 두고 나머지 선택지는 억제함으로써 한 기둥을 승리자로** 만든다. 우리는 이것을 **판단** 또는 **의사결정**이라고 한다. 만일 직원들이 꼭 필요한 결정을 계속 내리지 못하고 있다면 혼란감에 힘들어할 것이다. 꼭 필요할 때 결단을 내리게 도와주는 것도 리더가 해야 할 중요한 일이다. 단, 질문으로 도와주는 역할이어야 하지, 대신 결정을 내려 줘서는 안 된다는 것을 명심하라.

## 아하! 체험

우리가 일을 할 때 종종 접하는 **아하!** 체험은 온갖 가설을 상위 피질에 대입해도 계속 입력된 정보와 기억이 어긋나서 **혼란한 과정에서 문득 딱 들어맞는 고차원의 예측이 생성될 때, 그 예측이 순식간에 촉발해서 피질 하단까지 단숨에 줄달음해 버린 현상**이라고 한다. 이를 **직관**이라고도 한다. 직관은 개인이 보유하는 유효한 기억의 데이터가 많을수록 정확성을 띠게 된다. 그래서 평생학습이 필요하다.

## 창의력

그러면 공상이나 상상, 창의력은 무엇일까? **가장 상위 계층의 뉴런들이 더 새롭고 더 독특하고 더 나은 예측을 위해 정보를 '일부러' 밑의 계층으로, 그리고 더 먼 뇌의 영역으로 내려 보내는 것**이다. 그런 되먹임을 자신이 만족될 때까지 계속하는 것이다. 이럴 때 우리는 생각을 위로 올렸다가 다시 내리는 순환을 계속하므로, 우리가 평상시 **'생각을 굴린다'**고 하는 표현이 참으로 딱 들어맞는다. 그리고 되먹임할 때 추가한 정보를 이용해서 **기억-예측 체계를 더 높은 추상화 단계에서 작동**시키는 것이다. 이렇게 해서 **"보기 드문 유추를 이용해 보기 드문 예측을 할 때 이를 창조력"**이라고 박문호는 정의한다. 대개 창의력은 직관과 통찰 모두를 필요로 한다.

자, 이제 우리가 삶에서 늘 경험하는 과정으로써 우리가 이해하고, 학습하고, 고차원적으로 생각하며, 성찰하고, 상상하고, 직관을 일으킬 때 뇌가 어떻게 기능하는지를 알게 되었다. 그리고 간단하나마 일상에서 뇌가 어떤 기능을 하는지 예를 들어 보았다. 결론은 **'거의 모든 사고작용이 기억-예측모델에 의거한다'**[5]는 것이다. 앞으로 이어질 책의 나머지 부분에서 종종 이 부분을 인용할 것이므로 잘 기억해 두기 바란다. 특히 기억-예측

---

5) 매우 시급하거나 위험할 때는 기억-예측모델이 작용하지 않을 경우가 있다. 이를 반사작용이라 한다.

모델은 코칭대화 시에도 수없이 많이 적용됨을 알기 바란다.

# 정보의 순환과정 :
# 몸과 뇌와 감정

그렇다면 감각정보는 어떤 순서로 뇌에 들어올까? 아직 이에 대한 뇌과학적 연구는 계속 진행 중이며, 뇌 속의 과정 또한 매우 복잡하다. 하지만 가장 단순하게 설명하면, **온몸에서 감지한 감각정보는** [그림 2-2]의 **①의 방향으로 척수에서 모아져서 들어오며,** 뇌의 **다중감각연합에서 감정과 정보가 합쳐지고,** 그 정보를 **판단하기 위해 뇌 앞쪽의 전전두엽으로** 보내진다. 판단된 정보는 뇌 중간의 **운동영역에서 명령**을 받아 다시 **②의 방향으로 척수를 타고 온몸으로 지시를 보낸다.**

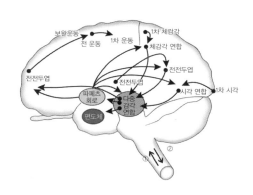

**[그림 2-2] 정보의 이동**
출처: 『뇌 생각의 출현』에서 발췌

그러면 몸은 그 지시에 따라 움직인다. 그러므로 **뇌는 몸에서 정보를 받아서, 몸으로 다시 정보를 내보내는 역할**을 한다.

이렇게 **'행동하는 몸'**과 **'생각하는 뇌'는 직결**되어 있다. 더불어 감정은 좋다 또는 나쁘다 등의 '느낌'이란 기제를 통해 사고와 행동을 일으키거나 소거하는 데 간접적인 영향을 미친다.

## 인간이 세상을 제패할 수 있었던 이유 세 가지

이런 뇌의 기막힌 능력을 가지고 인류는 역사상 많은 업적을 이뤄 냈다. 그중에서 위대한 성장에 뒷받침이 된 주역들을 꼽으라면 인간의 신경계, 언어, 숫자의 발명일 것이다.[6]

### 인간 신경계의 발명

제프 호킨스는 신경계의 진화가 아닌 신경계의 발명이라고 표현했다. 그 이유를 추측해 보면 신경계가 수동적으로 발달했다기보다는, 인간이 무한 노력을 들여서 능동적으로 신경계를 진화시켰기 때문이라고 짐작된다. 다른 포유동물들과 달리 사

---

6) 이 주장에 대해 의견이 분분하겠지만 여러 문헌을 종합한 결과로, 이견이 있다면 수용하겠다.

람은 신피질을 진화시켜 무엇을 만들어 낼 수 있는 능력을 가졌다. 『스피노자의 뇌』를 통해 인간의 느낌과 감정이 무엇인지를 심층적으로 밝혀낸 미국의 저명한 뇌과학자 **안토니오 다마지오**는 인간은 **과거**의 기억과 **현재**의 상상과 **미래** 추론을 풍요롭게 **통합시키는 능력** 덕분에 방대한 정보량을 처리해서 이제껏 없던 것을 만들어 냈다고 했다. 특히 **감정을 느낀다는 것이야말로 창의성의 바탕이자 시발점**이라고 했다.

감히 말하건대, 나는 **인간이 감정을 사용하는 방식은 동물과는 차원이 다르다**고 주장한다. 다른 동물들은 생존과 번식을 위해 도구를 이용할 줄은 알지만, 그 도구를 본래의 용도와는 전혀 다르게 감정충족만을 위한 목적으로는 쓰지 않는다. 원숭이들은 붓을 이용해 꿀이나 개미들을 한꺼번에 많이 찍어 먹을 수는 있겠지만, 피카소처럼 생존에 전혀 필요치 않을 것 같은 감성적인 그림을 만들어 내지는 않을 것이다.[7] 원숭이들은 감정적인 만족을 위해 아름답고 독특한 옷을 만들려고 하지 않을 것이다. 반짝이는 야경과 짙푸른 강물을 즐기기 위해 도시의 고층건물을 만들어 낼 꿈도 꾸지 않을 것이다. 이렇게 인간은 동물과는 다른 방식으로 감정을 사용하고 즐긴다. 이런 **차별화된 감정사용법과 고차원적인 사고의 적절한 조화가 인류의 위대한 진화를 이뤄 왔다**고 본다. 배고프면 먹고, 고통스러우면 피하는 종족이 아니라, 배고파도 감정을 좇아 그림을 그리고, 고통스러워도

---

7) 그림을 그리는 원숭이나 돼지, 코끼리가 있다는 해외토픽이 있다. 그러나 이는 매우 특별한 경우이고, 인간처럼 일반적인 현상은 아니다.

감정을 좇아 연구를 하는 그런 존재가 인간이다. 더구나 이런 고통을 즐기기까지 한다. 이런 현상의 본질은 **인본주의 심리학의 구루인 칼 로저스가 말한 '실현경향성'**과 비슷하다고 말할 수 있겠다. 칼 로저스가 감정의 중요도를 이 수준까지 강조한 것은 아니지만, 인간은 일생 동안 자기 자신이 되고자 그리고 무언가를 실현하고자 하는 모종의 경향성을 타고난다고 말했기 때문이다. **생존이 아니라 무언가를 실현하고자 하는 경향이 모든 개인의 뇌에는 독특하게 존재**하는 것이다.

몰입연구로 유명한 **미하이 칙센트미하이는 창조성이 없다면 인간은 유전자가 시키는 본능대로 행동했을 것**이라 한다. 인간들이 본능대로 행동한다면 이 세상은 아마 엄청나게 위험할 것이다. 다마지오는 인간의 마음은 관념을 생성하고, 관념에 대한 관념, 관념에 대한 관념에 대한 관념의 방식으로 상승작용을 일으킬 수 있다고 한다. 이것이 고차원적 사고다. 그러나 동물들은 받아들인 정보에 대한 저차원적인 사고에 그친다. 자극에 대한 즉각적 반응이다. 그러나 인간은 반응을 지연시키고 사고를 얹어서 고차원적인 반응을 끌어낸다. 이렇게 **인간은 신경계를 진화시켜서 신피질을 넓게 만들어 점점 더 복잡한 세계 모형을 머리에 갖게 될 수 있었다.** 이로 인해 미래 예측 또한 다양하고 정확하게 할 수 있게 되었다. 이런 능력을 다양한 감정 소스로 버무려 전에 있지 않은 것들을 만들어 낸다. 그리고 그 창조물을 보고 즐거워한다. 그러므로 **창조성은 인간의 이성 뇌인 신피질과 감정 뇌의 기묘하고 독특한 협업의 산물**이다. **유전과 성장**

을 통해 이런 위대한 신경 시스템을 진화시키고 다음 세대로 전달함으로써 인류 발전은 가속화될 수 있었다.

## 언 어 의 발 명

**보디랭귀지는 대략 2만 년 전에 생겼다**고 한다. 찰스 다윈은 선사시대 이전의 사람들은 주로 표정을 통해 의사소통을 했다고 추측하며, 이는 현세의 모든 인간이 흡사한 표정으로 감정을 나타내는 이유라고 한다. 표정을 집중적으로 연구한 제럴드 니렌버그와 헨리 칼레로의 『제스처로 사람을 읽는다』에 따르면 찌푸린 표정은 혼란과 기쁘지 않음, 눈썹이 올라간 것은 질투와 불신, 눈을 가늘게 뜨는 것은 적대감, 두 눈썹을 올리는 것은 궁금증과 의심, 눈을 감아올리는 것은 불신과 분노를 의미한다고 했다. 신기하게도 **선천적 시각장애인조차도 같은 얼굴표정을 사용한다**고 한다. 그들은 어떻게 한 번도 보지 못한 표정을 따라 하는 걸까? **유전자 때문**이다. 이 책은 **리더의 일상적인 비언어적 표현이 직원들에게 어떻게 비춰지는가**, 리더의 바람직한 태도와 자세는 어떤 것인가에 대한 궁금증을 가진 리더들에게 권하고 싶은 책이다.

지금과 같은 **언어는 대략 7~8천 년 전에 생겼다**고 추정된다. 언어를 통해 인간은 자신의 의사를 훨씬 빠르고 정확하게 소통할 수 있었고, 한 세대에서 이뤄 놓은 문명을 다음 세대에 전달할 수 있게 되었다는 것은 모두가 알 것이다. 한 가지 더 중요한 기능이 있다. **유발 하라리**는『호모데우스』에서 **호모 사피엔스가 세계를 지배할 수 있었던 이유는 언어를 사용해서 그들만의 '상호주관적인 의미망'을 엮을 수 있었기 때문**이라 주장한다. 예를 들어, **돈이란 것은 종이쪽**에 지나지 않는다. 그런데 인간들이 종이에 추상적인 가치를 부여한다. 사람들은 종이쪽을 받으며 자기가 가진 물건을 내준다. 이는 종이쪽으로 다른 물건을 살 수 있다는 상호주관적인 신뢰를 공유하기 때문이다. 오로지 **인간만이 돈을 통한 거래행위를 하는 유일한 동물**이다. '상호주관적 실재'라는 건 개인적인 믿음보다 **다수 간의 의사소통에 의존해서 '공동의 얘기망'이 짜일 때** 발생하는 상호 간 의미와 믿음이다. 지능이 아무리 높다 해도 침팬지 세계에서는 돈이란 냄새나는 더러운 종이에 불과할 것이라고 하라리는 말한다.

하라리는 '**법인**'도 **상호주관적 의미**에 의해 형성된 것이라 한다. 아무 실체가 없는 **무형의 것**에 인간은 **법적인 지위를 주고, 이를 비즈니스의 주체로 세우고,** 사람들은 그 밑에서 믿고 일한다. 인간은 법인을 통해 사회적인 꿈도 꿀 수 있고, 세계를 변혁시키기도 한다. 실체도 없는 것을 믿고 따른다니 신기하지 않은가? 그런데 **다른 동물들은 자신만의 객관적 영역에 갇혀 공동의 의미망을 짜지 못한다**고 하라리는 말한다. 그러니 인간의 **언어 발명은 소통, 문화 전수뿐 아니라 공동협업을 가능하게 하는 의미망을 짜게 한다**는 데 크나큰 의미가 있다.

# 숫자의 발명

숫자는 단순히 숫자체계나 수 개념의 발명 등 수학영역에만 영향을 미친 것이 아니다. 숫자를 응용해 건축, 식량생산, 의복제작 등 의식주뿐 아니라 인류발전을 끌어올린 과학이나 예술 등의 모든 분야에 영향을 미쳤다. 숫자 발명으로 인류 문명은 급격하게 발전되었고, 풍요의 요람이 되었다. 수학자 레오폴트 크로네커도 '신이 정수를 창조했고, 그 밖의 나머지는 인간의 작품'이라고 할 정도로 수의 발명은 위대한 창조물이고, 모든 영역에 영향을 미쳤다. 고대 철학자 피타고라스는 '만물은 수로 이뤄져 있다'고 주장할 정도로 세상의 본질을 수로 보았고, 자연과 인간 삶의 원리를 수를 통해 탐구했다. 수학은 단지 수를 탐구하는 학문이 아니다. **수를 통해 인간은 다양한 물리적, 추상적 대상들을 연구**한다. 수학은 근대에 들어와서 **철학과 결부되어, '사고의 틀' 자체를 정립**하는 데 큰 도움을 주었다.[8] 우주의 탄생 등 위대한 물리적 발견, 생명과학의 발전, 수많은 아름다운 음악 작품의 탄생, 미술과 건축의 업적들도 수학이 없었다면 불가능했을 것이다. 마찬가지로, **미래에 벌어질 우주 탐험 그리고 4차 산업시대를 열어 가는 일도 수학이 없다면 불가능**하지 않을까?

그렇다면 인간만이 수학을 하는 것일까? 재미난 여담이지만, 그것에 반론을 제기한 사람이 20세기 초에 있었다. **'영리한 한**

---

8) 헤겔의 변증법은 수학의 영향을 받았다고 한다.

스'라는 유명한 이야기다. 독일에 한스라는 이름을 가진 말(馬) 이 있었다. 한스의 주인은 자기 말이 수학문제를 풀 수 있다고 주장했다. 한스는 간단한 수학문제를 주면 발굽을 두들겨 답을 맞혔다. 한스는 유명해져서 신문기사에까지 등장하게 되었다. 당시는 진화론이 대두되면서 동물들과는 달리 인간만이 신으로 부터 의무와 권리를 부여받은 월등한 존재라는 개념이 허물어 지기 시작하던 때여서, 이 사건은 꽤나 관심을 끌었다. 그런데 한 과학자가 한스에게서 특별한 패턴을 발견했다. 예를 들어, 정 답 숫자에 가까워 올 때 구경꾼이 주의를 집중하면 한스는 이를 읽고 발굽질을 멈췄다. 한스는 숫자를 계산한 것이 아닌, 사람들 의 보디랭귀지를 읽은 것이다. 한스는 수학의 명마가 아니라, **보 디랭귀지에 능한 진짜로 영리한 말**이었던 것이다.

리더가 직원들과 소통할 때도 이런 동물적인 감각이 필요하 지 않을까? 여하튼 **삶에서 수학문제들을 발굴해 내고, 공식을 만들어 내고, 다양한 사고 방식으로 풀고, 이를 생활 전반에 응 용하는 일은 오로지 인간만이 할 수 있는 특수한 영역**임에는 틀 림없다.


이 시대의 걸출한 미래학자 닉 보스트롬은 "인생은 언제나 이 보다 더 훌륭할 수 없다. **동물 중 가장 연약한 존재가 어떻게 멸 종되지 않고 생태계 최고가 되었을까? 생존에 대한 생각과 고민 을 다른 동물보다 많이 했기 때문**이다. 그러면서 발달하고 발전 하기를 수없이 해서 지금의 인류가 만들어졌다"고 했다. 지금

같이 일하는 직원들의 얼굴을 떠올려 보라. 이제는 그가 위대해 보이는가? 존재 자체에 대한 이런 무조건적인 인정이 리더십의 기본자세다.

## 4차 산업은 인간에게 어떤 능력까지 주었나: '현재' 일어나고 있는 이야기

그렇다면 인류는 과연 어떤 능력까지 가능할까? 먼저 현재 우리에게 일어나고 있는 놀라운 일들부터 살펴보자. **홍콩의 투자자문사인 딥날리지벤처스(Deep Knowledge Ventures)에는 '바이탈(VITAL)'이란 이름을 가진 중역이 근무**한다. 그는 이사 직책을 달고 있으며, 그의 직무는 앞으로 유망해질 기업의 재정을 조사하고, 임상시험하며, 지적재산의 방대한 데이터를 분석해 고객에게 투자를 권고하는 일이다. 그런데 **바이탈은 사람이 아닌 컴퓨터 알고리즘이다. 바이탈 이사는 투자를 결정하는 투표에서 인간 이사들과 동등한 자격으로 참여한다**고 한다. 바이탈이 사람의 모습을 갖췄는지, 아니면 그저 컴퓨터의 외형을 갖고 있는지는 모르겠지만, 가상직원이 실제 비즈니스의 일원으로 인간과 동등한 자격을 갖고 중요한 의사결정에 참여하고 있다는 사실이 놀랍기만 하다.

**상담자로 일하고 있는 알고리즘**도 있다. 상담이란 인간의 가장 민감한 영역인 인간의 감정과 성격을 다루는 영역이므로 기계로 대치하기가 힘든 영역이라고 알려져 왔다. 그러나 **미국 시카고의 매터사이트(Mattersight)사의 콜센터**는 상담 알고리즘이 훌륭하게 상담 기능을 해낸다. **알고리즘은 고객이 쓰는 단어의 종류와 어조를 분석해서 고객의 현재 감정과 성격유형을 유추한 후에, 그 고객에게 가장 잘 맞아떨어지는 상담유형으로 맞춤형 상담**을 한다. 고객이 편안하게 대화한다는 의미는 자기의 대화상대가 알고리즘인지 인지하지 못한다는 뜻이기도 하다.

현재 **작곡가로 활동하는 알고리즘**도 있다. **EMI(Experiments in Musical Intelligence)라는 음악지능**이다. EMI는 바흐의 음악풍을 모방해서 작곡하는 프로그램인데, EMI가 작곡한 곡을 모아 〈**컴퓨터가 작곡한 고전음악(Classical Music Composed by Computer)**〉**이란 음반으로도 판매**하고 있다. EMI의 곡을 음악축제에서 연주했더니 청중들은 깊은 울림을 받았다고 한다. 미국의 한 음악학자가 EMI를 가지고 흥미로운 **실험**을 했다. 청중에게 EMI와 바흐와 현대작곡가 스티브 라슨이 작곡한 세 곡을 들려주고, 각각 어떤 것이 누구의 작품인지를 알아맞히게 했다. 결과는 놀라웠다. 청중들은 EMI가 작곡한 곡을 바흐의 곡으로, 바흐의 곡을 라슨의 곡으로, 라슨의 곡을 EMI가 만들었다고 평가했다. 즉, **사람들은 EMI 기계가 작곡한 곡을 위대한 작곡가인 바흐의 반열로 평가했다**는 것이다. 그리고 라슨의 곡을 기계의 수준으로 평가했다는 점이다. 여기서 독자들은 무엇을 느끼는가? 기계의 우월성과 현대인의 열위성에 실망하는가? 그러지 않길 바란다. 왜냐하면 그 기계를 인간이 만들었기 때문이다. 인간은 자신의 능력을 초월하는 무언가를 만들 수 있는 대단히 역량 있는 존재다.

## 4차 산업은 인간에게 어떤 능력까지 가능하게 할까: '미래' 이야기

앞에서 현재의 발전상을 얘기했다면, 이어서 인류의 미래에는 어떤 일이 벌어질지가 궁금해지지 않는가? 이 미래 부분을 읽고 독자들은 당황할지도 모르겠다. 혹은 무망감에 빠져들지도 모르겠다. 또 누구에게는 매우 흥미로운 미래 이야기일 수도 있다. 나는 단순히 흥미나 좌절 측면에서 이 얘기를 하자는 것은 아니다. 혹시 앞으로 우리에게 닥칠지도 모르는 일이므로 간접적으로나마 미리 경험을 해 보고, 그럼에도 불구하고 이런 기하급수적인 변화를 주도해 나가는 인간의 위대한 잠재력에 대해 강조하고 싶은 것이다.

미래예측 전문가들은 특이점(singularity)의 도래에 대해 언급한다. 특이점은 2006년 마이크로소프트 리서치의 게리 플레이크 박사가 처음 제안한 용어다. 『특이점이 온다』라는 명저를 지은 **레이 커즈와일**은 **"특이점은 기술변화 속도가 매우 빠르고 영향이 깊어서 삶이 되돌릴 수 없도록 변화되는 시기"**라고 정의하고 있다. 컴퓨터가 인간 수준 이상의 지능에 도달하고, 온오프라인의 결합이 심도 있게 이뤄지면 인간의 보편적 삶이 본질적으로 변화해서 더 이상 과거의 기준이 적용되지 않게 되는 시기를 말한다. **그 시기에 대해 커즈와일과 구글은 비교적 이른 2029년, 미래학자들은 평균적으로 2045년으로 예측**한다. 그러니 지금 **이 책을 읽고 있는 사람들의 대부분은 이 특이점이라는 매우 특이한 세상을 경험하게 될 것**이다. 우리는 가끔 컴퓨터나 휴대폰이 없는 세상으로 다시 돌아가서 살 수 있을까를 물어본다. 그러면 고개를 절레절레 흔든다. 커즈와일이 말하는 특이점은 그 정도의 변화에 비견할 수 없을 만큼 훨씬 넓고 혁명적인 전환을 말한다. **'인간이란 어떤 존재인가?'를 다시 정의해야 할 만큼 충격적**이다.

## 몸

수명과 인체 측면에서는 어떤 변화가 일어날까? **수명을 연구하는 로버트 프라이타스 박사는 의학적으로 예방이 가능한 질병 중에서 50%만 막아도 100살까지 생존이 가능하고, 90%를 막으면 250살, 99%를 막으면 1,000살까지 살 수 있다고 한다.** 유전공학의 발달로 중대한 질병의 진행을 억제하고, 유전자 자체를 바꾸고, 장기를 교체해서 인간의 수명은 점점 늘어나 종국에는 영원히 사는 불사(immortality)의 시나리오가 가능해지는 것이다. **인간에게 마지막으로 남는 기관은 골격과 피부, 성기, 감각 기관, 입, 식도 윗부분, 뇌일 거라고 한다.** 인간은 자신의 형상을 지키고 싶어 할 것이므로 이를 위한 골격이 필요할 것이다. 그리고 식욕과 성욕 등 쾌락을 경험할 부분도 중요시할 것이다.

나머지 장기들은 인공으로 대체 가능하게 된다. 그중에서도 피부, 성기, 감각기관은 인류가 끝까지 지키고 싶어 하는 조직일 거라 말한다. 피부를 지키고 싶어 한다니 좀 놀랍다. 그러나 다시 생각해 보면 놀랄 것 없다. **피부는 자신과 세상을 구분 짓는 경계다.** 그러니 매우 중요한 게 맞다. 또 우리가 평소에는 고마움을 모르지만 그만큼 피부가 인체 중에서 가장 강력하고 광범위한 센서 역할을 톡톡히 해내기 때문이기도 하다.

## 지능

지능 면에서는 **현세 인류의 인성과 능력을 넘어선 초인류의 탄생을 예고**한다. 심지어 인간은 **한 개의 몸으로 여러 개의 인성을 가질 수도 있다**고 한다. **커즈와일은 2001년 TED 토론에서 했던 신기한 경험담**을 털어놓는다. 커즈와일의 옷에 자기감지기를 설치하고, **그의 움직임을 초고속 애니메이션으로 전송해서 화면에 실물 크기의 여성 모습으로 바꿔서 보여 줬다**고 한다. 라모나란 이름의 여성은 커즈와일의 말과 행동을 실시간으로 모사했는데, 참가자들에게는 마치 라모나가 프레젠테이션을 하고 있는 것처럼 보였고, **정작 행위의 주체인 커즈와일은 숨겨져 버렸다. 자신의 행동을 그대로 따라 하는 또 다른 인간인 라모나를 보는 커즈와일은 혼란했다.** 머리로만 혼란했던 게 아니라 감정까지 크게 흔들렸다고 한다. 그 일을 계기로 가상현실에서 다른 사람의 모습을 취하는 게 어떤 기분인지를 느꼈다고 한다. 이 사례에 비추어 보면, 인간이 자기 분신으로 아바타를 갖는 것이 마냥 흐뭇한 것만은 아닐 것이란 예감이 든다. 인류에게 상당한 교훈을 주는 창의적인 실험이었다는 생각이 든다. 다음 해에 나온 〈시몬〉[9]이란 영화는 이런 경험에서 모티브를 얻은 것이라 한다.

## 마음

특이점이 도래하면 **생물학적인 지능과 비생물학적인 인공지능이 융합되어 인간의 마음의 경험이 대폭 확장된다**고 한다. 게다가 인간세포보다 작동이 훨씬 빠른 인공뉴런과 나노봇을 인체에 삽입해서 **신경망은 초고속화**되고, 따라서 전반적인 **사고력과 스피드가 향상**된다. 단순히 향상 정도가 아닐 것이다. 하물며 **인공지능끼리 직접 소통하고 생물학적인 뇌끼리도 무선통신하여 소통의 방식 자체가 지금과는 달라질 것**이라 예고한다. 이는 **구어 소통이 아닌 전기적 소통**의 시대가 온다는 말로 해석된다. 말을 안 하고 텔레파시처럼 소통한다는 뜻일까? **그래서 포스트 휴먼 시대의 인간은 더 이상 호모 사피엔스가 아니라고 한다.** 휴고상을 수상한 상상력이 뛰어난 SF 작가인 버너 빈지는 **일에서도 혁명적인 변화를 예고한다.** "호메로스나 다빈치나 셰익스피어(혹은 이 같은 천재)라 해도 인간 역량을 뛰어넘는 일을

9) 2002년에 개봉된 이 영화는 감독의 명령대로 연기하는 사이버 여배우에 대한 스토리다.

해 본 적은 없을 것이기 때문"이다.

## 새로운 계층의 탄생

**유발 하라리**는 그의 저서 『호모데우스』에서 위험한 예고를 한다. 능력을 가진 자가 **돈으로 자신의 역량을 더욱더 업그레이드해 가는 초인류와 그렇지 못한 계층이 분리가 된다**는 것이다. 후자는 21세기의 '**일하지 않는 사람들**'이란 거대한 새 계급을 형성한다. 왜 일하지 않는가? 그들이 할 수 있는 일은 이미 기계가 대치해 버리고, 그들은 인류 번영에 기여할 만한 지능도 갖추고 있지 못하기 때문이다. **창의력도 갖추지 못했고, 업그레이드할 부(wealth)도 없는 사람들**이다. 2013년도 옥스퍼드 대학교 연구에 따르면 미국 일자리 중 47%가 앞으로 소멸될 고위험군에 속한다고 한다. 슬프게도 그 47%에 속하는 고위험군에서 일하고 있는 사람들이 '일하지 않는 계층'의 주인공이 될 확률이 적지 않다.

이건 주제와는 좀 빗나간 여담이지만, 개인적으로 흥미롭게 다가온 이슈여서 사족으로 덧붙인다. **미래학자들이 앞으로도 가장 안전한 직업 중의 하나로 꼽은 것**은 무엇일까? 답은 고고학자다. 그 이유가 재미있다. **고고학자**는 일자리의 0.7%밖에 안 되고 수입도 많지 않은 편이며 정교한 패턴을 인식해야 하는 직업이라, 인공지능으로 자동화하기도 어렵고 자동화한들 그 이득도 적기 때문이라고 한다. **직업의 자동화 순서에도 경제원리**

**가 적용된다**는 말로 들린다. 앞으로 진로선택을 할 사람들이 귀 담아들을 부분이 있는 것 같다.

얼마 후[10] 기술발전이 변곡점을 넘어서면 폭발적 증가로 완전한 변화가 올 것이다. 그렇다면 곧 **다가올 기술변화에 대비해서 우리의 삶을 재고하고 조직들을 재편해야** 한다. 우리는 과연 무엇을 해야 할까? 특이점의 도래를 가장 적극적으로 예고하는 인물 중 한 사람인 레이 커즈와일은 **물질적 그리고 정신적인 영역을 확장하고자 하는 인간 고유의 속성은 여전할 것**이라고 말한다. 다만, 이를 현실화하는 도구가 기하급수적으로 강력해지고 있을 뿐이므로, **인류가 해야 할 일은 온갖 지식을 창조하는 것**이라고 한다. 그는 그 이유를 니체의 철학을 빌려 표현한다.

> 인간은 동물과 초인 사이에 놓인 밧줄이요, 신념 위로 걸쳐진 밧줄이다.

인간은 위대한 창조력과 가능성을 가진 존재이니, 니체의 말대로 신념의 밧줄을 바탕으로 스스로 자부심을 갖고 가능성을 믿기 바란다. **복잡성 이론가인 제임스 가드너**는 다음과 같은 희망적인 말을 한다.

---

10) '앞으로'가 아닌 '얼마 후'라고 적시한 이유는, 우리가 곧 그리고 직접 경험하게 될 일이기 때문이다. 빠르면 2029년, 평균 예측으로는 2045년이면 이런 세상이 온다고 앞에서 말했던 걸 기억하라.

우주는 아무런 마음 없이 저 먼 미래를 향해 어떻게든 나아가고 있으며, 지능은 그것에 하등의 영향을 미치지 못한다고 여겨진다. 나는 동의할 수 없다. 나는 거대하고 비인간적인 자연의 힘들보다 지능이 훨씬 우월함을, 그 사실이 언젠가 밝혀질 것임을 믿는다. ……(중략)…… 우주의 운명은 미래에 내려질 어떤 결정에 달려 있다. 적절한 때가 오면 지능을 지닌 우리가 직접 내리게 될 결정 말이다.

얼마나 가슴 뛰는 말인가! 그는 **앞으로도 인류가 인간의 본질을 보유하기는 하되, 심신으로 훨씬 향상된 능력을 가지고 비생물학적 알고리즘과도 당당히 겨뤄 굳건히 자리를 지키는 것이 가능하다는 긍정적인 견해**를 밝히고 있다. **이에 대비해야 하는 것이 현세대 인류의 운명**이다.

# 의문 2:
## '너 자신을 알라?'
## 나는 나 자신도 모르고 있다

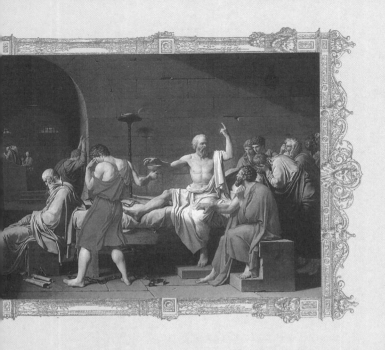

다비드의 〈소크라테스의 죽음〉

이 그림은 소크라테스의 마지막 순간을 묘사한 명화다. 고대 철학자 소크라
테스는 '나는 내가 아무것도 모른다는 사실만을 알 뿐이다'라고 말하며, **모든
보편적인 진리를 질문과 대답을 통해 얻으라고** 민중들에게 설파했다. 그가
말했다고 하는 **'너 자신을 알라'**[1]는 아무것도 모르는 자신의 무지를 똑바로
알고 있으라는 뜻이다. 그는 인간이 무지하니 나쁜 짓을 한다고 믿었다. **진
리를 내면에서 찾자**는 그의 철학은 당시 젊은이들의 호응과 추종의 무리를
이끌었다. 급기야 그는 아테네 법정으로부터 신을 부정하고 젊은이들을 타
락시켰다는 죄명을 얻어 독배를 마시고 죽음을 맞게 되었다. 이 그림은 마지
막으로 소크라테스가 제자들에게 가르침을 전하는 장면이다. 그는 끝까지
신념을 포기하지 않고 "악법도 법이다"라는 말을 남기고 독배를 마셨다. **그
의 질문법은 철학과 코칭과 상담의 방법론에 많은 영향**을 끼쳤고, **'나 자신을
잘 아는 일'은 리더가 될 모든 사람이 가장 먼저 해내야 할 큰 숙제다.**

1) 이 말은 소크라테스가 한 것이 아니라 델포이 신전의 기둥에 새겨져 있는 문구라는 말
   이 있다. 그는 생전에 책을 남기지 않았기 때문에 "악법도 법이다"란 말 역시 실제로
   그가 했다는 증거는 찾을 수 없다고 한다. 그러나 그는 철학하는 방식에 지대한 영향
   을 미쳤다. 질문을 통한 탐구, 그것은 '철학함'의 교과서라고 불린다. 이런 **소크라테
   스식 질문법은 리더가 지향해야 할 소통법과도 일맥상통한다.**

# 나? 내가 알고 있는
# 내가 맞는가?

심리학자로서 노벨경제학상을 받은 **대니얼 카너먼**은『생각에 관한 생각』에서 **"우리는 실제로 안다고 느끼는 것보다 자신에 대해 훨씬 더 모르고 있다"**고 말했다.『조직의 능력을 끌어올리는 인적자원 관리』에서 크리스 아지리스도 사람이 **말로 지지하는 행동과 실제 행동은 다를 경우가 많다**고 하며, 이를 '**인간 행동의 역설**'이라 부르고 있다.

여러분은 자신에게 **나는 어떤 사람이냐**'고 진지하게 자주 물어보는가? **나는 방금 왜 이런 행동을 했는가**'를 자주 알아차리는가? '나는 어떤 성격과 잠재력을 가진 사람인가', 더 나아가서 **나는 무엇을 위해 이 세상에 존재하는가**'를 자주 물어보는가?

실제로 대부분의 **사람은 일상의 95% 이상을 무의식적으로 살아간다**고 한다. 특별한 자극이 지각되거나, 의식적인 집중이 필요할 때만 잠깐 의식을 찾았다가 다시 무의식적으로 처리되는 삶으로 돌아간다는 사실을 여러 학자가 실험으로 밝혔다. 아침에 세수하거나 출근을 위해 운전할 때 여러분은 그것에 대해 깊이 생각하는가? 우리 행동이 얼마나 자동적인가 하면, 나는 심지어 칫솔에 샴푸를 짠 적도 있다. 왜냐? 치약이 있던 자리에 그날은 공교롭게도 샴푸가 있었기 때문이다.

카너먼이 그의 책에 '**정신경제**'란 말을 썼는데, 실물경제뿐 아니라 우리 내면의 사고양식도 참으로 경제적이고 효율적으로 움직인다. 정신경제란 이유로 우리는 **자신에 대해 의식을 기울여 생각하는 데 '게으르다'.** [2] 더구나 '자신이 생각하는 나'와 '타인이 생각하는 나'는 종종 일치하지 않기도 한다. 때로는 나보다 **타인이 나를 더 잘 파악할 수도 있다.** 그러니 **"나는 내가 제일 잘 알아! 그러니 상관 마!"**라는 말을 가려서 할 일이다.

직장인들의 **정신건강이란** 결국 '업무에서는 자신의 잠재력을 발휘해 만족감을 맛보고, 일상에서는 스트레스에 벗어나 행복감을 느끼며, 사회적으로는 가치 있는 활동을 통해 사회에 기여할 수 있는 **감정적, 정서적, 기능적으로 안정된 상태**'를 말한다. 이런 **정신건강은 '나'를 아는 것으로부터 시작**된다. 여러분 중에는 자신을 잘 알고 있다고 생각하는 사람이 있을 것이다. 정말 그럴지도 모른다. 하지만 이 장을 읽어 나가면서 혹시 몰랐던 자신의 모습을 발견할지도 모를 일이다. 이 장을 읽는 독자들은 과연 **나는 어떤 성격특성을 가졌으며, 어떤 리더십을 적용해 왔는지를 천천히 시간을 가지고 성찰하며 자기분석하는 시간을 갖기 바란다.**

---

2) '게으르다'란 표현은 카너먼이 그의 책에서 누차 강조한 말이다.

# 어떻게 '나'를
# 남과 구별할 수 있는가?

'나'란 개념은 학문에 따라 다음과 같이 각각 다르게 설명된다.

## 생물학적인 '나'

생물학적으로 '나'란 개념은 어떻게 생겨났을까? 앞에서도 설명했지만 생물학적으로 보면 다세포 동물들은 수많은 개별 세포를 갖고 있는데, 진화과정에서 신경망을 통해 이 세포들의 활동을 일관성 있게 통제하게 되었다. 이 신경망들은 한곳으로 통합되어 중추신경계를 이루고, 이 중추신경계를 통해 전달된 몸전체 세포들의 움직임은 뇌에서 통합된다. 이 통합된 상태가 곧 '의식'이라고 한다. 쉽게 말해 **나'란 의식은 중추신경계를 통해 전달된 모든 정보를 통합하는 과정에서 발생했다**는 뜻으로 이해된다. 내 몸을 통하지 않으면 내 것이라 인식하지 못한다. **내 중추신경계와 통하지 않는 것들은 외부의 것이고 남**이다. 피부바깥은 신경계와 연결되지 않은 부분이므로, **피부는 나의 경계선으로 작용**한다. 그렇다면 중추기관이 없는 유기체들은 자의식이 없다는 말로 해석해도 될까? 그렇다. 실제로 멍게는 중추도 뇌도 없다고 하니 자의식이 없는 것이 맞다고 한다.

박문호의 베스트셀러 『뇌 생각의 출현』에서 의식은 하나의 온전한 덩어리로서의 장면이 떠오르는 것이라 한다. 즉, 뇌가 감각 입력 신호로부터 외부 환경을 받아들인 다음, 받아들인 여러 장면을 인과적으로 맥락 있는 내적 이미지 흐름으로 만드는 것이라고 한다. 가장 간단하게 축약하면, **의식은 뇌에 떠오르는 연결된 장면의 흐름**이라고 해석된다. 정신과 의사이자 의식연구가인 데이비드 호킨스에 따르면, 자의식은 의식하고 있고 회상할 수 있고 남에게 언어로 말할 수 있는 기억이라고 한다.

## 심리학적인 '나'

신생아는 '나'란 개념이 없다. 엄마가 곧 나고, 내가 엄마라고 인식한다. 아기들은 엄마가 하는 일이 곧 자신이 하는 일이라고 여겨 자신을 전능한 시스템으로 인식한다. 아기는 15개월경부터 거울 속의 자신이 나란 걸 알기 시작한다. 엄마와 나를 개별적인 독립체로 인식하는 시기다. **아기는 가까움과 거리두기 연습을 하면서 엄마와의 관계를 성립해 나간다. 그런 과정에서 자의식이 발달**한다. 런던 대학교 교수이자 심리학자인 니콜라스 험프리는 **"의식은 '너와 나'를 구분하는 능력**이며, **의식의 기능은 관계를 맺기 위해 시작했다"**고 주장한다. 그의 저서인 『감정의 도서관』에서 **의식은 '타인의 마음을 읽는 내면의 눈**(inner eye)'이라고 말하고 있다. 인간은 타인에 의존하지 않으면 생존할 수가 없으므로, 의식이 그래서 필요하다는 것이다.

## 철학적인 '나'

험프리와 비슷한 생각은 철학자에게서도 종종 발견된다. 시카고 대학교 교수였던 위대한 철학자 **조지 미드**에 따르면 나 혼자서는 내가 누구인지를 알 수 없다고 한다. 그는 **'타자가 있을 때 비로소 나를 알게 된다'**고 했다. 무슨 말인가 하면, **나의 언행에 대해 남들이 반응하는 것을 보고 비로소 내가 어떤 사람인지를 알게 된다**는 것이다. 전 서울대학교 교수이자 철학자인 손봉호는 그의 역저『고통받는 인간』에서 장 폴 사르트르의 자아관을 이렇게 피력한다.

> (사르트르도) 역시 '나'를 가능하게 하는 것은 다른 사람이라고 주장한다……. **'나'를 감시하고 심판하고 비판하는 다른 사람의 눈길이 나로 하여금 나를 의식하게 만든다**…… 내가 질투나 호기심 때문에 열쇠구멍을 통하여 방안을 들여다보고 있다고 하자. 그 상황에서 나는 '나'를 전혀 의식하지 않는다……. 그런데 갑자기 복도 저쪽에서 발자국 소리가 나고 **누군가가 나를 '보고' 있음을 느낀다. 그 순간 나의 모든 구조에 근본적인 변화가 일어난다**. 나의 행위와 내가 보고 듣는 것은 순식간에 사라지고, 나는 부끄러움을 느끼며 나의 관심이 자신에게로 쏠린다. 부끄러운 자신을 의식하는 반성작용이 일어나는 것이다. 부끄러움이 나에게 내가 이런 존재란 것을 나타낸다……. **내**

가 나로 되기 위해서는 타인이 나를 바라보는 것으로 충
분하다.

또한 손봉호는 막스 쉴러나 마르틴 부버 등의 철학자도 **'나'의
인식에는 다른 사람과의 관계가 결정적인 역할을 한다**고 주장
하며, 이들은 내가 '나'로 되는 계기를 자신 바깥에서 발견한다고
했다. 결국 내가 혼자 있으면 나를 인식하지 않는다고까지 했
다. 이런 **남과의 상호작용은 직접적인 언어적 표현을 하지 않고
서도 여러 가지 비언어적인 표현을 통해서도 이뤄진다.** 인간은
**타인의 몸과 눈을 읽음으로써, 자신의 정체성을 확립하며 스스
로 언행을 조절하고 학습**한다. 즉, 상대의 마음을 읽고 자신을
돌아보는 것이다. 자, 이젠 이 시점에서 여러분에게 묻고 싶다.
남들이 평가하는 '나'를 거부하지 않고 수용할 마음의 준비가 되
었는지 말이다.

## 진짜
## 자기란?

그렇다면 '진짜 자기'란 무엇인가?
자기심리학의 주창자인 **하인츠 코헛**은 **지금까지 형성한 자기를
붕괴하고 '재통합'을 이뤄야 '진짜 자기'를 추구할 수 있게 된다**고
했다. 즉, 진짜 자기 정체성 확립을 위해서는 살면서 다양한 좌

절 경험을 통해 심리적인 재통합을 해야 한다는 것이다. 그러면 가짜 자기는 무엇일까? 『자기의 회복』에서 코헛은 **'가짜 자기'는 지금까지 내가 굳게 지켜 왔던 부분**이라고 말한다. '가짜 자기'는 자신의 **결함을 감추기 위해 방어적 성격**을 가진다. 또한 가짜 자기는 타인에게 인정받고 보상받고 싶어서 자기 소망과는 전혀 다른 행동을 보이기도 한다. 때로는 남에게 너무나 인정받고 싶어서 공격적인 행동으로 남을 굴복시켜 스스로 자기만의 인정욕구를 채우기도 한다. 얼마나 어리석은가? 남에게 인정받으려면 인정받을 사람으로 성장해야 하는데, 도리어 공격성으로 처리해 버리는 것이다. 원하는 것이 이뤄지지 않으면 부모를 때리는 유아적인 방어양식이다. **종종 사람들은 성인이 되어서도 자신이 그런 유아성향을 가졌다는 사실조차 인식하지 못한다.** 타인의 눈을 의식하지 못하고, 자기가 아는 자신이 진실이라고 믿는다.

자신의 미숙한 행동양식을 깨닫고 진정으로 소망하는 것을 **성인의 방식으로 '제대로' 이루기 위한 방법은 가짜 자기의 붕괴라는 '좌절 경험'을 통해서 진짜 자기로 우뚝 일어서는 것**이다. 그래서 코헛은 **'적절한' 좌절 경험을 건강한 삶의 필수요소**로 강조한다. 좌절 경험이 없는 사람들은 지독한 자기애를 가진 사람으로 성장하여 안하무인의 성향을 보인다. 자기가 품어 왔던 유아적 자존심과 웅대한 자아상을 깨뜨리는 고통 없이는 성숙한 정체성 확립을 하기 힘든 것이다.

따라서 **진정한 자기가 되기 위한 첫 번째 순서는** 자신이 어떤 사람인지를 아는 것이다. 즉, **자기인식**이다. 자신을 제대로 알아야 불합리하고 부적응적인 행동을 붕괴시킬 수 있는 것이다. 적절한 자기이해를 통해서 남의 마음도 이해할 줄 알게 되는 것이다. 그러나 상담과 코칭을 하다 보면 **진짜 자기를 정확히 파악하고 있는 리더는 그리 많지 않다.** 건강한 리더십의 기초는 다름 아닌 자신의 심리내적 요인들을 잘 알고, 타인의 심리내적 요인들까지 읽을 수 있는 능력을 갖추는 것이다.

## 나의 리더십 스타일과 성격유형

많은 기업의 리더는 매년 다면평가 결과를 받아든다. 결과지를 보고 기분 좋은 리더들은 그리 많지 않을 것이다. '나는 정말 죽도록 열심히 일만 했는데, 남들은 나를 이렇게 보고 있었나?' '내 의도는 그게 아니었는데, 정말 이렇게 받아들였나?' 하는 의문과 함께 같이 일했던 동료들에 대해 서운함도 느낄 것이다. 또한 '나의 이런 점은 남들에게도 정말 인정받는 점이구나' 하는 자부심과 뿌듯함도 느낄 것이다. 평가를 하는 사람도 '좋은 게 좋은 거'라는 식으로 온정적인 평가를 하기도 한다. 또는 자신의 이해득실에 따라 평가의 진정성을 조절하기도 한다.

모르긴 몰라도 아마 똑같은 평가결과를 받은 리더들은 한 명도 없을 것이다. 리더들의 리더십 스타일이 백인백색이기 때문이다. 그렇다면 이런 개인차는 왜 날까? 리더의 성격이 모두 다르기 때문이다. 리더와 같이하는 부하의 성격 또한 모두 다르기 때문에 같은 행동도 다르게 받아들여질 수 있다. 성격은 좀처럼 변하지 않는다고 하는데 성인이 다 되어서 무슨 성격타령이냐고 할 수 있을지 모른다. 그러나 **인간의 성격은 리더십의 독특함을 좌우하고, 부하의 성장과 조직의 성장에 큰 영향을 미치기 때문에 자신의 성격을 아는 것은 리더십에 큰 보탬**이 된다. 물론 리더십을 성격적 측면으로 부각시키고 싶은 의도는 없다. 그러나 성격은 리더십에 영향을 주는 중요 요인 중 하나다.

요즘은 외국계기업의 평가지침에 '**자기성찰**(self reflection)'이란 항목이 종종 포함되어 있다고 한다. 이는 매우 바람직한 추세라고 여겨진다. 왜냐하면 자기의 행위나 실수에 대해 왜 그렇게 했는지 **내면상태를 곰곰이 반추해 보는 일은 자신의 성격과 리더십 스타일 개발에 매우 도움**이 되기 때문이다.

**그동안 많은 리더십 과정이 심리내적 요인보다 심리외적인 면(리더십 행위, 소통방식 등)을 많이 다뤄 왔다.** 사람의 **내면이 근본적으로 변하지 않는데 외적 변화를 꾀한다고 해서 효과가 날 수 있을지 의문**이다.

# 성격이란?

먼저 성격의 정의를 알아보자. 다니엘 세르본느는 『성격심리학』에서 **성격이란 '개인의 지속적이고 독특한 감정, 사고, 행동패턴에 기여하는 심리적인 속성'**이라고 했다. 주목해야 할 점은, 성격은 **감정과 사고와 행동을 모두 포함**한다는 것이다. 우리가 흔히 말하듯 '저 사람의 행동은 적절치 않지만, 성격은 그렇지 않아'란 말은 옳지 않을 수 있다는 뜻이다. **사람의 행동은 성격에 기인**하기 때문이다. 또한 성격이란 지속적이어서 개인의 **생애에 걸쳐 상이한 상황에서도 일관적이고 두드러지는 속성**을 말한다. 이러한 속성은 한 개인의 모든 면(정신생활, 정서경험, 사회적 행동)을 전체론적으로 이해하는 방식이다.

여담이지만 **아일랜드**에는 고양이를 싫어하는 사람을 조심하라는 **속담**이 있다고 한다. 개와 달리 고양이는 사람의 말을 잘 듣지 않기 때문에 **고양이를 싫어하는 사람은 말을 듣지 않는 존재들을 싫어하는 사람**이란 통념을 갖고 있기 때문이라고 한다. 사람을 함부로 부리려는 가능성이 높아 조심하라는 뜻이기도 하다. 한 가지 행동으로 그 사람의 전반적인 성격을 파악할 수 있다는 재밌는 민족 사례다. 그냥 재미로만 듣기 바란다.

한 개인의 **성격은 타인과 구별되는 심리적 특성을 지니며 왜 이런 행동을 했는지에 대한 인과적인 경향성을 설명**해 주기도 한다. 모두의 이해를 위해 너무나 익숙한 예를 들어 보자. 애플의 전설적인 CEO였던 스티브 잡스의 예다. 그는 늘 주도성과 창의성, 직관력, 결단력, 자기중심성의 모습을 보여 줬다고 한다. 이런 성향은 일생 동안 잡스가 사명감을 갖고 최고의 제품을 창조할 수 있었던 원동력으로 작용했다. 그러나 관계적인 면에 있어서는 자신의 딸에게 무심하거나 직원들의 말을 무시하는 차가운 행동으로 나타났다. 이렇게 **한 사람의 성격은 외부 상황에 따라 좋게 또는 나쁘게 받아들여질 수 있다.**

따라서 우리가 흔히 사석에서 표현하곤 하는 "그 사람 성격이 좋아" 또는 "그 사람 성격이 이상해" 등의 말은 정확하지도 않고 근거도 희박한 말이며, 선악의 관점에서 이분법의 잣대를 들이대는 말이다. **무조건 좋은 성격도 없고, 무조건 나쁜 성격도 없다. 성격은 그 사람이 어떻게 다른 사람과 구별되는가의 중립적인 성질**이다. 그러나 한 사람의 성격은 삶에서 일관성 있게 나타난다. **일관성, 바로 이 점을 깨닫는 게 중요**하다.

# 성격 부적응에 대한 이해

실제로 일을 잘하고 있거나 겉으로 큰 문제가 없어 보여도 **종종 직장인들이 사회나 직업 영역에서 성격문제로 고통을 받고 있다**는 조사가 있다. 서울대학교 교수인 권석만의 『현대 이상심리학』의 정의에 따르면 **'성격장애자란**

성격특성 자체가 특이해서 인지나 정서, 대인관계, 충동조절 등의 행동양식이 부적응적인 사람'을 말한다. 대체로 **어릴 때 형성되어 성인기에 개인 성격으로 굳어진다.**

물론 우리의 현실생활에서는 주로 정상인들을 대하기 때문에 성격장애 진단 기준을 들이댈 수는 없다. 그러나 성격장애자와 정상인은 정도의 차이가 있을 뿐, **정상인들도 어느 정도는 역기능적인 면을 조금씩은 모두 갖고 있다.** 다음을 읽어 보면서 자신의 역기능적인 특성과 비슷한 부분이 있다면, 한 번쯤은 그 역기능적인 성격이 생긴 기원과 깊이 숨어 있는 심리내적인 욕구, 그리고 고통을 추론해 보는 것은 가치 있는 일이다.

먼저 **성격 구분의 기준**을 설명하겠다. 성격을 구분하는 기준은 꽤 많지만 여기서는 워싱턴 대학교의 클라우드 크로닝거의 기준을 응용하였다. 첫 번째 분류기준은 **자극 추구형과 위험 회피형**으로 나누는 것이다. 자극 추구형은 새로운 자극에 활성화되는 성향을 보이며, 일을 처리함에 있어서 모험성과 주도성을 보인다. 반면에 위험 회피형은 사전계획과 준비에 능하며, 일을 처리함에 있어서 꼼꼼하고 신중한 모습을 보인다.

두 번째 분류기준은 **관계형과 독립형**으로 나누는 것이다. 관계형은 사회적 인정에 대한 민감성이 높고 타인의 감정을 잘 파악하고 사교적인 관계를 잘 맺는다. 독립형은 감정에 쉽게 영향을 받지 않으며 실용적이고 강인하며 자립성이 강하다.

- A타입: **독립적이며 자극을 추구하는 유형**은 일 추진에 있

어서 **주도적이고 도전적**이다.[3)]

- B타입: **독립적이며 위험을 회피하는 유형**은 일 추진에 있
  어서 **분석적이고 계획적**이다.
- C타입: **관계적이며 자극을 추구하는 유형**은 관계 맺음에
  있어서 **친밀하고 감수성**이 높다.
- D타입: **관계적이며 위험을 회피하는 유형**은 관계 맺음에
  있어서 **수용적이고 일관적**이다.

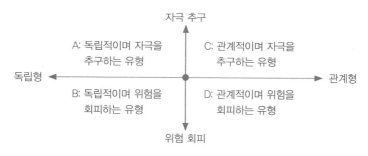

[그림 3-1] 분류기준

이 표를 보면 간단하게나마 자신이 어느 영역에 속하는지 짐작
이 갈 것이다. 정확하게 구분은 안 갈지라도 대충 어느 지점에 있는
지 말이다. 이런 분류기준으로 타인의 특성을 짐작하는 것도 가능
하다. **이 기준으로 자신과 타인의 성격적인 특성을 가늠해 보고, 각
자의 특성에 맞춰 어떻게 직원과의 관계를 성장시킬 수 있을지에
대한 힌트를 얻을 수 있다.** 그럼으로써 갈등에 소비되는 에너지를

---

3) 각 기질에 대한 설명은 전문적인 심리진단 도구인 TCI(Temperament & Character
   Inventory: 기질과 성격검사) 기준을 응용하면서 단순화했다.

줄이고, 나아가서 **성장하는 조직을 만드는 기반**을 이룰 수 있다.

여기서 성격분류를 소개하는 숨은 의도는, 자신의 좋은 특성을 발견하기를 원하는 게 아니다. 정작 리더들에게 강조하고 싶은 내용은 따로 있다. **자신의 단점 또한 균형 있게 파악하고 주의를 기울이라**는 것이다.

**성격이란 유전적이기도 하지만 과거의 누적된 경험으로 형성**된다. 심리학에서는 개인의 **성격이란 자신에게 무언가 이익을 가져다주었기 때문에 습관적으로 유지가 된다**고 본다. 예를 들어, 자신이 분석적이고 자립적인 성격이라면, 과거에 예민하게 위험을 회피함으로써 큰 처벌을 면했다든가, 남들을 믿지 않고 혼자 힘으로 노력한 결과로 자수성가를 했다든가 하는 이익들을 경험했을 수 있다. 그러나 이러한 **과거의 습관이 현재와 미래에도 계속 이익일 것이라고 보기는 어렵다. 오히려 지금의 나에게 큰 역기능적인 결과를 가져다주는 것이 바로 과거의 이익일 수 있다.** 즉, 과거 이익이 지금은 통하지 않는데, 계속 같은 행동방식을 고집하는 것이다. 그러니 자기의 **습관적인 성격에 깔린 이면적인 부분을 심각하게 성찰해 보라**는 것이다.

**하나의 성향만 지나치게 쓰다 보면 부적응적이고 역기능적인 성격으로 발전할 가능성이 있다.** 자기 성격의 좋은 점에도 관심을 두어야겠지만, 역기능적인 이면을 눈여겨보기 바란다. [그림 3-1]의 극단에 있는 사람들은 개선을 통해 중심점으로 옮겨가려는 노력이 필요하다. 각 유형과 결부시킬 수 있는 부적응 유형

을 정리해 보면 다음과 같다. [4)]

## A 타입과 경계선 성격 [5)]

**독립적이며 자극을 추구하는 A유형**은 일 추진에 있어서 **주도적이고 도전적이고 열정적**이다. 이 유형 성격은 **결과 성취를 위해 매우 적극적**이다. 목표지향적이고 도전적으로 탐색하는 모습을 보인다. 구조화된 작업을 지루해하고 변화를 일으키려 한다. 이런 특성으로 남이 예견하지 못한 보상을 잘 발견한다. 빠르게 문제를 해결하는 유형이다. 이를 위해 **경쟁적이고 지도적**이다. 이런 주도성으로 타인에게는 타고난 리더처럼 보이며, 성공에 대한 확신과 자신감이 있다.

그러나 이런 **주도성이 극심할 경우**, 타인들이 같이 일하기 힘들어하고, **경계선 성격**으로 오인받을 수 있다. 경계선 성향을 가진 사람들은 **이분법적인 사고**를 한다. 내 목적 달성에 도움이 되는 사람과 그렇지 않은 사람, 똑똑한 사람과 우둔한 사람 등으로 말이다. 이런 사람들은 종종 매우 긍정적인 자신감과 한 방

---

4) 각각의 짝 연결(A타입-경계선, B타입-강박성, C타입-연극성, D타입-회피성)은 TCI 진단도구와 전문상담자의 자문을 받았다. 리더 또는 코치가 면담 시 이를 융통성 있게 고려하면 유용할 것이다.
5) 여기서 설명되는 경계선, 강박성, 연극성, 회피성 성격들은 미국정신의학회에서 발간한 『DSM-5』의 기준에 따라 분류했고, 권석만의 『현대 이상심리학』을 참조하여 설명했다. 이는 이 부분을 좀 더 전문적이고 정신심리적이고 과학적인 근거를 가지고 기술하고 싶은 마음의 발로다. 또한 임상에서 쓰이는 심리치료방법도 같이 기술하였으니 문제해결에 요긴하게 쓰이기를 바란다. 다만, 성격장애 측면이 아닌 성격의 특성으로만 이해하기 바란다.

향으로 확실하게 몰아주는 열정으로 주위 사람들을 매료시키기 때문에 처음에는 리더로 보일 수 있다. 그러나 **좌절스러운 상황에서는 태도가 극단적으로 돌변**해 쉽게 화를 내거나 의욕을 상실할 수 있다. 이런 **과도한 목적지향적인 리더의 성향은 사람들을 둘로 가른다.** 특히 **갑과 을**로 나누거나, **윗사람과 아랫사람**을 철저히 이분하여 각 상황에 따라 전혀 다른 태도를 보이기도 한다. **자기 편에 속한 사람들에게는 강렬한 애정을 보이지만, 반대편이라고 생각하는 사람에게는 평가절하와 분노**를 느낀다. 주위에서 이런 사람들을 종종 볼 수 있다. **공동체보다는 자신의 목적달성이 훨씬 더 중요**하기 때문이다.

이런 사람은 **성장과정**에서 **'모든 사람은 장단점을 가지고 있다'는 통합된 개념 정립에 실패**해서, 저 사람은 나쁜 사람 또는 저 사람은 좋은 사람이란 양극적 표상을 분리해서 지니게 된다. 즉, 중간이 없다. 너무도 좋아하던 사람이 한순간에 극도로 싫어질 수도 있다. 냉정하게 돌아서고, 공격성을 보이기도 한다. 업무과정에서 드러나는 이런 성향은 팀을 파국으로 치닫게 할 수 있다. **자기중심적이어서 다른 사람들과 공감능력이 떨어지고, 오만하며, 자신의 성취를 위해서는 타인을 착취**하는 일도 있다.

이러한 **경계선 성향에 가까운 리더들**은 다면평가 및 주위사람들로부터의 평판을 심각하게 고려함으로써, **이분법적인 사고방식을 해체하는 좌절을 맛보려는 노력이 필요**하다. 자신이 장점도 있지만 현저한 단점도 가졌다는 **현실적이고 균형 있는 자아상을 재구축**하는 것이다. 그리고 남들을 판단할 때 '모 아니면

도'로 구분하는 습관을 철저히 자각하고, 이에 따라 자신의 행동이 극단적으로 달라진다는 점을 인지해야 한다.

반면에 **경계선 성향이 강한 부하를 둔 리더라면**, 일이나 사람을 극단적으로 판단하지 않도록 도와준다. 그리고 부하가 새로운 자아를 통합할 수 있도록 **칭찬할 것은 칭찬하고 부족한 면은 자각하도록 도와주어야** 한다. 이것을 '**최적의 칭찬**'이라고 한다. 주의할 점으로는 이런 사람은 열등감을 수용하지 못해 리더에게 격한 분노를 느낄 수 있으므로, 그 사람의 입장도 충분히 공감해 주면서 실마리를 풀어 나가야 대화에 성공할 수 있다는 것이다. **공감을 최우선으로, 문제해결은 천천히** 하는 방식이다.

## B타입과 강박성 성격

**독립적이며 위험을 회피하는 B유형**은 일 추진에 있어서 **자립적이고 분석적이고 계획적**이다. 이 유형은 생각이 많고 신중성이 강해 논쟁을 즐기고 **목표가 높고 헌신적**이다. 이들이 보이는 큰 특징은 정확성과 인내심이다. 일의 **정확성과 품질을 높이기 위해 원칙적·분석적·평가적이며, 완벽하게 완수**해낸다. 한번 시작한 일은 끈기 있게 지속하려는 경향성을 가지며, 부지런하며 쉽게 포기하지 않는다. 비판받을 때 오히려 열심히 하는 경향을 보이기도 한다. 성공을 위해 **희생을 감수할 줄 아는 성취지향성**을 가졌으므로, 믿음직하고 타인을 실망시키지 않는다.

그러나 **심할 경우** 자신과 타인에게 비현실적으로 높은 기대를 갖고 **완벽을 추구하는 강박성 성격**으로 발전할 가능성이 있다. 과도하게 성취지향적이고, **세부에 집착해서 에너지와 시간을 소비하기 때문에 비효율적**이다. 일에 완벽성을 기하다 보니 **의사결정이 힘들고, 남과 타협하는 일에도 서툴러** 남을 힘들게 하기도 한다. 그들의 **주된 감정은 통제감**이다. **모든 일, 모든 사람을 통제하려 하며, 통제가 불가능한 상황에 놓이면 불안해하고 분노감**을 느낀다. 문제해결에 필요한 것 이상으로 **자신을 몰아붙이는 완벽주의자 성향**이 있다. 과거의 성공방식을 고집하며 융통성이 부족한 면을 보인다. **감정표현을 잘 하지 않으며 이성과 도덕, 원칙을 중요시**한다. 관계적으로는 충동적이거나 감정적인 사람을 싫어하고, 남들에게 **인색**한 점이 특징이다.

이들은 **성장기에 부모로부터 과잉통제**를 받았을 수도 있고, **실수했을 때 처벌로 통제**를 받았을 수도 있다. 부모의 인정을 받기 위해 **스스로 통제를 하고, 독립성을 과장하며, 실수를 불허**하게 되었을 것이다. 그래서 좌절에 대한 인내력이 부족한 편이다.

이런 **강박 성향을 가진 리더**라면 스스로 과도한 통제 노력을 자각하고, **실패도 자신의 일부로 통합하려는 노력**, 그리고 자신도 불완전한 인간임을 수용하려는 노력이 필요하다. 특히 **부하를 엄격히 통제하려는 욕구를 버려야** 한다. 유연하고 현실적인 목표 수립, 감정을 고려하는 대화, 과도한 규칙 배제 등이 부하들이 바라는 일일 것이다. 강박성 리더를 둔 팀원들은 정말 괴롭다. 업무에 있어서 자신의 기대치보다 조금 못 미치는 선에서 일을 마무리하려고 노력하라.

만일 **강박성향의 부하를 두었다면**, 코칭을 통해 그들의 높은 열정과 목표추구력을 칭찬하되, **일에 집착한 나머지 자기 자신과 여가와 우정, 감정표현을 희생하고 있다는 사실을 자각하게 도와준다**. 강박성 부하들은 스스로 엄격하기 때문에 만일 실수를 했다면 리더는 실수를 너그럽게 용인하라. 그리고 부하 스스로의 기대치에 못 미쳤더라도 기한 내에 과제를 제출할 것을 요청한다. **직급이 올라갈수록 대인관계가 중요해진다는 점을 강조**하고 팀원들과 긴장을 풀고 어울리는 자리를 마련해 주도록 한다.

## C타입과 연극성 성격

**관계적이며 자극을 추구하는 C유형**은 관계 맺음에 있어서 **친밀하고 감수성**이 높다. 사교적 성격으로 사회적 신호에 민감하게 반응하는 경향이 있으며, **타인의 감정을 민감하게 파악하고 사회적 접촉을 좋아한다**. 말도 잘하고 낙관적이다. 타인에게 유쾌한 영향을 미치고 동기유발을 하며 대인관계에 적극적이다. 친밀하고 유쾌하고 낙천적인 분위기 메이커로 삶을 즐긴다. 그러나 **타인에 의해 쉽게 영향을 받아 객관성을 상실할 수 있고, 일의 마무리가 깔끔하지 못할 수 있다**.

**심할 경우 늘 관심의 초점이 되길 원하고 타인의 인정을 갈구하는 연극성 성격**으로 오해받을 수 있다. 연극성 성격은 겉으로는 매력적이고 자신만만하게 보이고 유혹적이기도 하다. 치장도 화려한 편이다. 그들의 **주된 욕구는 애정**이다. 그러나 **혼자 있을 때는 우울, 불안하고 감정기복**이 심하다. 인지적으로는 **피상적인 사고**를 하여, 사실을 지각하기보다는 **감정에 의지해서 충동적이고 이분법적인 사고**를 한다. 관계에 온갖 에너지가 집중되어 정작 인지적으로는 두루뭉술한 사고를 하니, 일의 마무리가 흐지부지한 경향이 있다. 그래서 '사람은 좋은데 일처리가 깔끔하지 못해'라는 소리를 듣는다. 관계적인 측면서는 남에게 **거부당할 것 같은 두려움**이 감춰져 있다. 그래서 **남의 시선을 무척 중시하는 의존적인 욕구가 강하고, 칭찬과 인정을 갈망**한다. 자신의 욕구에 따라 남을 조종하기도 한다.

이런 사람들은 **성장과정에서 어머니의 따뜻한 사랑이 모자라서** 부족한 사랑을 주위 사람들로부터 메꾸고자 하는 경향이 있다. 아니면 **부모의 과잉기대로 관심을 받는 것이 당연**한 어린 시절을 보냈을 수도 있다.

만일 **자신이 연극성 성격에 가깝다면** 부하들과 친밀한 관계를 맺기보다 **업무적 성취를 깔끔하게 거두는 데 비중을 두어야** 한다. 그리고 타인(상사뿐 아니라 부하에게서도)의 **애정과 칭찬에 끌려다니는 자신의 모습을 알아챔으로써** 부하들과 **거리감을 적당하게 유지**하는 의연한 리더십을 갖도록 의식적으로 노력해야 할 것이다. 당신과 함께하는 부하들은 사람 좋고 친밀한 리더보다 목표지향적인 리더를 갈망하고 있을 테니 말이다.

**부하가 연극성이라고 판단되면** 부하를 애정으로 따뜻하게 감싸 줌과 동시에, **문제중심적인 사고를 하도록 구체적인 방식의**

코칭을 해 줘야 한다. 그리고 '좋은 게 좋은 거'란 사고방식을 버리고 명확하게 **업무적인 자기주장을 할 수 있는 기회**를 넓혀 줘야 한다. 평소에 팀 분위기를 명랑하게 해 주는 점은 충분히 인정해 줌으로써 **거부에 대한 두려움을 해소**시켜 준다.

## D 타입과 회피성 성격

**관계적이며 위험을 회피하는 D유형**은 관계 맺음에 있어서 **조심스럽고 수용적이고 일관적**이다. **남의 말을 잘 경청하고** 타인을 돕고 동정심이 깊으며, **조화롭고 안정성** 있게 일을 수행한다. 위험이 예상되는 상황에서 미리 조심스럽게 **세심한 대비**를 하기 때문에 실제로 위험이 현실화될 때 큰 구원투수 역할을 할 수 있다. 자신의 감정을 잘 억제하는 이런 성향이 외견상으로는 우아한 성품으로 보이고, **중재자 역할을 하여 신뢰할 만하다는** 인상을 준다. 그러나 **자극을 회피하고, 변화를 거부하며, 감정을 숨기는 특성**이 있다.

**안정감에 대한 추구가 지나치게 되면** 불확실성이나 익숙하지 않음을 견디지 못하는 **회피성 성격**으로 보일 수 있다. **비관적인 성향**을 가진 회피성 사람들은 **신속한 결정을 내리지 못하고, 우유부단하며, 자신감이 부족**해 보인다. 회피성 성격은 내면의 **불안과 두려움으로 늘 긴장감**을 느낀다. 원인은 **거부나 실패에 대한 걱정**이다. 이로 인해 **자신 있는 것에만 도전하고 그렇지 못한 사회적 상황은 최대한 억제**한다. 익숙한 상황을 고집해서 **불**

**가능에 도전하는 변화가 어렵게 느껴진다.** 관계에 있어서는 수줍고 **부정적인 평가에 과민**해서 남을 신중하게 관찰한다. 자기를 완전히 받아 줄 거라는 확신이 없으면 감정을 억제하고 회피한다. 겉으로는 좋은 사람으로 비춰지나, 수구적이라는 평을 듣기도 한다. 소수의 사람들과만 편안한 관계를 가지고, 의존성을 보일 때도 있다. 이들의 **주된 감정은 수치심**이다.

**성장과정**에서 부모나 중요한 사람으로부터 **비판적이거나 거부적인 경험을 겪었을 수도** 있다. 이들은 관계나 일에서 긍정적일 것 같지 않으면 얼른 거부로 해석해서 재빨리 발을 뺀다. 의미를 확대하거나 축소하는 경향을 보인다.

자신이 이런 회피성 유형이라면, **본인이 회피하고 있는 상황을 즉시 의식적으로 자각하는 연습**을 한다. 그리고 **실패와 비판을 견디고 새로운 모험을 해 보는 시도를 증대**시킴으로써 **적극적인 자아상으로 수정**해 나가는 것이 필요하다. 이런 리더는 **새로운 것에 도전하고 열정을 보이는 것이 부하들로부터 신뢰를 얻는 방법**이다.

만일 **부하가 회피성을 심하게 보인다면,** 다그치지 말고 최우선적으로 그들의 **불안함과 두려움에 적극적으로 공감**함으로써 긴장을 풀어 주어야 한다. 이들은 실패나 거부가 두려워 소극적이고 수동적인 자세를 취할 때가 많기 때문이다. 그리고 리더가 자신을 어떻게 생각하는지 내면적으로 시험을 하기도 한다. 이런 상황에서는 부하가 업무적으로도 위축되지 않도록 **리더가 안전지대의 역할을 해야** 한다. 앞으로 진행할 일을 안심할 만큼 잘게 나눠서 주든지, 어려운 일이 생기면 최대한 협조하겠다는 메시지를 주어 **안전한 환경을 만들어 작은 모험을 지속하게 도와줘야** 한다.

# 과도함을 피해 성격의 균형과 조화를

여기까지 성격유형에 대해 설명을 모두 마쳤다. 나는 어떤 성향과 비슷한가? 주도적인가? 분석적인가? 친밀성향인가? 수용적인가? 이것은 **지나치지만 않다면 여러분의 강점이다. 강점은 여러분의 잠재력을 열어 주는 확실한 출구다.** 그러나 매사가 그렇듯이 **강점을 지나치게 사용하면 역효과**가 난다. 자신이 가진 **강점이 어느 수준인지를 정확히 자각하고 적정수준만 발휘하도록** 신경을 써야 한다. 또한 **언제 강점을 사용할지 상황에 맞게 판단하는 능력 또한 중요**하다. 자신의 강점은 당신의 부모님 혹은 신이 당신에게 특별히 내려 준 선물이다.

**자신에게만 주어진 특별한 강점을 누구나 가져야 하는 역량으로 과잉 일반화할 때, 그 강점은 남을 힘들게 하는 단점으로 돌변**한다. **남들의 단점이 쉽게 눈에 쉽게 띈다면, 그 점은 당신의 강점일 경우가 많다고 한다.** 당신이 특히 잘하는 것이기에 눈에 더 쉽게 들어오기 때문이다. **객관적인 기준과 상대 중심의**

공감과 너그러운 눈을 갖고 바라보는 것이 필요하다.

또 다른 유념사항은 **경계선, 강박성, 연극성, 회피성** 성격 또한 나쁜 것이 아니란 것이다. 이런 성향들은 **어느 정도는 일상생활에 필요한 성향**이다. 예를 들어, 적당한 정도의 강박성 성격은 노력형으로 학교나 사회에서의 성공에 필요하다. 적당한 정도의 연극성 성격은 인기형으로 사교생활에 유리하다. 적당한 정도의 경계선 성격은 자신감 있고 피아구분을 잘하는 유형으로 무기력한 사람보다 낫다. 적당한 정도의 회피성향은 양보형으로 배려하지 않는 막무가내인 사람보다 낫다. **단지 정도의 차이**인 것이다. **극심하게 두드러지지 않게 끊임없이 자신을 성찰하고 균형을 맞춰 나간다면 네 가지 모두 훌륭한 성격의 재료**인 것이다. 그렇다면 누구는 이런 질문을 할 것이다. "**네 가지가 적당하게 골고루 있으면** 제일 좋겠네요?" 진실로 그런 사람이 되고 싶은가? 그렇다면 아마 성인군자이거나, 아니면 너무 잘 절제되어 별 개성 없는 무미건조한 사람이 될 수도 있을 것이라 짐작해 본다.

리더에게는 평정심이 요구되는데, **어떨 때 평정심을 파괴하는 역기능이 드러나는지 스스로를 유심히 관찰**해 보기 바란다. **역기능적 행동의 점화는 무의식적으로** 어떤 단어나 행동, 감정 등 전혀 모르는 사건들에 의해 촉발된다. '**무의식적 반응을 의식화**'시키는 것이 '**자기분석**'의 첫걸음이다. 가장 좋은 **방법은 부정적인 기분이 들 때, 그 순간을 놓치지 않고 왜 불쾌한지를 자기 안에서 탐색해 보는 것**이다. 이 방법은 심리치료에서 쓰이는 방법이며, 이런 자기분석 행동이 습관화되면 평온하고 건강한 삶과 조직을 유지하는 데 매우 도움이 된다. **이런 평정심은 평판과 직결**된다.

## 직장인을 괴롭히는 정신문제들

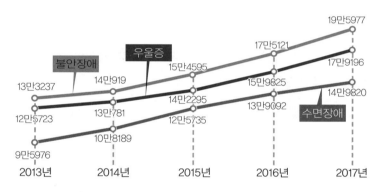

**[그림 3-2] 건강보험 직장가입자 중 정신질환 진료 현황(단위: 명)**
출처: 『동아일보』에서 발췌

기왕에 정신건강에 대해 언급한 김에 현재 우리들을 괴롭히고 있는 정신질환에 대해 간단히 알고 넘어가는 것이 좋겠다. 2018년 5월에 국민건강보험공단이 발표한 '2013~2017년 건강보험 직장가입자의 정신질환 진료 실인원 현황'에 따르면 2017년에 정신질환으로 진료를 받은 직장인은 55만 명이 넘는다. 2013년(37만여 명)보다 47.7% 늘어난 수치다. 통계를 보면 지난 5년간 불안장애(약 80만 명), 우울증(약 74만 명), 수면장애(약 62만 명) 순으로 많았다. 외상 후 스트레스 장애 진단을 받은 사람도 1만 명이 넘었다.

**현대는 심리치료와 자기개선의 시대**라고 한다. 긍정심리학의 창시자인 마틴 셀리그만의 『심리학 처방전』에 따르면 시대마다 지배적 감정이 있는데, **20세기 전반부는 불안이 지배**했다. 혼돈의 시기를 거치면서 통제 불가능과 무력감이 늘어나면서 **20세기 중반 이후는 우울의 시대**라고 한다. 우울증은 20세기 후반 이후 태어난 사람이 전반에 태어난 사람보다 10배가 많다고 한다. 그만큼 **불안과 우울은 우리 주변에서 많이 찾아볼 수 있기 때문에 간단하게나마 원인과 대처법을 설명**하는 게 좋겠다.[6]

## 우울장애의 이해

미국 정신의학회가 발간한 『DSM-5(정신질환의 진단 및 통계편람)』에 근거한 **우울장애**의 정의는 **지나치게 저조한 기분상태가 지속되어 현실 생활 적응에 심각한 어려움**이 있는 상태를 말한다. 우울의 **핵심감정은 상실감**이다. 소중한 사람 또는 물건을 잃거나, 패배에서 오는 절망감이다. **우울 시 사고방식은 정상인과는 많이 다르다.** 그래서 정상인이 아무리 조언을 해도 통하지

---

6) 미국정신의학회의 『DSM-5』와 서울대학교 교수인 권석만의 『현대 이상심리학』, 마틴 셀리그만의 『심리학 처방전』, 위스와 왕후이룽의 『직장인을 위한 심리코칭』을 주로 참고하였다.

않는다. 우울증에 걸린 사람들은 자신의 **상실이 영구적이고, 인생 전체를 차지**하며, 나만 겪는 고통이라고 치부해서 **자기패배적이고 파국적이고 절망적**인 생각이 이들을 지배한다. 마틴 셀리그만은 우울증을 **'학습된 무기력'** 이론으로 설명한다. 셀리그만은 좌절 경험이 과도하게 많으면 무기력감을 학습하게 되어, 어떤 행동을 해도 실패할 거라고 굳게 믿음으로써 아예 **노력을 포기하고 아무것도 하지 않게 된다**고 한다. 손가락 하나 꼼짝하기 힘들어하는 사람들도 있다. 귀인이론을 주장한 **에이브람슨은 절망감이 주원인**이라 했다. 즉, 통제불능 상태를 경험할 때 늘 자기책망으로 돌리는 오류를 범해서 자존감이 하락하고 우울증세를 보인다고 주장한다. 우울한 사람들은 **자신과 세상과 미래[7]에 대해 부정적인 사고**를 해서 역기능적인 행동으로 이어지고, 이에 대해 **우울한 것만 지각**을 한다고 한다. 이를 **극복하는 방법은 다양한 부정적인 인지적 왜곡을 줄이는 것**이다. 왜곡의 종류와 역할은 다음에 상세히 설명된다.

## 불안장애의 이해

다음은 불안에 대해 살펴보자. 『DSM-5』에 근거한 불안장애의 정의는 **위험도에 비해 과도하고 만성적인 불안과 공포로** 현실 적응에 심각한 어려움이 있을 정도의 심리적 고통을 받는 상

---

7) 우울증이 있는 사람들이 전형적으로 보이는, **'자신'과 '세상'과 '미래'에 대한 부정적인 신념을 인지삼제라 한다.**

태를 말한다. 불안의 **핵심감정은 위협감**이다. 위험 대상이 아닌데도 혹은 위험도가 낮은데도 과도한 위험을 감지하는 것이다. 늘 쫓기는 심정이다. 불안은 정신적 혀라고 할 정도로 인간은 불안에 민감하다. 위험에 대비하는 일은 생존에 꼭 필요한 기능이므로 불안은 진화적으로 발달되어 왔으나 과도할 때 문제를 일으킨다. 집에 와서도 일 걱정에 잠을 설치거나 여유를 즐기지 못한다면 얼마나 스트레스가 크겠는가?

**유전**적으로 불안성향을 타고나는 사람들이 있고, 후천적 요인에도 여러 가지가 있다. **불안반응은 조건학습이 잘못되어 발생**하는 경우가 있다. 예를 들어, 어렸을 때 어른에게 크게 혼난 경험으로 인해 이후 나이 많은 교수나 상사만 보면 불안한 경우다. 또는 **완벽주의 때문에** 일상적으로 만연한 불안을 느낄 수도 있다. 어릴 때 부모와의 불안정한 갈등관계로 인해 **비판적인 자아상이 성립된 경우, 사회생활에서 늘 불안하고 패배의식을** 느끼기도 한다. 불안한 사람들의 특징은 **위험요인에 선택적 주의를** 기울이고, **자신을 과소평가**하며, 잠재 위험도가 치명적이라고 **파국적 해석**을 한다. 불안을 줄이는 방법으로는 먼저 복식호흡을 들 수 있다. 불안은 근육을 긴장시킨다. 마음과 몸은 연결되어 있으므로 먼저 **몸 상태를 이완시키고 안정되게** 만들어라. 마음도 몸을 따라 안정을 찾아갈 것이다. 그리고 걱정될 때마다 '**걱정사고 기록지'를 작성함으로써** 지금 **걱정하는 것이 과연 현실적이고 효과적인지를 이성적으로 자각하고 합리적인 대안을 생각해 보는 훈련**을 한다. 불안 역시 개인의 심리적 오류에 기인한 것이 많으므로 다음에 계속되는 설명들을 읽어 보기 바란다.

# 거대한 미래를 상상하는 데의 걸림돌: 다양한 심리적 오류

지금까지 성격에 대해 길게 설명한 이유는 **리더의 성격은 리더십에 영향**을 미치기 때문이다. 그리고 **거대한 미래를 상상하는 데 추진력이 될 수도, 또는 방해물이 될 수도** 있기 때문이다. 자신의 자리에 연연하여 **무의식적인 불안에 휘둘리고 있는 리더라면** 자기도 의식하지 못한 채 **미래를 제한하고 보수적인 목표를 설정할 것이다.** 게다가 **자신이 설정한 목표에 스스로 통제를 받음으로써 부하들에게도 비판적이고 강박적인 리더십을 발휘할 것이다.**

인간은 누구나 성장한다. 성장과정에서 주위의 환경이나 사람들과 상호작용하면서 끊임없이 발전하며 원하는 것을 충족시키며 살아간다. 삶에서 **원대한 미래를 상상하는 것은 인생의 비전과 성장에 필수적이다.** 미국의 저명한 심리학자인 고든 올포트는 '의도적인 동기', 즉 **미래비전은 전체 성격을 하나로 통합해주고, 성장과 도전을 위한 건강한 긴장 수준을 증가**시킨다고 했다. 흥미로운 점은 **건강한 사람은 긴장 감소를 원하는 것이 아니라 '건전한 긴장'을 원한다**는 것이다. 이런 **긴장 덕분에 새로운 감동과 도전을 감내**할 수 있고, 도전함으로써 성장하고 행복할 수 있는 것이다.

그러나 모종의 지배적 요인이나 **과거의 특별한 갈등 경험 때문에** 미래비전을 창조하는 데 방해를 받을 수 있다. 이로 인해 인간은 건강한 성장을 하지 못하고 불안, 우울, 무기력, 두려움 등의 **감정적 고통**을 겪거나, **역기능적인 행동**을 하거나, 또는 **현실을 왜곡해서 받아들이는 심리적 오류**를 범하게 된다. 감정·행동·인지적 오류는 서로 상호작용하며 영향을 미친다.

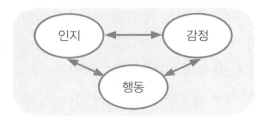

[그림 3-3] 인간 심리의 세 가지 구성요소

이런 **고통이나 오류들이 제거될 때, 비로소 원대하고 희망차고 그러면서도 합리적인 비전 창조를 가능**케 하는 심리적 에너지를 갖게 된다. 로버트 하그로브는 『마스터풀 코칭』에서 '불가능한 것을 이루는 것은 재미있다'는 긍정 에너지, 그리고 **내가 가능하다고 하는 것은 가능하다**'라고 생각하는 자신감을 누차 강조한다. 그렇다면 이런 불가능한[8] 미래비전에 대한 상상을 방해하는 인지적, 감정적, 행동적 오류에는 어떤 것들이 있는지 각각 알아보겠다.

---

8) 여기서 '불가능한 미래'란 진짜 불가능한 것이 아닌, **불가능하게 보일 정도로 거대한 미래비전을 말한다.**

# 인지적 오류

인지적 오류란 **경직된 신념이나 편견을 갖고 사건을 왜곡되게 해석하는 것**이다. **자신과 미래, 세계에 대한 해석의 틀**은 개인마다 주관적이지만, **객관성이 너무 떨어질 때 오류를 범한다.** 이로 인해 역기능적인 감정과 행동을 유발하게 된다. 예를 들어, 내가 안건을 발표하는데 누가 웃었다고 치자(선행 상황, 그림 [3-4]의 A). 그가 나를 깔본다는 자동적인 생각(신념, 그림[3-4]의 B)이 순식간에 스치고, 이내 기분이 나빠져서(감정, 그림[3-4]의 C) 그를 노려본다(행동, 그림[3-4]의 C). 그가 나를 비웃었다는 증거는 없다. 다만, **나의 신념(인지구조)이 불쾌한 감정과 행동을 가져온 것**이다. 이것이 인지적 왜곡이다. 이를 ABC모델[9]로 설명해 보면, **A가 C를 일으키는 것이 아니라, 내면의 믿음인 B가 C의 원인**이 된다.

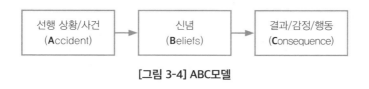

[그림 3-4] ABC모델

인지적인 왜곡을 겪는 사람들은 많은 원인이 있겠지만, 아마도 과거에 그런 신념을 가지게 된 부정적인 사건이 있었을 것이

---

9) ABC모델은 저명한 심리학자인 앨버트 엘리스가 착안한 모델로, 왜곡된 인지패턴을 수정하는 데 널리 이용되고 있다.

다. **과거와 비슷한 상황에 처하게 되면 동일한 반응으로 재현을 하는 것**이다. 이런 재현은 **부지불식간에 자동적으로, 그리고 순식간에 이뤄지므로** 자기 탐색을 하지 않으면 **자신도 그런 신념이 작용했다는 사실조차 모른다.** 그래서 타인이 나를 더 잘 알수 있다는 말이다.

인지치료자들의 연구에 따르면, 정신적으로 **건강하지 못한 사람들이 가진 대표적인 신념 두 개는 '나는 사랑받지 못하는 사람(애정욕구)'** 그리고 **'나는 무능한 사람(능력에 대한 욕구)'**이라는 믿음이라고 한다. 이런 사람들은 **어떤 사건을 해석할 때 자기패배적이고 부정적인 인지적 오류를 범하게 됨으로써 감정적 스트레스에 휩싸인다**고 한다. 더욱 중요한 것은 그러한 내적 신념을 가졌는지 자신조차도 모른다는 것이다.

그런데 비교적 건강한 사람들도 직장생활을 하다 보면 누구나 이런 역기능적인 신념에 시달릴 때가 많다. 버거운 프로젝트가 주어지면 무능감에 젖기도 하고, 자신도 모르게 인정의 욕구가 분출되어 경쟁하기도 한다. **정도의 차이일 뿐 애정과 인정과 능력에 대한 욕구는 누구나 갈망**하기 때문이다. 〈표 3-1〉을 읽고 **'나는 일상에서 어떤 인지적 오류를 자주 범하고 사는가'**를 한 번쯤은 신중하게 자기분석해 보기 바란다.[10] 어떤 인지적 습관이 원대한 미래비전을 세우는 데 방해가 되는가?

---

10) 코치나 상담가들은 모두 **자기분석을 위한 코칭과 상담을 받는다.** 마셜 골드스미스 같은 코칭 구루도 자신을 정기적으로 코칭하는 코치가 있다고 말한다. 이런 코칭을 통한 자기분석은 리더뿐 아니라 이 시대를 사는 모든 현대인에게 필요하다고 여겨진다.

**<표 3-1> 인지적 왜곡의 종류**

| 인지적 왜곡 | 설명 |
|---|---|
| 흑백사고 (이분법적 사고) | 말, 행동, 성공 방식에 대한 이분법적 판단(이 일은 분명 실패할 거야 vs. 분명 성공할 거야, 보고서 내용이 옳다 vs. 그르다), 경청하지 않고 가르치려 드는 판단적인 리더 유형 |
| 감정적 추론 | 반대되는 증거는 무시하거나 고려하지 않고, 느낌에 의거해서 무조건 틀림없는 사실이라고 믿음(무조건 상사 의견에 편승하거나 감에 치우친 의사결정을 하는 리더) |
| 과잉 일반화/ 과소 일반화 | "그 직원은 언제나 따뜻한 사람이야" 또는 반대로 "그 상사는 나쁜 사람이야"로 극단적인 판단적 사고를 하는 경우. '늘' '항상' '절대, 엄청' 같은 표현을 자주 씀 |
| 개인화 | 자기와 무관한 사건을 자신과 관련된 것으로 해석(과제에 대한 피드백을 자신에게 하는 피드백으로 생각하는 경우. 상사가 나를 못 보고 지나쳤는데 '내가 뭐 잘못했나?'라고 오해) |
| 독심술 | 충분한 근거 없이 다른 사람의 마음을 마음대로 추측하고 단정함("난 자네 마음을 다 알아") |
| 평가절하 | 가치를 지나치게 낮게 평가함(부하가 일을 잘했을 때 "그 정도는 누구나 하는 거야"라고 낮춰 봄) |
| 명령법 | 자신에게 명령함("나는 이 조직에서 꼭 인정받아야 돼!" "꼭 해내야 해") |
| 선택적 지각 | 일의 전체적인 측면이 아닌 일부 측면만 보고 해석함(부하의 잘한 것은 제쳐 두고 부정적인 면만 선택적으로 지각하는 리더) |
| 파국화 | 한 사건을 지나치게 해석(어쩌다 행사에서 작은 실수를 했는데, 행사 전체를 망쳤다는 생각으로 번짐. 실제 그 행사의 평판은 좋았음) |
| 명명하기 | 사람을 낙인찍음("저 직원은 무능해" "나는 실패자야") |

나는 평소에 **흑백사고**로 **'안 될 거다'**라는 판단을 주로 하는 편인가? **선택적 지각**으로 프로젝트의 부정적인 결과에만 지나치게 신경 써서 **매사에 비판적인 발언을 일삼는가? 과잉일반화**

로 실패의 확률을 실제보다 크게 포장하고 **목표를 작게 잡는가?** **개인화로** 과제에 대한 피드백을 **자신에게 퍼붓는 질책이라고 생각하는가? 독심술로** '난 이걸 잘할 수 없어'라는 속말을 되뇌며 **자신의 의지를 떨어뜨리는가?** 당신은 겉으로는 당당하게 처신하지만 깊은 속내를 들여다보면 이런 부정적인 마인드로 일처리를 하고 있지는 않은가? 이 모두가 위대한 잠재력을 훼손시키는 인지적 왜곡들이다. **실상과는 전혀 무관하게, 습관적 자아가 자신에게 지속적으로 속삭이는 것이다.** 〈표 3-1〉을 공들여 읽으면서, 텍스트를 이해하는 수준이 아닌 자신이 얼마나 이런 속성을 보이는지 아닌지를 돌아보는 시간을 갖기 바란다.

극작가 **마크 트웨인은 사람은 두 번 태어난다고 말했다.** 첫번째는 **엄마에게서 태어난 날**, 두 번째는 **내가 왜 태어났는지를 알게 된 날**이라고 한다. 나는 여기에 하나를 더해서 **'진짜 자기를 발견한 날'을 추가**하고 싶다. 즉, 육체적이 아닌, 정신적인 생일 말이다. 세상에는 **'정신적인 생일'을 맞지 못하고 생을 마감하는 사람도 많다.**

### 인지적 오류의 종류

인지적 왜곡을 하는 사람과 그렇지 않은 사람들은 직장생활에서 느끼는 스트레스의 정도가 크게 차이가 난다. 자기분석을 통해 내면에 꼭꼭 숨겨진 부적응적인 신념을 들여다보게 됨으로써, **내가 어떤 이유로 인지적 왜곡을 했음을 자각하는 것은 스트레스에서 벗어나는 길이다.** 늘 예쁜 직원이 있거나 늘 보기 싫은 직원이 있다면 자신이 과잉/과소 일반화의 오류에 빠져 있는 건 아닌지, 자신이 상사에게는 잘하는데 부하에게는 야박할 때 이분법적인 오류에 빠져 있는 건 아닌지를 살펴보기 바란다.

성격유형과 결부시켜 설명하면, 만일 새로운 도전을 두려워하고 늘 조금씩만 전진하려고 하는 안정추구형의 성향일 경우, 내가 어떤 인지적 오류에 빠져 있는지(아마도 그는 과소평가 또는 파국화, 성공/실패라는 이분법적 사고 등에 빠져 있을 것이다), **불쾌한 감정이 들 때 어떤 생각(신념)이 자동적으로 스쳐 지나가는지**(나는 실패하면 안 되는 사람이야, 나를 반대하는 것은 용납할 수 없어, 꼭 실패할 것 같아 등의 믿음), **나의 성장에 장애가 되는 성향은 무엇인지, 바람직한 대안은 무엇인지**를 성찰해 보아야 한다. 주도성, 분석적, 친밀성, 수용성의 유형 모두 자신이 왜 그런 성향을 띠게 되었는지, 그리고 어떤 상황에서 누구에게 어떤 오류를 범하는지, 대체할 수 있을 만한 건강한 관점은 무엇인지를 자신에게 물어보라. **스스로에게 이렇게 물어보는 과정이 바로 셀프코칭**의 과정이다.

대니얼 카너먼은 어떤 사람이 이상한 방식으로 행동한다면, 그에게 그럴 만한 타당한 이유가 있을 거라는 가능성을 먼저 검토해야 한다고 말한다. 누구나 **사람의 마음속에는 모종의 경직된 사고의 틀이 반드시 있을 것이다. 독자가 리더라면 관리자의 틀, 혹은 무패(無敗)의 틀, 인정의 틀에 묶여 있지 않은지를 반문해 보라.**

인지적 왜곡을 수정하는 방법

[그림 3-5]는 크리스 아지리스의 **추론의 사다리**다. **사람들은 일어난 사건을 있는 그대로 사고에 반영하지 않는다. 실제 세상 과 자기 생각 속의 세상은 매우 다르다.** 왜냐하면 자신이 관찰한 경험을 **필터링**해서 선택하고, 과거 기억에 기초해 **의미를 부여**하고, 그 의미에 기반을 둔 가정으로 **결론**을 도출해서, 그 믿음에 따라 **세상을 해석**하고 **행동**하기 때문이다. 그래서 **인간의 언행 저 밑바닥에는 이렇게 몇 번의 오류와 왜곡의 가능성들이 잠재되어 있는 것**이다. 하물며 카메라조차 이미지 왜곡을 하는데, 기계보다 훨씬 유연한 뇌 앞에는 얼마나 많은 왜곡의 함정들이 놓여 있을까?

**건강한 정신을 갖추기 위해서는 지속적으로 자기분석을 함으**

**[그림 3-5] 크리스 아지리스의 '추론의 사다리'**
출처: 『마스터풀 코칭』에서 발췌.

로써 인지적 왜곡을 줄여 나가야 한다. **내 생각과 세상 돌아가는 게 실제로 같은지를 검증해 봐야** 하는 것이다. **인지치료의 대가인 아론 벡이 제안하는 방법은,** 첫째, 불쾌한 일이 있을 때마다 **내가 어떤 '감정'인가를 자각**하는 것이 우선이다. 둘째, 앞의 〈표 3-1〉(인지적 왜곡의 종류)을 보면서 **어떤 '인지적 왜곡'을 범했기에** 그런 감정이 들었는지를 스스로 질문하고 원인을 성찰해 본다. 셋째, 불쾌한 생각에 대해 과연 그런 증거가 있는지, 그런 생각이 **'현실적인지, 합리적인지 또는 효과적인지'** 스스로 질문해 본다. 과연 지금 드는 생각이 사실에 기초를 둔 것인지 아니면 자신이 상상으로 창조해 낸 것인지를 말이다. 넷째, 건전한 **'대안적 사고방식'을** 자꾸 개발해 가면서 자신의 사고방식을 수정해 나간다. 이런 방식으로 **인지적 왜곡에서 해방되어야 궁정적인 마음을 갖고 마음껏 위대한 상상의 미래를 펼쳐 나갈 수 있게 된다.**

### 인지주의 원리를 활용한 리더십

**만일 인지적 왜곡을 겪는 부하가 있다면,** 리더는 다양한 질문을 통해 '당신이 그렇게 믿는 증거가 있는지' '다른 사람들은 같은 사건을 어떻게 해석하는지' '다른 관점에서 보면 어떤 생각이 드는지' '그렇게 생각하는 게 자신에게 얼마나 도움이 되는지' '자신의 생각이 논리적인지' 등을 돌이켜 보게 함으로써 자신의 생각을 검증하게 도와준다. 이런 **질문을 던져 부하의 생각이 합리적인지, 현실적인지, 효과적인지를 스스로 깨닫게** 하는 것이다.

리더의 질문을 통해 왜곡된 가정들을 스스로 찾으면서 자신이 잘못 생각했다는 것을 자각하게 된다. **인지도식**(신념, 가정, 스키마, 해석의 틀이라고도 한다)**을 바꿔 주는 이런 질문은** 코칭에서 널리 쓰이고 있다. 주의할 점은 **질책이나 캐묻는 자세가 아닌 진정성 있는 호기심과 존중의 자세로 대해야 상대가 깊은 성찰로 들어갈 수 있다는 것이다.**

**인간은 전인적인 존재로서 사고(인지)와 정서와 행동의 3요소는 서로 밀접한 영향을** 준다. 따라서 **직원의 인지도식, 즉 내적 신념을 건강하게 변화시키는 것은 건강한 감정과 행동으로 변화시키는 지름길**이다. 인지치료에서 보는 인간관은 매우 융통적이다. 즉, 인간은 합리적인 사고와 비합리적인 사고를 할 가능성을 모두 가지 존재로 본다. 인간은 약점과 강점을 모두 갖고 있으며, 실수를 할 수도 있고, 이를 인정함으로써 더 평화롭게 사는 것을 배우는 존재라 여긴다. 완벽한 사람은 없다. 그러니 **리더는 인내심을 가지고 직원들이 스스로 자신을 통찰하도록 대화로 이끌어야** 한다.

## 감정적 오류

프랑스의 저명한 정신과 의사이자 『꾸뻬 씨의 행복 여행』 저자인 **프랑수아 를로르**는 『내 감정 사용법』에서 **우리가 실수를 저지르는 이유는 우리가 특정한 감정들을 주의 깊게 지켜보지 않거나 다른 사람의 감정을 이해하지 못했기 때문**이라고 했다.

그렇다면 **감정을 깊게 들여다보기 위해 우리의 '무의식'을 좀 자세히 이해해야 할 필요**가 있다. 이 부분을 잘 읽는다면 자신 안에 들어 있는 또 다른 자신의 모습을 발견할 수 있을 것이다.

정신분석 이론을 창시한 **지그문트 프로이트는 인간 정신이 원초아**(id), **자아**(ego), **초자아**(superego)**의** 세 가지 심리적 **구조로 형성되어 있다**고 정리했다. 인간이 매일 겪는 **심리적 세계는 이 세 가지 기능이 서로 경합하고 조정되는 역동적 과정**이다. 그래서 **정신역동**이라고 부른다. 마음은 고정된 것이 아니라 늘 움직이는 상태다.

- **원초아**: **쾌락원리**를 따르며, 인간의 원초적 욕구이자 **무의식적이고 충동적인** 행동을 유발함.
- **자아**: **현실원리**를 따르며, 원초아를 조절함으로써 **합리적, 이성적**인 사고과정을 보임.
- **초자아**: **도덕원리**를 따르며, **사회의 윤리의식**을 내면화하여 처벌을 예방하고, 스스로 통제함.

프로이트는 **인간의 모든 행동은 원인 없이 일어나지 않는다**고 했다. 또한 우리 **행동에 더 큰 영향을 주는 것은 의식보다는 무의식**적인 원초아의 욕구들이라고 했다. 이런 욕구들은 사회의 윤리기준에 위배되기 때문에 억압되어 다시 무의식 속으로 들어가 똬리를 틀게 되며, 내면에 숨어서 인간의 감정과 행동에 부적절한 영향을 미치게 된다. **현실적인 적응을 잘하는 사람은**

사회나 주변사람들의 요구를 감안해서, **자아를 중심으로 초자아와 원초아의 심리적 균형을 잘 유지하는 사람**이다. 만일 **원초아적 충동이나 욕구가 강하게 느껴지면**, 그런 욕구를 들킬까 봐 두려움과 불안한 감정을 느끼게 된다. 이런 부정적인 감정을 감소시키기 위해 사람들은 **무의식적으로 여러 가지 방어기제를 발동**한다. 즉, **방어기제는 스트레스 받을 때 안정감을 유지하기 위한 방편**인 것이다. 무의식적으로 발동하므로 자신도 왜 그런지를 잘 모를 때가 많다. 이런 **방어기제는 자아의 성숙도에 따라 성숙한 기제와 미성숙한 기제로 나뉜다**(〈표 3-2〉 참조).

### 방어기제의 종류

**방어기제는 개인의 정신건강뿐 아니라 대인관계에도 영향**을 미친다.

김영철 대리가 있다고 하자. 김 대리는 얼마 전 입사한 남성 후배에게 무의식적으로 부정적인 감정이 들어서 무뚝뚝하게 대하지만 자신이 그런다는 사실도 잘 의식하지 못한다. 옆 동료인 이 대리가 "왜 유독 그 후배에게만 박하게 굴어?" 하고 묻는다. 김 대리는 "내가 언제 그랬어?" 하면서 엉겁결에 '부인'이란 방어기제를 쓴다. 의식적으로는 그러면 안 된다고 생각해서다. 그러나 마음속으로는 여전히 후배가 밉다.

**무의식은 감정지향성을, 의식은 가치지향성**을 지녔다. 쉽게 말하면 **무의식은 느낌이 좋은 대로, 의식은 올바른 대로 행동하려 한다. 그래서 이 둘은 종종 정신적인 갈등을 일으킨다.**[11] 의

## <표 3-2> 방어기제의 유형

| 방어기제 | | 설명 |
|---|---|---|
| 미성숙<br>방어기제 | 퇴행 | 불안할 때 이전의 발달단계로 돌아서는 행동을 함(질책 시 잘하던 것도 못하게 됨) |
| | 투사 | 자신의 불쾌한 욕망을 타인이 갖고 있다고 돌림("후배가 먼저 화냈어.") |
| | 행동화 | 스트레스를 받으면 즉시 행동으로 분출함(분노 폭발) |
| | 동일시 | 중요 인물의 특성을 따라 하거나 그와 자신을 동등하게 생각(상사의 뒷배를 무기로 삼는 부하) |
| | 부인 | 수용하기 힘든 욕망을 부정함으로써 편안한 상태를 유지하려 함(부정) |
| | 고립 | 불편한 감정을 느끼지 못하도록 스스로를 고립시킴(은둔) |
| | 합리화 | 불안을 일으키게 만드는 생각이나 욕망에 대해 사회적으로 용납되는 그럴듯한 이유를 들어 변명함으로써 심리적 위안을 얻음(핑계) |
| | 전이 | 전에 알았던 중요인물과 현재의 사람을 동일시하여, 전 사람에게 가졌던 감정을 현 사람에게 옮기는 현상(권위적인 아버지에 대한 미움을 상사에게 옮김) |
| | 대치 | 무의식의 욕망이 바람직하지 않을 때 이 욕구를 수용가능한, 덜 위험한 대상에게서 대리적으로 충족시키는 것(상사에게 혼나고 부하에게 화풀이) |
| | 억압 | 욕망이나 고통스러운 사건을 의식적으로 생각하지 못하게 눌러놓는 것(신데렐라 콤플렉스) |
| | 사고화 | 고통스러운 감정을 피하기 위해 감정을 누르고 이성적 사고에만 초점을 맞춤 |
| | 반동형성 | 욕망이나 감정의 반대로 행동함(미운 상사에게 더 아부하기) |
| 성숙한<br>방어기제 | 승화 | 사회적으로 수용하기 힘든 충동을 사회적으로 적절한 행동으로 옮기는 것(예술) |
| | 유머 | 불쾌하거나 기분 나쁜, 공격적인 충동이 생겨도 농담으로 해소하는 것(풍자) |
| | 이타주의 | 자신이 받고 싶은 것을 타인에게 베풀면서 즐거움을 느끼는 것(봉사) |

11) 연구결과, 감정과 이성이 싸울 때는 감정이 이긴다고 했다. 그래서 사람들은 종종 실수를 한다.

식적으로 그러면 안 된다고 생각하곤 방어기제를 사용해 억압해 버린다. **억압에 의해 무의식으로 밀어 넣어진 내용들은 주로 의식상에서 수용하기 힘든 경험과 감정들**이다. 그래서 무의식으로 숨겨 놓은 것이다. 욕구가 충족되지 않은 이런 것들은 영원히 없어지는 것이 아니라 시시때때로 충동적으로 튀어나와 삶에 영향을 끼친다. **꼭꼭 숨겨 놓은 것이므로 말로는 그것을 드러내려 하지 않는다.** 말에 비해 **표정과 몸짓은 의식적으로 조절이 어렵기 때문에 보디랭귀지를 잘 관찰하면 감정변화 및 방어기제, 숨겨진 욕구들을 느낌으로 발견**할 수 있다.

앞서 김영철 대리의 경우를 보면, 김 대리의 남동생은 어릴 때부터 참 똑똑했다. 부모님도 동생의 똑똑함을 늘 인정하셨다. 동생에게 실력에서 밀린다고 느꼈기 때문에 자존심상 말로 표현은 못했지만 종종 부글거리는 분노와 열등감을 가지고 대해 왔다. 그래서 김 대리는 직장에 들어와서도 동생과 비슷한 또래의 친구들이 후배로 들어오면 왠지 모르게 위협감이 든다. 상사가 후배를 칭찬하면 질투심으로 부글거린다. 후배가 과거에 동생에게 느꼈던 갈등적 감정을 무의식적으로 재현하게 하기 때문이다. 이런 부적절한 감정 반응은 과거의 갈등이 **'전이'**된 것이다. 그리고 자기도 모르게 방어체계에 돌입한다. 미리 선제공격을 하기도 한다. 후배는 실제로 김 대리에게 나쁜 감정도 없고 위협할 의도가 전혀 없는데도 말이다.

우리가 **직장에서 흔히 볼 수 있는 또 다른 전이**의 예가 있다. 직장상사에 대해 무의식적인 불안감을 느끼는 경우다. 그 이유는 과거 권위적인 인물에게 느꼈던 부정적인 감정을 직장상사에게 전이하기 때문이다. 자신보다 연배가 높은 사람만 보면 야단맞거나 강요받는 느낌이 들어 괜히 저항감이 생기는 것이다. 노벨경제학상을 받은 심리학자, 대니얼 카너먼도 동일한 맥락을 얘기한다. "사랑하는 여동생을 상기시킨다는 이유로 당신의 리더가 이끄는 프로젝트를 낙관하거나, 치과의사와 어렴풋이 닮았다는 이유로 그 사람을 싫어한다는 사실을 정작 당신은 모를 수 있다. 만일 설명을 요구받으면 제시할 이유를 찾기 위해 기억을 더듬다가 분명 어떤 이유를 찾아낼 것이다. 아울러 자신이 만들어 낸 얘기를 믿을 것이다." 자신의 감정이 왜 그런지를 잘 모르고 둘러대는 것이다. **이런 무의식적인 감정은 스스로 개인의 역사를 깊이 성찰함으로써 뿌리 깊은 원인을 파악할 수 있다. 정신역동은 주로 생애초기의 관계에서 많은 원인이 발생**한다. 그러나 성급한 합리화는 또 다른 오류를 낳을 수 있으므로, 시간과 노력을 들여 자신의 행동과 감정의 원인을 들여다보는 수고가 필요하다.

**리더 역시 오류를 범한다.** 예전에 갈등이 있었던 사람의 특성과 직원의 특성이 비슷하다면 이를 전이시켜 그 직원이 미워질 수 있다. 괜히 주는 것 없이 미워지는 것이다.

주변사람들끼리 부정적인 감정을 보이는 것은 사회생활에서 용납되지 않으므로 불쾌한 생각이나 감정을 무의식으로 넣어 버린다. 김 대리는 어릴 때 동생과 자주 싸웠다. 말싸움에서 지고 있던 김 대리에게 동생은 "화났지?"라고 묻는다. 형으로서 자존심이 상한 김 대리는 "아니, 화 안 났어"라고 **'부인'**이란 방어기제를 쓴다. 동생은 다시 "화난 것처럼 보이는데?" 김 대리는 "아니야!"라고 소리치면서 울어 버린다. 무의식적으로 울음이란 **'퇴행'**적 방어를 발동한 것이다. 이렇게 울음으로 방어하면 동생이 싸움을 그친다는 이득을 얻기 때문이다. 그래도 싸움이 안 끝나면 김 대리는 "네가 먼저 화냈잖아!"라고 **'투사'**를 해 버린다. 투사란 자신의 용납하기 힘든 불쾌한 특성을 남이 했다고 돌려버리는 것이다. 그래도 분이 안 풀릴 경우에는 **'행동화'**를 해서 동생을 때려 버린다. 행동화란 갈등을 언어화하지 못하고 신체로 표현하는 것이다.

**직장에서도 사람들은 다양한 방어기제로 매일의 직장생활을 이어 간다.** 우리는 흔히 자신의 보고서에 일명 '회장님 말씀'을 곁들여 넣음으로써 보고서의 가치감을 높이려고 한다. 이게 바로 **'동일시'**다. 이건 내 말이 아니라 회장님 말씀이란 의미다. 어떤 사람은 자신을 마냥 어린애 같은 순박하고 순종적인 사람으로 만들어 상사의 마음을 얻는다. **'퇴행'**이다. 어떤 사람들은 리더가 마냥 싫으면서도 남들에게는 좋은 점만 말한다. 자신의 감정과 정반대로 행동하는 **'반동형성'**이다.

어떤 직원은 상사만 보면 분노감이 치미는데 차마 화를 내지 못하기 때문에 늘 회의적이고 투박한 태도로 일관하는 경우도 있다. 참다 못한 리더가 먼저 화를 내면 직원은 자연히 희생자의 입장에 서게 되고, 정당한 분노를 느껴도 된다고 생각한다. 실은 자신이 먼저 화내고 무례했는데, 상사가 먼저 화내서 나도

화낸다고 여긴다. 그리고 이를 동료에게 전해서 상사의 평판을 떨어뜨린다. '**투사**'를 사용해 교묘한 성공을 거둔 것이다. 정신역동을 처음 접하는 사람은 이런 투사 구조가 신기하거나 우습게 들릴 수도 있다. 그러나 우리는 일상생활에서 너무나 자주 투사를 접하고 있음을 알아야 한다. 그러니 **타인이 나를 불쾌하게 한다고 느꼈다면, 혹시 내가 먼저 그 사람을 불쾌하게 바라보고 있었던 건 아닐까 곰곰이 생각해 봐야 한다.** 같은 원리로 길 가다가 '왜 째려봐' 하며 묻지마 폭행을 하는 것도 투사다.

### 정신역동의 원리를 활용한 리더십

우리 인간들은 **수시로 방어기제를 사용하면서 자기에게 있는 갈등을 줄이며 생활**한다. 방어기제는 적절하게 사용하면 좋을 수 있다. 하지만 **도가 지나치면 억압하고 위장하는 데 상당한 정신적 에너지를 쓰기 때문에 건강한 일에 쓸 심리적 에너지가 부족**하게 된다. 더 나아가서 심리적인 문제가 생길 수도 있다. 트라우마, 죄의식, 우울감, 치욕적인 수치심 등이 심해져서 정신적, 신체적으로 치명적인 스트레스를 줄 수 있다는 연구가 많다. 더구나 큰 프로젝트를 앞에 두고 리더가 부정적인 방어기제를 습관적으로 사용한다면 팀원들의 아이디어가 아무리 원대하고 가치 있는 것이라도 좋게 들릴 리 없고, 기각되기 일쑤일 것이다. 팀원들의 말을 판단 없이 수용하고, 더 창조적인 아이디어를 끌어내고, 긍정적인 시너지를 조성하고, 구성원들의 힘을 모으려면 **리더 자신의 습관적인 방어기제와 행동패턴을 스스로**

돌아보는 것이 무엇보다도 중요하다. **경청이 안되는 중요한 원인 중의 하나가 리더들이 자신의 방어기제를 알아차리지 못하기 때문**이다.

리더 자신의 방어기제뿐 아니라, 구성원들이 어떤 방어기제를 쓰는지도 세심히 알아채야 한다. 리더들은 직원들이 분노의 감정을 가졌다고 느껴져도 두려워하지 말기 바란다. **그들이 주로 어떤 방어기제를 사용하고 있는지를 알고 나면, 상대가 자존심 상하지 않게 수용적인 코칭대화로 방어를 해소시킬 수 있기** 때문이다. 그들이 집단적인 동일시를 하는지, 투사를 하는지, 합리화하는 습관이 있는지 말이다. 리더의 **깊은 소통과 경청은 직원들로 하여금 자신을 돌아보게 만든다.** 더 나아가서 직원 자신이 방어하는 순간을 의식적으로 자각하게도 만든다. **이런 대화를 정신역동에서는 '무의식의 의식화' 또는 통찰**이라고 한다. 이런 **통찰은 불안을 제거하고 자신감을 높임으로써 위대한 아이디어 창출과 불가능한 미래 상상을 위한 든든한 반석**이 된다.

## 행동적 오류

리더의 모든 행동은 같이 일하는 직원들에게 세심히 관찰되고 큰 영향을 미친다. 심지어 직원들은 리더가 바뀔 때마다 새로운 유형의 행동 세트를 만들어 적응하기도 한다.

행동주의는 19세기 말에 창시되었고 그 후 약 50년 동안 미국 심리학을 지배했다. **우리나라도 행동주의의 영향을 무척 많이**

**받았다.** 행동주의는 **자극-반응의 법칙**을 고안해 냈다. **적절한 상황(자극)만 만들어 준다면 인간의 모든 행동(반응)을 학습시킬 수 있다는 근본원리**를 주장하며, 교육계에도 널리 응용되었다. 이를 **조건형성**이라고도 한다.

문제는 **학습되지 않아야 할 것이 학습되어 버릴 때 사람들은 고생을 하게 된다**는 것이다. 예를 들어, 항암치료의 경우 화학요법은 암세포를 죽일 정도로 강해서 환자들은 극심한 피로와 메스꺼움의 부작용으로 고생한다. 몇 번 화학요법을 받아 본 환자들은 약물을 주입하기도 전에 병원에 오기만 하면 어지럼증과 구토감을 느낀다고 한다. 원래 중성자극이었던 병원이, 치료를 받으면서 병원(자극)-구토(반응)가 조건형성이 되어 버린 것이다. 2010년 환자 214명을 대상으로 조사한 연구에서 약 10%가 이런 증상을 겪는 것으로 드러났다. 증상을 극복하기 위해 조건형성을 와해시킬 심리적 반응, 즉 구토 대신에 마음을 진정시키는 기법을 가르쳤더니 많은 환자에게 효과가 있었다고 한다.

### 직장에서의 조건형성

조건형성은 업무환경에서도 흔히 찾아볼 수 있다. 리더와 마주치면 자동적으로 불안해지는 사람이 있다. **원래 중성자극이었던 리더에게 큰 질책을 한번 받게 되면서 리더가 '조건자극'으로 바뀌고, 그 결과 불안함이란 '조건반응'을 보이게** 된 것이다. 잘못된 조건형성으로 발표할 때마다 불안해지는 사람도 있고, 출근 생각만 하면 스트레스로 출근하기 싫어지는 사람 등이 있다. 이럴 때 **해소방법은 출근하는 것(자극)과 좋은 반응을 짝짓는 것이다.** 예를 들어, 김 대리는 출근하자마자 향기 좋은 커피를 마시기로 한다. 출근(조건자극)하자마자 부담스러운 업무에 신경 쓰기보다, 빨리 가서 향기 좋은 커피를 마시면서 창밖을 보는 느긋함(조건반응)을 상상하며 출근길에 오른다. 음악을 좋아하는 사람은 제일 하기 싫은 작업(조건자극)을 할 때 가장 좋아하는 음악을 들으면 좋은 기분(조건반응)을 만회하는 데 효과가 있을 것이다. **창의성이 있는 리더라면 이런 행동주의 원리를 조직 활성화에 이용할 수 있을 것이다. 단, 리더가 선호하는 취향이 아닌 구성원들이 좋아하는 자극을 활용해야 효과**가 있다. 구성원들에게 가장 좋아하는 게 뭔지 물어보라. 그리고 적극 이용하라. 이것이 팀활성화에 기여하는 심리적인 꿀팁이다.

### 조작적 조건형성을 활용한 리더십

조작적 조건형성은 회사에서 너무나 많이 쓰는 기법이다. **보상을 조작**해서 바람직한 행동을 증가시키는 방법으로, **강화의 법칙**이라고도 한다. 성과보상을 중심으로 한 **경영시스템 자체가 거의 조작적 조건형성을 반영**하고 있다고 해도 과언이 아니다. 조작적 조건형성은 유명한 버러스 **스키너** 박사에 의해 발전되었다. 조작 상자에 쥐를 넣어, 쥐가 목적된 행동을 우연히 수행한 후 레버를 누르면 먹이를 제공한다. **바람직한 행동이 반복될 때마다 먹이를 줌으로써 원하는 행동을 강화**한다. 이와 비슷한 방법으로 **원치 않는 행동을 소거시킬 수도** 있다. 강화는 행동이 반복될 가능성을 높이고, 소거는 가능성을 낮춘다.

『**칭찬은 고래도 춤추게 한다**』에서 **고래를 훈련시키는 방법도 조작적 조건형성**이다. 물속에 놔두었던 링의 가운데를 고래가 우연히 통과했을 때 조련사는 칭찬과 함께 먹이를 준다. 이후 같은 행동을 할 때마다 보상을 몇 번 반복하면, 고래는 어떤 행동이 칭찬을 불러오는지를 학습하게 된다. 그 훈련을 물속에서 시작했다가 링을 점점 공중으로까지 높여 가면서 지속적인 강화를 한다. 고래는 칭찬을 더 받기 위해 점점 더 높이 공중에 솟아 있는 링 속을 힘차게 통과한다.[12] 이런 과정을 거쳐 인간들이 박수하며 즐기는 멋진 돌고래 점프 쇼가 완성되는 것이다.

**강화는 여러 가지 방법으로 인간의 행동을 조작할 수 있다.** 강화물의 **양**을 일정하게 나눠 주는 고정비율, 일정치 않게 주는 변동비율 방식이 있다. 강화물 제공 **간격**을 일정하게 유지하는 고정간격, 불규칙하게 주는 변동간격 방식이 있다. 도박장의 슬롯머신은 변동비율, 변동간격 강화의 대표적인 예다. 언제 잭팟이 터질지 모르기 때문에 더 기대를 하게 된다.

회사에서 주어지는 **성과급, 승진 등도 조작적 조건형성을 이용한 강화물**이다. 승진이나 성과급을 더 많이 받기 위해 회사가 원하는 행동을 더 하게끔 강화하기 때문이다. 누구나 알고 있는

---

12) 『칭찬은 고래도 춤추게 한다』는 직원들에게 칭찬을 하고 인정을 하자는 취지의 내용이다. 칭찬에 인색했던 시대에 이 책은 많은 인식의 변화를 가져왔다. 그런데 **사회 일부에서는 이를 잘못 응용해서 칭찬의 남용을 가져왔다.** 최근의 심리학 동향에 따르면 칭찬의 남용으로 인한 부정적인 면을 실험으로 증명한 학자들이 속속 등장하고 있다. 그들의 주장은 **칭찬받을 행동에만 칭찬을 해야 성장에 도움을 준다**는 것이다. 캐럴 드웩의 『성공의 새로운 심리학』이 이를 잘 설명하고 있다.

전통적인 실험 결과겠지만, 성과와 관련 없이 고정비율로 임금 인상을 받은 직원들은 성과에 비례한 변동비율로 임금인상을 받은 직원들보다 행동변화가 적었다고 한다. **구글처럼 금액은 적지만 직원이 칭찬받을 행동을 한 즉시 리더가 100불씩 주는 제도는 호응이 좋았다고 한다.** 이런 **변동간격의 보상이** 직원들에게는 진정성 있는 **'인정'의 효과로 받아들여지는 것이다.** 칭찬의 법칙에도 이 원리가 적용된다. **평소에 칭찬을 시도 때도 없이 누구에게나 남발하게 되면 칭찬의 효과는 없어진다.**

## 고착 마인드세트와
## 성장 마인드세트 리더십

**리더 중에는 이걸 하면 무엇을 하게 해 준다는 보상을 약속을 하는 사람이 있다.** 즉, **거래적 관계에 기반을** 두어 영향력을 발휘하는 리더[13]들이다. 성과보상은 일종의 거래적 리더십이다.

스탠퍼드 대학교의 심리학과 교수이자 교육계에 큰 파장을 불러일으킨, **캐럴 드웩의** 베스트셀러 『성공의 새로운 심리학』에서는 **의미 있는 실험이** 나온다. 아이들에게 조각그림 맞추기를 하게 한 후, 한 그룹에는 칭찬과 물질적 보상을 주었고, 다른 그룹에는 노력만 인정하고 물질적 보상은 주지 않았다고 한다. 그

---

13) 경영학에서는 이를 **거래적 리더십**이라고 부른다.

런 후 난이도를 좀 높여서 조각 맞추기를 계속하게 했더니 두 집단 간의 차이가 확연히 달라졌다. **칭찬과 물질적 보상을 준 그룹은 쉬운 맞추기만 고집하거나 중도에 포기**해 버렸고, **노력을 인정하되 보상을 주지 않은 그룹은 어려운 문제를 더 풀려고 지속적으로 노력**했다고 한다.

그 차이는 뭘까? **칭찬과 보상을 받은 그룹**은 왜 쉬운 문제만 고집을 했을까? 바로 자신을 심판하는 타인을 인식해서다. 그런 심판자를 의식하면 누구나 그런 식으로 행동한다. **성공한 것을 유지하기 위해 어려운 문제에 도전을 하지 않는 것**이다. '나는 우수한 사람'이라는 이미지를 벗고 싶지 않은 것이다. 실수는 피해야 하는 것으로 여기며, **타인의 시선으로부터 자기 에고(ego) 보호를 위해 노력을 아예 포기**하는 것이다. 고착 마인드가 생긴 것이다. 그러곤 그 문제에 대해 냉소적이 된다. **심지어 그 그룹은 약 40%가 자기 점수에 대한 거짓말을 했다**고 한다. 이는 실적을 부풀리거나 은폐하는 리더의 심정에 다름없다.

그런데 **칭찬과 보상을 받지 않은 그룹은 자신을 심판하는 타인이 없으므로 심리적 안정감**을 느낀다. 곧바로 문제를 푸는 자체에 의미를 두고, **실수를 해도 심판할 사람이 없으니 어디까지 할 수 있는지 순수한 호기심을 갖고 더 어려운 난관에 도전**하게 된다. 노력을 통해 계속 성장하는 자신을 눈으로 확인하면서, 한 성공이 다른 성공으로 이어지는 확산효과를 보게 된다. 이런 경험으로 그들은 자신의 노력 여하에 따라 더 똑똑해질 수 있다고 믿게 된다. 그리고 학습에 매진하게 된다. 이것이 **성장 마인드**

세트다.

이렇게 **'타인의 눈'은 나의 행동을 나도 모르게 조종**한다. 여러분은 앞에서 읽었던 사르트르의 자아관이 기억나는가? 열쇠구멍으로 훔쳐보다가 다가오는 타인의 눈을 의식하곤 부끄러움과 함께 나의 모든 구조에 근본적인 변화가 일어난다는 말이 이제 더 확실히 이해가 가는가? **칭찬과 물질적 보상은 바로 타인의 눈, 즉 심판관을 의식하게 만드는 것**이다. 타인이 심판을 하지 않는다 할지라도, 자신은 심판받는다고 느끼게 만든다.

따라서 드웩은 **열심히 노력하는 행동만을 인정해 주는 것이 최선**이라고 한다. '그렇게 많이 노력했구나' 하고 말이다. 이런 행동에 대한 인정은 그 행동을 더 잘하게 만든다. 그러나 **결과에 대한 칭찬은 그 결과를 잃을까 봐 조마조마하게 만든다.** '잘했구나'란 평가적인 말은 필요 없다는 뜻이다. 그러니 성장 마인드를 형성하려면 결과에 대한 칭찬이나 물질적 보상보다는 노력에 대한 인정에 더 신경 써야 할 것이다. **인간 본성은 원래 인정을 받고 싶어 하는 것이지, 물질적 보상을 원하는 것은 아니라는 것을 명심**하라.

회사에서도 마찬가지다. **'회사는 오로지 우수함을 입증해야 하는 곳'이란 사명감으로 직원들을 이끄는 리더들을 종종 볼 수 있다.** 우수한 성과를 내는 것만이 마치 회사를 위한 것이고 충성심에 대한 증거라도 되듯이 말이다. 모든 일에 우수와 열등의 딱지를 붙이고, 기준에 차지 않는 직원들의 행동을 리더 자신이 정한 조건에 맞게 형성하려고 한다. 이런 영웅적 마인드를 가진 리더를 드웩은 **고착 마인드세트의 리더**라고 말한다. **'성공 또는 실패'의 사고방식**을 가졌기 때문에 이런 사고방식은 직원들에게 전염되어 '칭찬 아니면 질책'의 **이분법적 조직문화를 학습시키게 된다.** 이런 문화에 속한 직원들의 행동은 점점 움츠러들게 된다. 드웩은 이를 **'CEO병(病)'**이라고 부르며, **완벽한 인물로 비치기를 원하는, 고작 네살배기 아이의 성향**과 비슷하다고 했다.

'주목할 만한 호텔을 창조한 경영자'라고 불리는 창조적인 호텔리어이자 베스트셀러 작가인 칩 콘리는 그의 저서에서 **"문화란 상사가 자리를 떠났을 때 벌어지는 일"**이며, **조직문화야말로 가장 큰 무형자산**이라고 강조했다. 성공에 집착하는 고착 마인드세트를 가진 조직은 리더에 의해 영향을 크게 받으므로, 그 조직문화는 리더가 있을 때(조건형성되었을 때)와 리더가 없을 때(조건 소거가 됐을 때)가 매우 다를 것이다. 반면, **성장 마인드세트를 가진 조직은 리더의 존재유무에 관계없이 스스로 학습하며 도전하고 협업해 나가는 문화**를 발전시켜 갈 것이다. 직원들의 사고와 행동방식을 고착적인 틀 안에 집어넣는 리더십은 앞으로 다가올 기하급수적인 급변의 시대에 대응하는 능력을 훼손시키는 요인이다.

# 오류들을 수정하는 '생각에 관한 생각'

지금까지 인간이 삶에서 심리적으로 경험할 수 있는 수많은 오류에 대해 설명했다. 그러면 이런 오류들을 어떻게 수정할 수 있을까?

스피노자가 쓴 『에티카』[14]는 인간의 윤리에 관한 책이다. 사후에 출판되었는데, 그의 철학에 대해 총정리한 책이라고 보아도 무방할 것이다. **스피노자는** 행복과 안녕을 위해 **부정적인 정서를** 일으킬 수 있는 정서적 자극을 **스스로 단절하고**, 대신 **의식적으로 긍정적인 정서를 촉발할 수 있는 자극으로 대치하라고** 했다. 이를 위해 **부정적 자극을 떠올리는 연습을** 함으로써 내성을 기를 것을 권장했다. 그런 다음 점차 긍정적 정서를 생성시키는 요령을 터득하라고 했다. 외부자극에 기인한 부정적인 감정에 대응하는 내부항체를 만들어 면역력을 키우라는 뜻으로 들린다. **내면의 행복은 마음의 힘에 달렸다는** 말이기도 하다. 현대 심리치료에 바로 이것과 딱 맞아떨어지는 기법이 있다. 이를 **점진적 노출**[15]이라고 한다. 스피노자를 읽으면서 17세기에 이런 주장을 했던 그의 통찰력에 필자는 놀랄 따름이다.

---

14) 『기하학적 순서로 증명된 윤리학』이라고도 불린다.
15) '점진적 노출'은 인지행동치료의 한 기법으로, 인지행동주의의 산물이다. 스피노자는 인지행동주의의 뿌리와는 관련이 없다. 이 말은 점진적 노출이 스피노자의 영향을 받았다고 보기는 어렵다는 것이다. 그런데 그 내용은 스피노자의 조언과 너무나도 같다. 그 동일성이 참으로 놀랍다.

인간의 마음의 힘을 조절하는 과정을 더욱더 세밀하게 연구한 학자가 있다. 심리학자로서 경이롭게 노벨경제학상을 수상한 **대니얼 카너먼**은 『생각에 관한 생각』에서 인간은 두 가지의 사고시스템이 있다고 말한다. **바람직한 삶을 영위하기 위해서는 이 두 사고의 균형과 조화가 필요하다**고 설명한다. 그 두 가지 사고는 **충동적이고 빠른 사고(시스템1)와 숙고적이고 느린 사고(시스템2)**다(〈표 3-3〉 참조).

〈표 3-3〉 인간 사고 시스템의 두 유형

| 시스템1 | 적절한 통계나 합리적 사고보다는, 자신이 경험했거나 보유한 정보를 이용해 빠르고 손쉽게 판단하는 사고과정(충동적, **무의식적**, **자동적**, 피상적인 **빠른** 판단) |
|---|---|
| 시스템2 | 피상적으로 내려지는 시스템1의 사고를 의심하고, 자기감시와 논리적인 추론을 통해 문제를 해결하는 사고과정(논리적, **의식적**, **노력**을 요하는 **느린** 판단) |

시스템1의 결정은 충동적이고 피상적이나, 노력을 기울이지 않아도 되므로 편리하다. 사람들은 생각하는 수고를 줄이기 위해서 **평소 행동과 생각의 대부분을 시스템1에서 처리**한다. 앞에서 말한 **정신경제**의 측면에서 말이다.

**시스템1에서 해결을 못하는 어려운 문제해결 상황에서만 시스템2가 주도적인 결정권**을 가진다. 그러나 시스템2는 별일이 없으면 거의 수정 없이 시스템1의 제안을 승인한다. 그래서 인간은 대부분의 시간을 깊은 사고 없이 습관과 느낌대로 행동한다. 이런 **시스템1의 과도한 사용이 오류의 원천**이다. 무의식에 억압되어 있던 충동들, 경직된 신념들, 직감, 감정적 갈등 등 해소되지 않은 욕구들이 그대로 반영되기 때문이다.

간단히 정리하면, 우리는 **꼭 필요한 때가 아니라면 논리적이고 합리적인 사고를 하지 않고 살아간다**는 뜻이다. 우리가 겪는 많은 오류가 이런 이유로 발생한다. **이런 오류들은 자신에게는 너무 습관화된 패턴이라서 나보다 객관적인 관찰자가 내 잘못을 더 잘 지적해 낼 수 있다**고 카너먼은 말한다. 이런 직관의 오류들을 범하지 않기 위해서 카너먼은 '생각에 관한 생각'[16]을 하라고 조언한다. 다시 말해, 시스템1의 사고를 그대로 수용하지 말고, **자제력과 의식적인 노력을 통해 시스템2를 가동시켜서 합리적인 결론을 내라**는 말이다.

카너먼은 이런 얘기도 한다. **자신의 편향성을 알고 있으면 결혼생활과 공동 프로젝트에 평화가 모색될 수 있다**고 말이다. 실험 참가자들에게 "당신이 가사에 기여하는 비율은 얼마인가?"라고 물었을 때, 남녀 기여도를 합치니 100%가 훨씬 넘었다고 한다. 즉, 실제로 한 것보다 무의식적으로 자신의 기여도를 높게 평가하는 경향이 있는 것이다. 이를 '**자기 자신에 대한 편향**'이라고 한다. 다른 말로 하면 과대평가의 오류다. 마찬가지로 **조직 구성원들도 각자의 편향에 사로잡힐 때, 자신이 일을 더 잘했는데 다른 구성원들에 비해 충분히 인정받지 못했다고 느낀다**는 것이다. **문제는 다른 구성원들도 똑같이 생각할 가능성 높다**

---

16) 이를 **메타인지**라고도 한다. 즉, 자신의 인지과정에 대해 의식적으로 생각하는 기능이다.

는 점이다.

이제까지 인간의 오류에 관한 긴 이야기를 했다. 리더들은 앞에서 설명한 인지적, 감정적, 행동적 오류를 매일매일 의식적으로 자각하고 알아차리는 것이 바람직하다. 더불어서 **자기분석을 하는 연습을 통해 습관적인 오류패턴을 통찰하고, 합리적인 리더의 정체성을 다듬어 가야 한다**. 뭔가 이상한 기분이 들 때마다 자각하기를 잊지 말자. 이런 자기분석은 자신과 모든 주변 사람의 삶의 평화를 위해 선결해야 하는 기본자질이다.


# 희망적인
# 소식


지금까지 평소에 우리가 늘 범하는 오류들에 대해 알아보았다. 어떤 사람들은 이렇게 변명할 수도 있다. 업무를 빨리 가르치려면, 혹은 너무 급하면 가끔 어쩔 수 없이 오류를 범할 수 있지 않느냐고 말이다. 그래서 "아깐 너무 바빠서 화냈어, 미안!" 하고 넘어가는 리더를 주변에서 많이 봤을 것이다. 이에 대해 미국의 인공지능 개척자인 **마빈 민스키**는 이런 명언으로 이에 응답한다. **"지능의 가장 중요한 면모는** 제대로 기능할 때 어떤 일을 하느냐가 아니라, **궁지에 몰렸을 때 어떤 일을 하느냐.**" 다시 말하면, **스트레스 받을 때 인간 본연의 지능과 성격이 나온다**는 것이다. 이를 스트레스 때문이라고 핑계 대지는 말자.

**평소에는 우리 모두 칼 융이 말하는 페르소나**[17]**(가면 쓴 인격)를 쓰고 산다.** 직장에서는 직장에 맞게, 동창 모임에서는 그 모임에 맞게 말이다. 그러나 **리더의 평정심이란** 가면을 쓴 안정적 상태에서 어떻게 행동하는가를 보는 것이 아니라, **극한 스트레스 상황에서 어떻게 행동하는가를 보는 것**임을 깨달아야 한다. 그렇다면 리더들 스스로 셀프코칭을 통해 오류를 수정하도록 노력하면 정말로 나아질 수 있을까? 중년 이후의 나이에도 가능할까? 이런 의문을 가진 독자들이 있다면, **최신 뇌과학 연구에서 밝혀진 희망적인 소식 두 가지를** 소개한다.

첫째, **뇌에 가소성**이 있다는 사실은 이미 모두 알 것이다. 레이 커즈와일은 개인의 **일상적인 경험이 신경발생을 촉진한다는** 것을 뇌 영상 관찰을 통해 확인했다. 우리가 **경험할 때 느끼는 감각은 전기적이고 화학적인 신호를 발생시키며, 이는 뇌에 전달되어 물리적 변화를 초래**한다. 뇌가소성은 무슨 현상일까? 신경세포끼리는 시냅스로 연결되는데, **시냅스 변화가 뇌가소성을 있게 한다.** 스프링 하버 연구소의 카를 스보보다는 다음과 같이 말한다. "신경세포의 수상돌기[18]는 끊임없이 새 가지를 키워 낸

---

17) **페르소나**(persona)란 용어는 **고대 그리스 배우들이 쓰던 가면**에서 유래했다. 이후 칼 융이 인간은 적절한 페르소나를 쓰고 상호관계를 이루어 간다고 주장하며 심리학 이론으로 만들었다. 페르소나는 **타인에게 비치는 외적인 성격**을 말하며, 개인이 **사회적 요구에 적응할 수 있게 하는 매개체 역할**을 한다.

18) 뉴런(신경세포)의 자극의 전달에 신경세포의 두 부분이 관여한다. 뉴런의 **수상돌기는 신호를 받는 곳**이고 축삭돌기는 신호를 내보낸다. 시냅스는 축삭돌기 말단과 다음 뉴런의 수상돌기 사이의 미세연접 부위를 말한다. 세포당 몇천 개에서 몇만 개의 시냅스가 연결되고, 뇌의 신피질에는 30조 개의 시냅스가 있다.

다. 수명은 1~2일이며, 이런 높은 회전율은 신경 가소성에 중대한 역할을 한다. 계속 솟아나는 돌기들이 여러 이웃 부분들에 손을 뻗는 것이다. 그중 **선호할 만한 연결이 생겨나면 시냅스는 안정화되고 오래 존재**하게 된다." 그러니 **신경 연결구조는 우리가 뇌를 얼마나 집중적이고 반복적으로 썼느냐에 달렸다.**[19] 뇌는 생각에 따라 자라고 적응하는 것이다. 아주 다행한 사실은 **마흔 살이 넘어서 배워도 뇌 조직이 자란다**는 사실이다. 그리고 어떤 것은 매우 오래간다. 뉴욕 대학교 깐 교수는 "열 살 아이가 정보를 저장하기 위해 천 개의 연결을 쓴다고 하면, 80세가 되어도 처음 연결의 1/4은 그대로 유지한다. 그래서 어린 시절 경험을 기억하는 것이다"라고 말한다.

그렇다면 **어떻게 부적절하게 연결되었던 뇌신경회로를 서서히 소멸시키고, 적절한 연결을 형성할 것인가? 인지적, 감정적, 행동적 습관의 '자동화 시스템'을 붕괴시키는 것부터 해야** 한다. 여태껏 지켜 왔던 왜곡된 가짜자기를 붕괴하란 뜻이다. 그런 후 **이를 대체하는 건강한 '대안'을 반복적으로 행동**에 옮기는 과정에서 **뇌의 건강한 시냅스 고리가 강화**될 것이다. 여러분이 육체의 형상을 변화시키기 위해 피지컬 트레이닝을 받는 것과 마찬가지로, **뇌의 형상을 변화시키기 위해 '멘탈 트레이닝'을 매일 지속해야** 하는 이유가 바로 여기에 있다.[20] 기분 나쁜 일이 발생했

---

19) 이것이 **장기기억**으로 저장되는 과정이다.
20) 피지컬 트레이닝을 받아 본 사람들은 알 것이다. 근육량을 늘리기가 얼마나 힘든지 말이다. 마찬가지로 뇌도 같은 유기체적 속성을 갖기 때문에 **뇌구조의 변화는 손쉽게 일어나지 않는다.** 그러므로 지속적인 노력이 필요하다.

을 때 즉시 자기성찰을 하든, 자기 전에 감사일기를 쓰든, 자기 분석을 하든, 기도를 하든, 명상을 하든, 뭐든 해 보는 게 정신건 강에 좋다.

**두 번째 희망적인 소식으로 감정적, 인지적, 행동적 오류들을 모두 제거하면 인간의 위대함이 복원된다**는 독특한 실험을 소 개한다. **미 육군에서 저격범 모의훈련용으로 헬멧을 제작**했는 데, 그것을 어느 기자가 직접 쓰고 체험해 본 것이다. 헬멧은 경 두개직류자극기[21]를 이용한 것인데, 제작 목적은 실제 **전쟁에서 의 집중력과 인지능력, 전투력 향상을 위한 것**이라 했다. 기자는 먼저 헬멧을 쓰지 않고 가상전투를 해 보았다. 머리는 두려움으 로 가득 찼고 조준을 제대로 할 수 없었다. 당연히 명중률은 기 대할 수 없었다. 주어진 전투시간은 너무나 느리게 흘렀다. 두 번째로는 **헬멧을 쓰고 다시 가상전투에 돌입**했다. 기자는 거의 영적인 체험을 했다고 진술한다. 두려움이 가라앉고 머릿속이 조용해진 순간 기자가 알던 세상은 존재하지 않았다고 한다. **자 기의심이 사라지는 경험은 일종의 계시 같았다**고 한다. **저격 명 중률은 정확했고 적들은 나가떨어졌다.** 전투를 즐기는 과정에 서 순식간에 수십 분이 흘러, 외부의 요구에 의해 하는 수 없이 전투를 중지해야 했다. 일주일 후에 그 기자는 다시 헬멧 전극 을 붙일 수 있기를 절실히 원할 정도였다고 고백했다. 그녀는

---

21) 이 사례는 『호모데우스』에 소개된 것이다. 경두개자기자극은 뇌 치료기술로 두피를 자극하면 특정 뇌 부위의 활성을 잠시 억제할 수 있다. 우울증 치료에 효과적이며, 초 기 치매나 ADHD(주의력결핍 과잉행동장애), 학습장애에 매우 효과적이라는 연구 발표가 많다.

이렇게 생각했다고 한다. **나를 실패로 이끌던 두려움이라는 괴물들을 모두 떼어 낸 '나'는 과연 누구였지?'** 평상시에 그녀에게 늘 들리던 그 목소리는 사회적 편견들의 반복, 개인적인 역사의 메아리, 유전적인 유산의 발현으로 창조된 얘기들이었다고 했다. 온갖 부정적인 감정이입과 의심, 내적 갈등 등 감내력을 저하시키는 것이 바로 그 목소리들이었다고 한다.

이 얘기에서 독자들은 무엇을 느끼는가? 나도 한 번 경험해 보고 싶다는 생각, 그리고 온갖 오류를 들어내면 평화롭고 충만한 무엇이 내 몸 안에 가득 찰 것이라는 생각을 했을 것이다. 그리고 내적 성장에 성큼 다가갈 수 있을 거라는 희망이 솟을 것이다. 인공지능이 인간보다 강한 측면이 바로 이런 심리적 오류가 없다는 점이 아닐까 싶다.

이 실험에서 얻은 **교훈은 심리적 오류들이 평소에 인간들을 얼마나 고통스럽게 하는지를 깨닫는 것,** 그리고 **이런 오류들을 스스로 제거하는 것은 인간의 위대함을 회복하는 길이라는 것, 인간은 위대한 가능성을 가졌다는 것을 믿는 것,** 그리고 **평정심을 회복하기 위해 늘 깨어 있으면서 성찰하는 일상이 중요하**다는 것이다.

PART
**4**

의문 3:
시간은 미래를 향해 흐른다?
그러나 위대함은 미래로부터
현재로 흐른다

위의 그림은 라파엘의 걸작, 〈아테네 학당〉이다. 이 그림은 지금으로부터
500여 년 전인 1509년에 교황의 명으로 바티칸 궁을 장식하기 위해 그려졌
다. 14세기부터 시작된 **르네상스** 시기를 맞으면서 학자들과 예술가들은 과
거 신중심의 엄격한 중세에서 벗어나 **고대 철학자들의 이상적 진리를 동경
하고, 인간 본연의 모습을 되찾고자 하는 인본주의를 지향**했다.

〈아테네 학당〉은 고대 그리스 철학자들을 주인공으로 한 그림이다. 가장
중간에 있는 두 사람은 플라톤과 아리스토텔레스로 근대 서양철학을 떠받
치고 있는 두 거목이다. 손가락을 하늘로 가리키며 이상적인 세계를 설파
하고 있는 **플라톤**(B.C. 427~347)은 객관적이고 불변하는 완전한 본질을 찾
고자 하는 이데아론을 정립하였다. 그를 바라보며 오른 손바닥을 땅을 향
해 펼치고 있는 **아리스토텔레스**(B.C. 384~322)는 플라톤의 제자로 가치가
자연세계, 즉 현실에 있다고 보는 현실주의자로 행복과 중용을 강조하는 니
코마코스 윤리학을 정립하였다. 행복은 쾌락과 도덕의 균형에서 나온다고
하였으며,[1] 유럽 지성사의 기둥이 되었다. 플라톤의 오른쪽에서 그를 등지
고 한 무리와 열심히 얘기를 하는 사람이 소크라테스다. **소크라테스**(B.C.
470~339)는 철학함의 교과서라고 한다. 철학의 목적은 지식을 획득하는 것

---

1) 현실원리(자아)로 쾌락원리(원초아)와 도덕원리(초자아)의 균형을 잡자는 프로이트의
   이론과 일맥상통한다.

이 아니라 내가 아무것도 모른다는 사실만을 알 뿐, 계속 검증하며 독단을 제거해 가는 이성적 대화를 통해 더 나은 삶을 지향하는 것이라 주장했다. 이를 위해 사람은 질문을 해야 한다고 했으며, 이런 **소크라테스 문답법은 현대의 상담과 코칭 방법론에 결정적인 영향**을 미쳤다.

**피타고라스**(B.C. 582~497)는 계단 왼쪽에서 무릎에 헝겊을 두르고 열심히 책을 보고 있다. 사람들은 그의 어깨너머로 책을 훔쳐보고 있다. 그는 플라톤보다도 150여 년 먼저 태어났다. 수학의 아버지라 불리기도 하는 피타고라스는 '만물의 근원은 수'라 하였고, 피타고라스 정리와 황금률, 무리수를 발견하였다. 오른쪽에 허리를 숙여 바닥에 무엇을 그리고 있는 사람이 **유클리드**(B.C. 330~275)다. 기하학자답게 컴퍼스를 돌리는 모습이다. 현대인들이 소망하는 마음의 평온함과 소소한 행복 등 현대인들의 정신건강에 많은 영향을 주는 **에피쿠로스**(B.C. 341~270)는 은둔자답게 맨 왼쪽의 기둥에 책을 올려놓고 홀로 평온하게 책을 보고 있다.

표현하고자 하는 주제를 탁월하게 나타낸 것 외에 이 그림이 예술적인 걸작으로 인정받는 또 다른 이유는 **조화와 균형이 잡힌 구도** 때문이기도 하다. 적절한 수직의 **황금비** 위치에 철학자들의 얼굴들을 나란히 배치하였고, 플라톤과 아리스토텔레스를 중심으로 삼각구도를 취함으로써 시각적 집중과 안정감을 주고 있다. 균형과 집중의 탁월한 조합이다.

이 그림에서 철학의 아버지이자 이 세계는 무엇으로 되었는지에 대한 최초의 본질적인 질문을 던진 **탈레스**(B.C. 624~546)가 빠진 것이 좀 의아하다. 탈레스는 '만물의 근원은 물'이라 주장했다. 탈레스가 철학의 아버지라 불리는 이유는 그 이후로 만물의 근원이 공기(아낙시메네스), 흙(크세노파네스), 수(피타고라스), 원자(데모크리토스)라고 주장하는 철학자들이 계속 나왔기 때문이다.

# 고대부터
# 현대까지

　　　　　　　고대 그리스 철학자들은 이 세상이
무엇으로 되어 있는지, 인간은 어떤 존재인지, 어떻게 살아가야
하는지 등 본질적인 것에 대한 의문을 해소하고자 했다. 그러나
역사가 진행되어 오면서 이런 본질적인 물음들은 서서히 사라
지고, 시대가 요구하는 상대적인 가치에 의해 훼손되어 왔다. 중
세에는 종교에 의해 신중심의 사고에 압도되어 인간은 원죄를
범한 죄인이 되었다. 인간은 단지 신에게 순종해야만 하는 의무
만 있을 뿐 생각해서도 안 되었다. 근대에 들어서서는 경제발전
을 초점으로 유물론[2]적인 사고가 팽배하여, 더 잘 살고자 했던
인간의 노력에도 불구하고 정작 우리는 자연과 인간의 본질에
서 스스로 멀어지는 역전현상을 가져왔다. 그렇다면 왜 지금 다
시 자연법칙과 인간성장의 근본원리를 들추어내자는 것인가?
이는 4차 산업혁명의 도래에 따라 인간의 정체성이 다시금 크게
흔들리기 시작했기 때문이다.

　1차 산업혁명시기에도 인간은 크게 흔들렸다. 커다란 증기기
관이 인간의 일을 대신하게 되면서 사람들은 불안해졌고 생존
의 위협을 느꼈다. 노동자들은 러다이트 운동을 통해 공장을 부
수며 저항했다. 이런 현상과 맞물려서 철학자들은 인간의 욕망

---

2) 물질을 제1차적·근본적인 실재로 생각하고, 마음이나 정신을 부차적·파생적인 것으
　로 보는 철학설(출처: 두산백과)

과 불안, 공포, 광기, 소외, 실존에 대한 철학을 발전시키게 되었다. 현재 벌어지고 있는 변화도 1차 산업혁명에 못지않다. 사람들은 불안하다. 사회적 불균형을 초래했다는 이유로 실업자들은 구글의 통근버스에 돌을 집어던지며 저항하고 있다. 그러나 불안 못지않게 인류는 미래에 대한 희망 또한 크게 품고 있다.

**이 시기를 슬기롭게 극복해 가기 위해 우리는 성과와 숫자에 매몰되어 인간다움을 잃어버린 경제원리와 경영원리를 다시금 돌아보고, 자연의 순리와 인간본성을 제대로 꿰뚫어 보고, 이를 따르는 본질적인 변화를 생각해 볼 시점**에 서 있는 것이다. 『구글의 아침은 자유가 시작된다』의 첫 장은 신화학자인 **조지프 캠벨**의 말을 빌려 시작한다. "**모든 신화의 원형은 몇 개밖에 안 된다**"는 명언이다. **이 장은 그 몇 개 안 되는 '원형'을 찾는 노력**이 될 것이다.


# 미래,
# 우리가 창조하는 것

"**미래**에 대한 통념 중 제일 잘못된 것은 미래를 우리에게 벌어질 어떤 일로 보는 것이다. **우리가 창조하는 어떤 것**인데 말이다." 세계적인 AI 전문가로 명성을 떨치고 있는 인공지능 특이점 연구소의 **마이클 아니시모프**의 말이다. **최근 기하급수적인 성장을 보이는 기업들의 가장 큰 특**

징은 불가능한 미래를 상상하고, 창조하고, 그 비전을 이뤘다는 점이다. '불가능한 미래 상상하기'는 로버트 하그로브 박사의 역저『마스터풀 코칭』단계 중의 백미이기도 하다. 그러나 현실적으로 리더로서 강렬하게 이루고 싶은 불가능한 미래를 상상하려고 스스로 질문하곤 당혹스러울 때가 많다. **궁극적으로 무엇을 이루고 싶은지, 원하는 미래가 무엇인지를 생각해보지 않은 리더들이 많아서**다.

현재 나의 모습은 과거가 차곡차곡 쌓여서 된 것이 아니다. **현재란 내가 상상했던 미래모형이 구조화되어 가는 과정의 한 순간**이다. 따라서 현재는 미래가 결정하는 것이다. **그러나 사람들은 과거가 모여서 현재가 되었다고 느낀다.**

물론 상상했던 미래를 실현해 가면서 실패도 할 수 있다. 그렇다 해도 그 지향성은 미래에 있지 실패한 현재에 머무르지 않는다. 그런데 **사람들은 자신의 인생을 미래의 꿈에 걸지 않고, 뚜렷한 이정표 없이 현재의 '자극'에 과거의 방식으로 단순히 '반응'하며 살아간다.** 무의식이 지배하는 **게으른 시스템1의 방식**이다.[3] 그저 주어진 일에 바빠 시간은 하염없이 흘러가고, 자신의 삶은 무언가 빈 것 같아 늘 공허하고 불만족스럽다.

**아무런 꿈도 꾸지 않은 사람과 원대한 꿈을 꿨던 사람의 미래 운명은 확연히 달라진다.** 얼마만큼 달라질까? 너무도 유명해서 우리가 다 아는 연구결과 하나를 예로 들어 보겠다. 1976년 미

---

3) 2장에서 설명했던 기억-예측모델에 의거해 살아간다는 의미다.

국 엘리트 고등학교의 학생 12,000명에게 '나는 경제적으로 성공한다'라는 목표를 얼마나 중요하게 생각하는가를 조사했다. 그들이 졸업한 지 약 20년 후인 1995~1997년 그들의 인생 만족감과 소득을 조사했다. 그 결과, **목표의식은 인생에서 큰 차이를 만든다는 것이 밝혀졌다.** 고소득을 원한 사람들 다수가 자신의 목표를 달성했으니 말이다. 597명의 의사직업을 가진 사람 중에 중요도 1점이 올라갈 때마다 소득은 14,000불씩(약 1,700만 원) 증가되었고, 전업주부도 점수당 12,000불 증가(배우자 소득 포함)했다고 한다.

이것은 곧 **삶의 지향성이 있는 것과 없는 것의 차이**다. 나를 이끌고 가는 것은 나의 지향성이다. **'나'가 아닌 '나의 지향성'이 모든 삶, 즉 감정과 사고와 행동을 끌고 간다.** 그것도 지속적으로 말이다. **열정적인 비전과 목표, 꿈은 이런 장기적인 지향성을 끌어내는 것이다.**[4] 우리는 누구나 꿈이 중요하다고 말한다. 그러나 실제로는 많은 사람이 장기적인 꿈을 갖지 않고 살아간다. 이 얼마나 모순인가?

4)  이런 지향성은 개인의 성격과도 밀접하게 연관된다.

# 인간은 어떻게 과거 그리고
# 미래란 의식을 갖게 되었는가?

그럼 과거는 뭐고, 미래는 뭘까? **신생아**가 탄생하면 그 아기는 과거도, 미래도 인식하지 못한다. 즉, **시간관념이 없고, 그저 현재만 있다.** 아기의 과거와 미래 개념은 2장에서 설명한 기억-예측모델을 통해 점점 발생한다. 박문호는 『뇌 생각의 출현』에서 인간은 새 정보가 입력되면 기억에서 저장된 정보를 불러내서 비교함으로써 미래를 예측한다고 했다. 이때 **뇌에서 기억을 불러낼 때 생기는 것이 과거라는 인식**이며, **다음 순간의 전개를 연속선상에서 예측함으로써 생긴 개념이 미래**다. 즉, **기억-예측모델이 과거, 현재, 미래의 흐름을 만든다.** 그러니 과거, 현재, 미래는 인간이 만든 관념이다. 그런데 인간은 왜 과거를 기억할까? 그 이유는 벌어질 미래의 행동선택 또는 예측을 위해서다. **뇌의 특성 중 하나로 통일성과 전체성을 꼽는데, 어느 일관된 목적을 이루기 위해 협업을 하며, 그 초점은 오로지 미래에 두고 있다.** 이런 특성으로 **모든 유기체는** 저마다 시간의 **흐름성**, 시간의 **역사성을 가지게 된다.** 인간은 역사 자체다.

# 마이너리티
리포트

        기억-예측모델이 작동되는 미래사
회를 극명하게 보여 주는 영화가 스티븐 스필버그 감독의 〈마
이너리티 리포트〉다. 영화는 2054년의 워싱턴을 보여 주고 있
다. 주인공인 톰 크루즈는 100%의 범죄 예측력을 자랑하는 인
공지능인 프리크라임 시스템(PreCrime System)을 관장하는 팀장
이다. 프리크라임 시스템은 모든 시민들의 과거 정보를 기억창
고에 보관해 두고, 현재 정보를 지속적으로 업데이트해 가면서
미래에 범죄를 저지를 사람을 예측한다. 그럼으로써 실제 범죄
가 일어나기 전에 체포한다. **뇌의 기억-예측모델의 작동방식을
그대로 사회 시스템으로 옮겨 놓은 것이다.**

  **앞으로 우리 기업, 학교, 사회시스템, 세계는 큰 뇌(개인 뇌들
의 연결로 인한 거대한 집합)처럼 작동할 것** 같다. 그러나 이렇게
중앙집중식으로 운영된다면 국민 안전에는 기여하겠지만, 인간
행복과 인권에 대한 기여도는 의문이다. 실제로 어떤 타깃이 된
다면 톰 크루즈처럼 무지막지한 불안과 공포를 겪을 테니 말이
다. **무엇이든 자연의 순리를 인위적으로 너무 많이 거스르면 불
편해지는 법이다.**

## 왜 지금 불가능한 상상이 요구되는가? 미래 변화를 직시해야 하는 리더!

그렇다면 불가능한 미래를 꿈꾸는 사람들은 과연 누구인가? 우리는 그들을 **익스트림 리더**라고 부른다. 그들은 과연 우리들보다 과격주의자들인가? 먼저 인간의 본질을 들여다보자. 인간은 매일매일을 그저 상황에 맞추어서 사는 존재일 뿐인가? 2장에서 말했던 뇌의 계층구조를 떠올려 보자. **어느 평범한 인간도 하루하루를 그냥 사는 법은 없다. 기억-예측모델에 의거해서 하루종일 촌각으로 미래를 예측하며 행동을 결정하는 삶을 살고 있다.** 게다가 종종 고차원적인 기억-예측기능을 활용해서 경험해 보지 않은 새롭고 독특한 예측을 만들어 내기도 한다. **그런데도 우리는 미래 예측을 거의 하지 않고 산다고 착각한다.** 우리가 이러한 예측행위를 수시로 하고 있다면, 조금 더 **의식적인 학습과 훈련을 통해 조금 더 먼 미래와 조금 더 이루기 힘들 것 같은 상황을 예측하는 능력을 꾸준히 고도화시켜 나간다면, 도전적이고 불가능한 거대한 미래를 상상할 수 있을 것**이라 믿는다.

지금 이 시기에 **상상력을 강조하는 이유는** 명백하다. **"인간은 상상할 수 있는 것만 창조할 수 있기 때문"**이다. 레이 커즈와일이 말한 얘기다. 당연하지 않은가? 우리는 상상하지도 않은 것을 만들어 내지는 못한다. 게다가 **'수확가속의 법칙'이 적용되면 창조의 속도는 엄청나게 빨라진다.** '수확가속의 법칙'은 커즈와

일이 창안한 개념으로, 일반 경제학에서 말하는 **수확체감의 법칙을 거꾸로 뒤집은 것**이다. 수확체감의 법칙이란 어떤 시점에 도달하면, 생산요소들의 투입을 증가시킨다고 해도 추가로 얻는 산출량은 늘지 않는다는 경제법칙이다. 한계효용 체감의 법칙이라고 사람들은 알고 있다. 그런데 커즈와일은 **어떤 기술이 기하급수적인 증가를 하게 되면, '증가 속도' 자체가 다시 기하급수적으로 증가하여 '이중'으로 기하급수적인 증가 현상**을 보인다고 한다. 이것이 수확가속의 법칙이다. **커즈와일은 인류 역사 속에서 이런 현상이 종종 발견된다고 주장**한다. 하지만 우리가 **이런 현상에 익숙하지 않은 이유는 인간이 직관적인 느낌에 의해 선형적 역사관에 기반을 둔 사고를 하기 때문**이다. 결과적으로 미래 발전 가능성을 **과소평가하는 인간의 인지적 오류에 기인**하는 것이다.

우리가 현재에도 급속하게 발전 중이라는 사실을 증명하는 사례를 들려주겠다. 2004년 MIT와 하버드 대학교 교수들은 자동화 가능성이 없는 직업으로 트럭 운전기사를 예측했다. 그러나 불과 10년 뒤 이미 구글과 테슬라가 무인자동차를 개발함으로써 트럭 운전기사란 직업은 너무나 빠르게 존망의 기로에 서게 되었다. **MIT와 하버드의 석학들조차 감을 잡지 못할 정도로 빠른 변화를 겪고 있는 것**이다. 커즈와일은 우리의 현재가 기술 발전의 초기, 즉 S자 곡선의 무릎에 와 있다고 한다. 그러니 **앞으로 변화의 증가 추세는 점점 더 가속될 것**이다. 그래서 작금의 리더들에게 **현실이 아닌 미래를 직시하라고 권**한다. **미래를**

왜 지금 불가능한 상상이 요구되는가? 미래 변화를 직시해야 하는 리더!

**보지 않으면 곧 막다른 골목에서 헤메게 될 것이기** 때문이다. 그렇다면 어떻게 미래를 직시할 수 있을까? 다음은 이에 대한 실마리가 될 수 있다.


## 불가능한 미래를 상상하는 기업들

기하급수적인 미래를 꿈꾸는 **익스 트림 리더는 익스트림 목적을 품는다.**『기하급수 시대가 온다』의 저자, **살림 이스마일**과 그의 동료들은 **기하급수적인 상상을 하는 리더들은 비즈니스의 목적을 매우 높게 잡는다**고 한다. 그냥 높은 게 아니라 '매우' 높은 목적 말이다. **이런 목적을 MTP**(Massive Transformative Purpose, **거대한 변혁을 불러오는 목적)라고 부른다.** 목표가 아니라 더 광대한 의미의 **'목적'**이란 것을 명심하라. 그들은 **변혁적 리더**다. 이스마일이 꼽은 MTP를 가진 기업의 예를 들면 다음과 같다.


- TED: 전파할 가치가 있는 아이디어를 보급한다.
- Google: **세상**의 정보를 조직화하고, 보편적으로 접근 가능하고 유용하게 만든다.
- Amazon: **지구**에서 가장 고객중심적인 회사가 된다.
- Facebook: 친구, 가족과 연결되어 있고, **세상**에서 무엇이

일어나는지 발견하고, 관심사를 그들에게 공유하기 위해 페이스북을 사용한다.

- Allstate[5]: 올스테이트라면 안심해도 됩니다.

이들은 '업계 몇 위' 또는 '매출 몇 불' 등의 수치적 목표에 결코 머무르지 않는다. 그들은 세상과 지구와 인류를 걱정한다. **MTP를 가진 기업의 효과는** 너무도 많다고 이스마일은 말한다. 비즈니스가 **기하급수적 성장을 할 수 있게 일관성을 부여**하고, 구성원들의 **집합적 열망을 하나로 묶어 주며, 기업 생태계 전반으로부터 최고의 인재를 끌어올 수 있고, 사내 정치에 연연하지 않는 협조적 문화를 배양**하며, **기민하게 움직이고 새로운 것을 배우게** 한다. **MTP는 수치적인 목표로 직원들을 푸시(push)하는 것이 아니다.** MTP는 '**왜**' 우리가 이 비즈니스를 하는가, 그리고 내가 이 일에 **어떻게** 기여하는가 등 기업 및 개인의 **존재의 의미를 한껏 북돋음으로써 인간 정서를 바짝 끌어당긴다. '풀(pull)' 방식이다.** MTP는 무엇을 하는 회사인지 **업종을 설명하지 않아도** 된다. 업계 **등수를 밝히지 않아도** 된다.

저자들은 이런 **MTP가 될 수 있는 조건**으로, 목적이 그 기업만의 고유한 것이어야 하고, **인류에 거대한 변화를 불러오는 것이어야** 하며, 이를 리더들이 실제 행동으로 보여 줘야 한다고 한다. 목적을 세우는 데 그치지 않고 스스로 실행하는 리더여야 한

---

5) 올스테이트는 미국을 대표하는 보험회사다. **인류**를 안심하게 해 준다는 소명은 보험회사와 너무도 잘 어울린다.

다는 것이다. 그래서 무릇 기하급수적인 경험을 목전에 두고 있는 **21세기 리더라면** 선형적인 전통적 사고방식에서 벗어나, 거대한 변혁을 불러올 수 있는 **불가능해 보이는 목적을 스스로 상상하고 실행하는 능력을 갖춰야** 한다. 이에 그치지 않고, **거대한 포부를 구성원들에게까지 심어 줄 수 있는 능력이 있어야** 한다.

## MTP와 BHAGs

**MTP라는 거대한 목적은** 종종 **BHAGs** (Big Hairy Audacious Goals, 크고 스릴있고 대담한 목표)라는 목표[6] **와 직결되어 추진**된다. 예를 들자면, **구글의 '모든 정보를 조직화하고 접근 가능하게 만든다'라는 MTP는 구글어스와 지메일, (GPS 연결을 통해 운행되는) 구글 무인차 등의 BHAGs들이 연이어 탄생되는 토대**가 된다. 그래서 **MTP와 BHAGs는 좋은 짝**이다.

구글의 MTP를 가능하게 한 **'문샷 씽킹(moonshot thinking) 사고방식'**은 유명하다. 달을 더 잘 파악하기 위해 망원경 성능을 개선하는 대신에, 탐사선을 만들어 달에 직접 가자고 하는 사고방식을 말한다. 또한 문샷 씽킹은 **불가능해 보이는 생각을 실제로 만들어 나가자**는 것이고, 생각에 머무르지 말고 **곧바로 실행**

---

6) MTP는 목적이고 BHAGs는 목표임을 구별하라.

하는 '**행동방식**'을 말한다. **이것이 MTP의 정신**이다.

# MTP
# 문화

       그렇다면 거대한 미래 상상을 가능케 하는 **기본 조건**은 무엇일까? 이는 바로 성과가 아닌 **성장을 얘기하는 문화**다. 이 책의 첫머리에서도 언급했다시피, 성과는 우리에게 회피본능을 일으킨다. 특히 숫자로 표기된 계량적인 성과지표는 우리 마음을 옥죈다. 불안과 두려움을 수반해서 설정되는 **성과 목표**는 과거 대비 예상치를 크게 벗어나지 못한다. 애초에 '**거대한 미래의 무엇**'은 **될 수 없는 것**이다.

  슈피겔의 실리콘밸리 지사 편집장인 토마스 슐츠가 쓴 『구글의 미래』란 책은 **구글**의 공동창업자이자 **CEO인 래리 페이지**의 대표적인 경영철학을 상세히 소개하고 있다. 페이지는 대단히 철학적인 경영자다.[7] 그는 **인본주의 철학을 지향하며 인간의 가능성을 전적으로 신뢰**한다. 사람은 **본래 10% 향상보다 10배 향상시키는 것이 쉽다**고 말하며 '**10×**' 성장철학을 구글의 중요 모토로 정착시켰다. 달에 로켓을 쏘아 올리고, 교통사고 사망자 제로화 등 인류의 거대한 목표를 일상적인 비즈니스 모델로 연결

---

7) 플라톤의 '철인정치'에 비유해서, 페이지의 경영방식을 '**철인경영**'이라 칭하고 싶다.

시키는 **페이지의 사고 프레임은 미래 문명과 전인류, 수십억 사용자, 세계 구석구석에 영향력을 미치는 광대한 것**이다. 페이지에게 **구글의 임무는 매출을 극대화하는 것, 경쟁사를 앞지르는 것이 아니다.** 세계의 정보를 조직화해서 모든 사람이 접근할 수 있게 한다는 **'사회적 목적'을 달성하는 것**이라고 슐츠는 강조한다.

그러나 **지금의 세계는 10% 개선을 바탕으로 움직인다고 페이지는 말한다.** 그래서 자기의 이익분야를 우선적으로 보호하고 경쟁자를 적대시한다. 캐럴 드웩이 말하는 고착 마인드의 발로다. **이런 마음가짐을 구글 내에서는 올바르지 않다고 여긴다.** 왜냐면 독창적이거나 혁신적이 아니기 때문이다. **제품과 서비스는 무조건 '10배의 성장'을 가져오는 것이어야 한다고** 페이지는 직원들에게 요구한다. 구글의 공동창업자인 래리 페이지와 세르게이 브린은 **중간 과정을 걱정하지 않고 오직 발전 가능성을 보고 결단을 내린다.**

목적을 설정할 때 **단순한 사고의 전환만으로도 '10× 철학'을 꿈꿀 수 있다. 우리는 구글차를 자동차로 분류한다.** 그러나 **구글의 생각은 다르다.** 운송 기능을 가진 **지적로봇으로 본다.** 자동차는 부가기능일 따름이다. 구글차는 실제로 로봇학, 인공지능, 기계학습, 컴퓨터 영상분야를 바탕으로 제작되었다. **같은 제품을 놓고 자동차로 한계 짓는 사람과 AI 로봇으로 확대시켜 생각하는 사람의 차이는 어마어마한 것이다.** 한 제품을 놓고 그들이 가진 **목적 자체가 확연히 달라지는 것이다.** 그래서 사업상 근본적인 결정을 **주도하려면 '원형'의 스케일이 커야 한다고** 페이지는 강조한다. 호기로운 '비전'과 길들여지지 않은 '환상' 사이에서 위대한 도약을 위한 탐색을 중요시하라고 강조한다. 관습과 통념을 버리고 지금껏 누구도 해결하지 못한 중요한 이슈를 '내'가 다루고, '내'가 인류를 위해 무엇을 할 수 있을까를 생각하면 흥분되지 않는가?

이런 **10× 성장의 철학은 구글의 세계관, 비전, 경영양식, 행동 가이드라인으로 일관적인 흐름을 구성**한다. **이는 모든 구성원의 마인드를 바꿔 놓고 끌어당긴다(pull). 리더의 진정한 문제**는 그런 사고에 용기를 북돋워 주는 **협동문화를 창조하는 것이**다. 이런 문화에서는 많은 자유와 적은 통제를 통해 풍요와 만족을 추구함으로써 **깨끗한 정신에너지 자원**[8]**으로 급진적인 돌파구를 열어 미래로 나아가게 해야 한다**고 말한다.

또한 **실패는 언급하지 않고 무조건 인정하는 것이 중요하다**고 말한다. 실패는 성공을 위한 소중한 과정이다. **단번에 성공하는 프로젝트는 아마도 10× 영역에 속하지 않는 작거나 점진적인 무엇일 것**이다. 실패한 기술은 후속 프로젝트를 위한 요소로 사용되기도 한다. **페이지의 긍정적인 경영철학은** 인본주의 상담의 창시자인 **칼 로저스의 무조건적 긍정적 존중의 정신과 일치**한다. 상담의 원칙을 경영방식에서 발견할 수 있다니 참으로 흥미롭다. 왜 동일성이 있을까? **인본주의라는 원형을 같이하기 때문**이다.

8) 깨끗한 정신이란 앞 장에서 말했던 심리적 오류가 최소화된 긍정적인 정신상태일 것이다. 경두개 헬멧을 썼던 기자를 떠올려 보라.

**카너먼**은 기존 경제학 모델은 실제에 맞지 않으며, **경제학의 연구대상을 '인간의 내면'으로 옮겨야** 한다고 주장한다. **조직의 영광이 아닌, 인류의 행복과 성장 그리고 존재의 의미를 먼저 강조할 때 우리는 거대한 꿈을 꿀 수 있다.** 외부에서 부가하는 수치적 성과목표는 더 이상 구성원들에게 내적인 꿈을 꾸지 못하게 막는다. **수치에서 무슨 가슴 뛰는 원대한 꿈이 상상되겠는가!** 내면에서 우러나오는 궁극적인 **성장 목적**이야말로 우리에게 거대한 상상과 희망, 호기심, 열정을 불러일으킨다.

## 리더가 스스로 해야 할 셀프코칭 질문들

**상상은 우리에게 먼 미래의 이미지를 보게 한다.** 모든 방해물이 없는 상태를 볼 수 있게 한다. '모든 게 가능하다'고 믿고 싶게 만든다. 흥미로운 느낌으로 다가가게 만든다. '되고 싶다'고 하는 성장감을 준다.

성장하고 싶은 리더라면 다음과 같은 질문들을 자신에게 던짐으로써 셀프코칭을 시작해 보라. 되도록 **크게, 무모한 상상을 해 보라.** 더불어 이런 질문들을 부하들에게 함으로써 그들의 잠재력을 끌어낼 줄 아는 코칭리더가 된다면 더욱 좋다.

"10년 혹은 20년 후 인류를 위해 나는 무엇을 이루고 싶은가?"

"기적이 일어나서 아무런 (경제적, 정치적, 사회적, 개인적) 제약이 없을 때 나는 인류를 위해 무엇을 하고 있겠는가?"[9]

"모든 것이 가능하다고 믿는다면 인류를 위해 가장 이루고 싶은 것은 무엇인가?"

"내 존재가 이 세상에 태어난 이유는 무엇인가?"

"내가 이 회사에 들어온 이유는 무엇인가?"

**"우리 회사는 왜 존재하는가?"**

"인류를 위해 나의 장점을 어떻게 쓸 수 있을까?"

나와 내 가까운 주변을 위해서라고 답하기보다 **인류를 생각하고 사회를 생각하면 무언가 큰 소명이 다가올 것**이다. 개인적으로만 가치 있는 허상이 아닌 **정치와 국경이 소멸되는 비전을 꿈꿔** 보는 건 어떨까? 구글의 래리 페이지는 변화는 두려운 것이긴 하지만 세상을 발전시킬 멋진 방법도 준다며, 무한한 긍정철학을 가지고 말한다.

이에 『구글의 미래』 저자인 토마스 슐츠는 **"구글은 세계를 지배하자는 것이 아니다. 다만, 미래를 만들고 싶어 한다"**고 강조한다. 구글러 **자신들이 세상을 멋지게 움직여 가는 것이다.** 이를 위해서는 **크게 생각하는 것이 기본**이다. 왜냐하면 작으면 성장을 달성해도 금세 따라잡혀서 빠른 전략 추구가 어렵기 때문이라고 한다. 이런 이유로 **실리콘밸리 기업들의 MTP 선언문은**

---

9) 코칭에서는 이를 **기적질문**이라고 한다. 모든 장애물이 제거된 상황에서 무엇이 이뤄졌는지 이미지를 마음껏 상상해 보는 기회를 갖게 한다.

매우 큰 열망만을 표현한다. 기업의 위대한 상상력과 포부는 기업 내의 사람들뿐 아니라 외부 사람들의 가슴까지도 끌어당길 (pull) 것이다.

## 불가능한 미래를 탄생시키는 원리 I: 성장곡선

이 책은 불가능한 미래가 이뤄질 것이라고 공허하게 단언하기보다는, 이런 **미래가 어떻게 탄생되는지의 원리를 설명함으로써 독자들에게 믿음을 심어 주고 싶다.**

커즈와일은 경제 예측 전문가들이 사용하는 모델들이 장기적인 추세를 평가하는 데는 결함이 있다고 한다. 그 이유는 긴 역사를 거치면서 증명된 기하급수적 관점에 근거하지 않고, 직관적인 선형인 관점에 근거하기 때문이라고 말한다. 한 인간이 직접 경험하는 역사는 매우 짧기 때문에 성장현상이 직선적으로 보일 수밖에 없는 것이다. 그게 인간이 가진 통념이다. 이런 이유로 우리는 성장목표를 세울 때 지금의 상태에서 기껏 몇 % 또는 많게는 십여 %의 성장을 기획하게 된다. 그러나 **거시적인 역사 관점에서 보면, 성장현상이 변곡점에 다다랐을 때 선형모델은 무너지고 급격한 수직상승을 가져온다. 다음 그림은 기하급수적인 성장곡선과 산술급수적 성장곡선을 비교**해서 보여 준다.

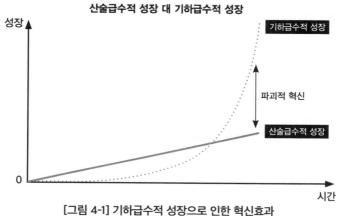

**[그림 4-1] 기하급수적 성장으로 인한 혁신효과**
출처: 『기하급수 시대가 온다』에서 발췌

그럼 여러분의 중고등학교 수학시간으로 돌아가 볼까? 우리는 학창시절 기하학적인 그래프들을 많이 접해 왔다. **[그림 4-1]의 기하급수적인 성장곡선은 어떤 그래프와 비슷할까? 바로 이런 그림들일 것이다.**

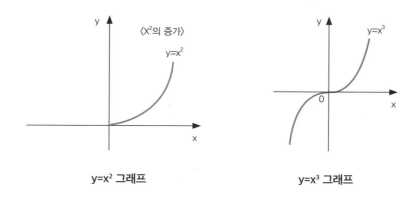

y=x² 그래프　　　　　　　y=x³ 그래프

## 1. 기하급수적인 성장곡선

앞의 **왼쪽 그래프**를 아는 사람이라면 직관적으로 그 의미를 이해할 것이다. 공식으로 표현하면 $y=x^2$이다. 즉, x제곱의 증가는 y의 상승을 가져오는데, 중요한 점은 **y의 상승곡선은 어느 시점에서 수직으로 가파르게 상승한다**는 것이다.

**x가 세제곱으로 비례하면 곡선이 더욱 가파른** $y=x^3$가 된다. 이 그림들이 **기하급수적으로 성장하는 기업의 성장공식을 가장 간단하게 표시할 수 있는 공식**일 것이다. 이런 폭발적인 성장이 불가능하다고 생각하는가? 그런데 **놀랍게도 자연은, 그리고 인간은 실제로 이런 성장을 거듭해 왔다.**

## 2. 기하급수적인 성장은 자연현상

**기하급수적인 성장은 원래 우리에게 익숙한 것**이었다. 다음 그림을 보라. [그림 4-2]는 찰스 다윈의 『종의 기원』에 실린 '**생명 나무**'란 그림이다. 기하급수적 성장이 직관적으로 이해되지 않는가? [그림 4-3]은 성게의 **세포분열**인데, 인간의 몸도 동일하게 이와 같은 기하급수적 세포분열을 거친다.

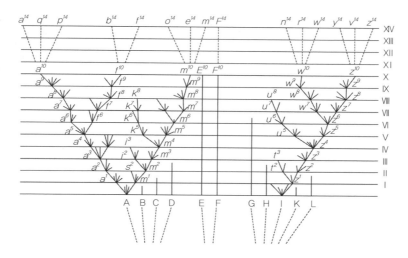

[그림 4-2] 다윈의 생명의 나무

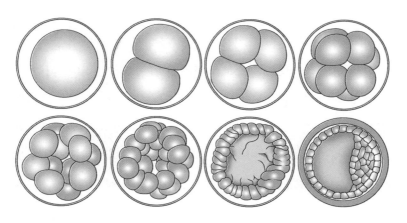

[그림 4-3] 성게의 세포분열

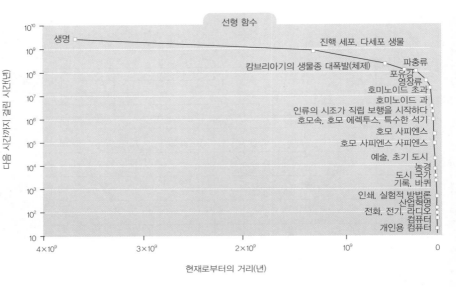

[그림 4-4] 인류의 진화속도

출처: 『특이점이 온다』에서 발췌

커즈와일은 『특이점이 온다』에서 역사상 기하급수적인 성장이 비일비재했었다는 사실을 다양한 증거를 통해 알려 준다. **인류의 진화속도**([그림 4-4]), **휴대전화의 발전 등은 영락없이 기하급수적 성장곡선을 따르고 있다.** 우리가 잘 알고 있는 **무어의 법칙**(컴퓨터 처리 능력의 가격 대비 성능이 18개월마다 두 배로 증가한다)**도 기하급수적인 성장공식** 중 하나다. 그러나 우리는 **전체 모습을 보지 못하기 때문에 우리가 선형적인 성장을 한다는 감정적 추론, 즉 인지적 오류**를 범한다.

인간 개개인의 성장발달은 어떨까? **뇌 세포의 증가속도**([그림 4-5]), **훈련에 따른 성장속도**([그림 4-6])[10]**도** 자연과 마찬가지로

---

10) 처음엔 더디다가 변곡점을 지나면 급격한 상승을 이루는 것을 모두 경험했을 것이다.

**기하급수적인 성장과정을 거친다.** 우리 개인이 매일 겪고 있는 현상이지만 우리는 눈으로 보지 못하기 때문에 이를 실감하지 못할 뿐이다. 교육전문가들은 **이런 성장속도를 감안해서 나선형 교육과정**([그림 4-7])[11]**을 응용**하고 있다. 그렇지만 교육자들이 기하급수적인 성장원리를 진정으로 믿고 현장에서 학생들을 대하는지는 의문이다.

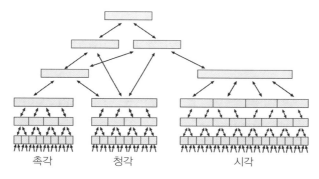

[그림 4-5] 뇌 피질 계층구조

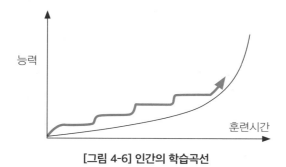

[그림 4-6] 인간의 학습곡선

11) **나선형 교육과정**(spiral curriculum)이란 달팽이를 닮은 회오리 모양을 가졌다고 해서 붙여진 이름이다. 학습수준이 높아지면서 점점 폭과 깊이가 세분화되고 확대해서 커리큘럼을 제공해야 한다는 이론이다. **어느 시점에 이르면 수준 확대의 폭은 급격히 확장**된다. 제롬 부르너가 제시하였고, 우리나라 교육과정에 널리 적용되는 개념이다.

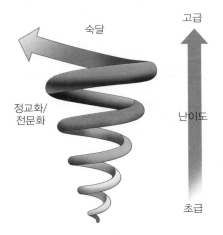

[그림 4-7] 브루너의 '나선형 교육과정'

## 3. 성장곡선에 초점을 둔 리더십 이론가,
## 켄 블랜차드

**켄 블랜차드**는 『칭찬은 고래도 춤추게 한다』란 베스트셀러의 저자인 동시에 경영학 분야의 권위자다. 그는 인간의 성장이 S자 곡선이란 자연법칙을 따른다는 데 초점을 두었으며, 리더십 유형을 부하의 성장단계에 따라 각각 맞춤식으로 맞춰 줘야 한다고 주장했다. 이것이 '상황대응 리더십 모델(situational leadership)'의 핵심이다. 이 모델은 효용성을 널리 인정받아 글로벌 기업들뿐 아니라 리더십을 전공하는 학생들의 학위 논문 주제로도 널리 연구되고 있는 모델이기도 하다. 켄 블랜차드는 "서로 다른 사람을 똑같이 대하는 것은 어리석은 것"이라고 이야기한다. 따라서 **완벽한 리더십은 존재하지 않으며**, 다만 **부하의 성장 상황에 따라**

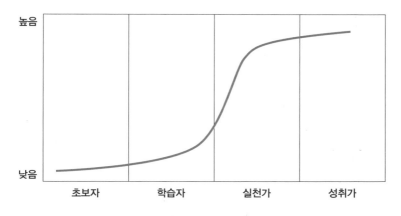

높음

낮음

| 초보자 | 학습자 | 실천가 | 성취가 |

[그림 4-8] 상황대응 리더십이 설명하는 성장곡선

**달라질 뿐**이란 것을 주장했다.

그는 부하의 역량(사고/행동 수준)과 의욕(감정 수준)의 두 요소를 조합해서 각각 **열성적인 초보자**(낮은 역량과 근거 없는 높은 의욕), **좌절한 학습자**(낮은 역량과 낙심 및 억눌림으로 인한 낮은 의욕), **유능하지만 조심스러운 실천가**(어느 정도의 역량과 상황에 따른 가변적인 의욕), **자립적인 성취가**(높은 역량과 자신만만하고 일관된 높은 의욕)**의 네 단계로 나눠서 각각에 맞는 리더십을 발휘하도록 가르친다.**

그림에서 보다시피 **학습자 단계의 좌절을 극복하고 실천가로 나아가는 과정에서 급속한 역량성장**을 보인다. 이 네 성장단계는 우리가 수영을 배울 때, 어학을 배울 때 등 모든 학습에서 보이는 단계다. **유능한 리더일수록 부하를 빠른 시간 내에 초보자에서 성취가로 이끌어 준다.** 그리고 리더 **자신은 남는 시간에 더**

**고차원적인 사유를 할 수 있는 여유를 가진다.**[12] 특히 코칭리더십이 있는 리더라면 네 단계를 신속하게 이동하도록 도와준다.

## 4. 기하급수적 성장을 예견한 피타고라스

그렇다면 기업의 **기하급수적인 성장의 원형**을 가장 간단하게 표현한 **공식을 찾아보자**. 피타고라스 정리라면 우리 모두가 알고 있는 공식이다. 이것으로 기하급수적 성장을 설명해 볼까 한다.

**피타고라스**는 만물의 근원을 수로 보고, 세상의 근원을 수에서 찾았다. 그래서 수학의 아버지로도 불린다. 피타고라스가 위대한 이유는 기하학적인 사고를 했을 뿐 아니라, 그의 행동과 삶의 원칙 또한 조화와 균형이라는 수의 원리에서 탐구하고자 했기 때문이다. 그는 자연 속에 수와 인간이 고스란히 녹아 있다고 믿었다. 피타고라스에게 **수학하는 방식은 곧 인간이 사고하는 방식**이었다. 그래서 그는 수학자이자 철학자이기도 하다. 이런 믿음을 가지고 많은 제자들을 길러 내기도 했다. 이 책에서 피타고라스의 생애에 대해서 깊이 얘기할 생각은 없다. 다만 그에게서 배울 점은, **복잡하고 모호한 세상의 움직임을 단순화시켜서** 하나의 일관된 질서를 찾아내었으며, 이런 **본질적인 질서를 삶에서도 구현**하려고 노력했다는 점이다.

예를 들어, 그와 그의 제자들이 모인 공동체에서는 조화와 절

12) 궁금하다면 그의 『1분 경영』이란 책을 읽어 보라. 늘 바쁨을 호소하는 리더들에게 도움이 될 것이다.

제를 중시하여 명상, 남녀평등, 끊임없는 학습, 구성원 간의 수평관계, 조화로운 음악적 화성 등을 일상에서 추구했다. **그가 이런 원리를 만들어 낸 것이 아니라 자연에 이미 존재하는 원리를 발견한 것이므로, 그의 원리는 지금까지도 우리 삶 속에서 저항감 없이 자연스럽게 융화될 수 있다.** 더구나 그의 수학개념들은 현대에 이르러서도 수많은 경영자, 철학가, 건축가, 예술가에 의해 여전히 사랑받고 있다.

어느 날, 피타고라스는 바닥에 깔린 타일을 보고 직관적으로 **피타고라스 정리를** 발견했다고 한다. 피타고라스 정리란 직각삼각형에서 '빗변($c$)을 한 변으로 하는 정사각형의 넓이는 직각을 낀 두 변($a$, $b$)을 각각 한 변으로 하는 정사각형의 넓이의 합과 같다'는 것이다. 그는 이것을 계산이 아닌, 문득 깨달은 **기하학적인 직관을 통해 발견**했다. 나중에 이를 수식으로 표현하여 **$a^2+b^2=c^2$란** 공식이 탄생했다.

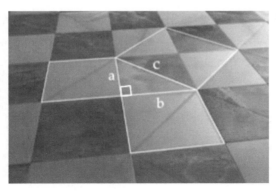

**[그림 4-9] 피타고라스 정리: $a^2+b^2=c^2$**
출처: <EBS 다큐프라임>에서 발췌

여기서 주목할 점은, 첫째, **a와 b의 길이가 길어질수록 c의 면적은 증가한다**는 것이고, 둘째, **c의 증가는 선형적이 아닌 기하급수적인 성격을 띤다**는 것이다. 즉, **c의 증가는 $y=x^2$그래프의 성질을 갖는다.**

이런 성질을 계속 확장하면 [그림 4-10]의 복잡하고도 아름다운 기하학적인 도형들로 발전한다. 이런 종류의 도형을 '피타고라스 나무'라고 부른다. 피타고라스 나무는 기획하는 사람이 어떤 모양을 상상하느냐에 따라 달팽이처럼 혹은 아름드리나무처럼 모습이 달라진다. **이 나무 그림들은 복잡해 보이지만** 이런 **복잡한 형상 속을 흐르는 본질은 놀랍게도 하나다.** $a^2+b^2=c^2$라는 질서다.

**아무리 복잡한 자연현상과 사회현상이라도 '본질'을 구하다 보면 어떤 '질서'를 발견할 수 있다.** 본질을 구성하는 **핵심요소들은 단순하다.** 질서를 주는 **방향성 또한 단순하고 일관되다. 모든 물체는 본질과 질서를 갖고 움직인다.** 이것이 복잡성 이론이다. **기업의 경우에는, 본질과 질서를 부여하는 핵심은 바로 MTP다.** MTP에 근거해서 핵심요소와 방향성이 결정된다.

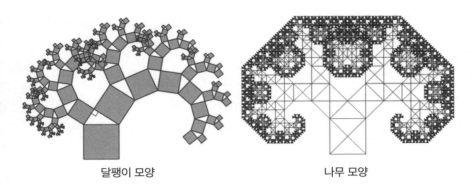

달팽이 모양                             나무 모양

**[그림 4-10] 피타고라스 나무**

$a^2+b^2=c^2$라는 피타고라스 정리를 비즈니스에 대입해 볼 때, 우리도 **기하급수적인 발전을 거듭하는 기업들을 관통하는 본질과 질서가 무엇인지**를 발견할 수 있지 않을까? 겉으로는 다양한 제품군, 다양한 사업군을 형성하고 있는 것 같지만, 결국은 이들이 추구하는 공통의 본질이 있지 않을까? 이 책을 기획하면서 우리 두 저자의 탐구는 바로 이 의문에서 시작되었다.[13] $a^2+b^2=c^2$에서 **각각 a와 b에 해당하는 요소가 무엇일까?** 이를 찾아내면 우리는 기하급수적인 성장을 일으킬 수 있는 경영원리를 찾을 수 있을 것이라는 불가능한 상상과 믿음을 가지고서 말이다. 먼저 기하급수적인 성장을 하는 기업이란 무엇인지부터 설명해야겠다.

불가능한 미래를 탄생시키는 원리 ·|: 성장곡선

---

13) 우리는 무모하게도 가설이 아닌 믿음으로 시작했었다. 아예 처음부터 불가능한 상상으로 도전한 것이다. 우리의 내면에는 '폭발적인 기하급수적인 불가능한 성장이 가능하다' '내가 가능하다고 하는 것은 가능하다'는 마스터풀 코칭의 기본정신이 있었다.

# 5. 기하급수적인 성장을 하는 기업의 본질

살림 이스마일과 그의 동료는 『기하급수 시대가 온다』에 최근 **4~5년 새 10배 이상 성장한 기업**들을 소개하고, 성공할 수 있었 던 요인들을 상세히 설명하고 있다. 그들이 정의한 기하급수기 업이란 '새로운 조직 구성 기법을 이용해 더 빠르게 발전하는 기 술들을 적극적으로 활용함으로써 기업 영향력이 동종업계 타 기업에 비해 현저히 큰(10배 이상) 기업'을 말한다. 그 예로 **에어 비앤비, 구글벤처스, 테슬라, 탠저린, 우버** 등 수많은 기업을 들 고 있다. 이 기업들의 성장세는 엄청나게 두드러진다. **에어비앤 비는 1,324명의 종업원**들이 일한다. 회사가 소유한 **물리적 자산 은 전혀 없고 그저 홈페이지만 운영**하고 있다. 그러나 **숙박이용 일수는 기하급수적으로 상승**하고 있고, 기업가치는 100억 불을 넘어선다고 한다. 이와 **기업가치가 비슷한 하얏트는 4만 5천 명 의 종업원을 거느리고, 전 세계에 549개의 호화로운 영업장**을 갖고 있다. 이에 비해 에어비앤비는 얼마나 효율적인가? 우버의 기업형태와 성장세도 이와 크게 다르지 않다.

이들의 **근본 동력은 기술발전을 이용해서 한계비용을 제로로 만든 것**이다. 이스마일은 성장세가 무릎을 지나고 나면, 두 배씩 10번 반복한 경우 천 배가 되며, 20번을 반복하면 100만 배, 30번이면 10억 배가 된다고 성장 원칙을 말한다. 기하급수적 성 장이다.

**또 하나의 성장의 비밀은 '없던 것을 만드는 것'이다. 개선하**

는 것이 아니다. **창조하는 것이다.** 이스마일은 페이팔의 경영자였던 피터 틸의 『제로 투 원』이란 책을 인용하면서, **20세기에는 제품 카피로 '1에서 n으로' 이동했으나, 21세기는 무에서 유를 창조하는 '0에서 1로' 가는 세상**이라고 말한다. 따라서 없던 것을 창조하고, 이를 통해 파괴적인 혁신이 될 새 제품들을 만들어내는 일이 최우선 순위가 돼야 한다고 주장한다. 인간이 더 이상 땅과 물건을 위해 전쟁하지 않듯이, 우리도 **땅과 물건을 통해 비즈니스 하는 방법을 벗어나서, 보이지 않는 기술과 정보를 통해 비즈니스 할 어떤 것이 있는지를 찾아보라**는 인상깊은 말을 한다.

## 6. 기하급수적인 성장을 하는 기업의 경영원리: MTP의 2대 속성 (아이디어와 규모)

『기하급수 시대가 온다』에서는 급성장한 100개의 스타트업 회사를 조사해서 기하급수적 성장의 특징을 세 가지로 요약했다. MTP, IDEA, SCALE이다. **MTP라는 거대한 목적을 이루려면 내적 속성(IDEA)과 외적 속성(SCALE)의 조화와 균형이 필요하다**고 저자는 말한다. IDEA와 SCLAE에는 각각 5개의 하위 요소가 있는데,[14] 여기서는 그 각각을 설명해서 여러분의 머리를 복잡하게

---

14) 이들이 말하는 **외적 속성인 SCALE**은 주문형 직원, 커뮤니티와 클라우드, 알고리즘, 외부자산 활용, 참여의 5가지 요소를 말한다. 이것은 기존기업들이 회사 내부자원으로

만들고 싶은 생각은 없다. 다만 이 책을 꿰뚫는 핵심을 한마디로 축약하면 다음과 같은 공식이다. **기업이 추구하는 업종에 따라서 IDEA와 SCALE을 각각 확장시키는 방법은 다양할 것이다.**

$$\text{MTP(거대한 목적)}=\text{IDEA(아이디어)}+\text{SCALE(규모)}^{[15]}$$

그러면 다른 전문가들이 말하는 성장원리들을 더 조사해 보자. 다음은 유튜브의 CEO인 수잔 위치츠키가 말하는 **구글의 혁신원칙**이다. **이 또한 아이디어와 규모로 나눌 수 있다.**

| |
|---|
| 어디서든 아이디어를 찾아라.<br>크게 생각하고, 작게 시작하라.<br>상상력으로 불꽃을 댕기고,<br>데이터로 기름을 부어라.<br>중요한 미션을 품어라.<br>⇩<br>**아이디어(IDEA)** |

| |
|---|
| 이용자에 초점을 맞춰라.<br>모든 것을 공유하라.<br>플랫폼이 되라.<br>반드시 실패하라.<br>⇩<br>**규모(SCALE)** |

갖고 있었던 자산을 외부화한 요인들이거나, 회사의 영향력을 넓게 확장시켜 주는 외부 리소스를 참여시키는 활동을 주로 말한다. 예를 들어, 주문형 직원은 정규직원을 대체하며, 외부 자산 활용은 내부에 없는 체육관 등의 외부시설을 이용하는 것 등을 말한다. 커뮤니티와 참여는 아이디어 창출에 인지잉여(커뮤니티가 주는 정보 등)를 활용하며, 알고리즘은 고객이 사용할 회사시스템을 시스템화하는 것이다. 예를 들어, UPS는 매일 5만 5천 대의 트럭이 운용되는데, 택배 루트를 효율적으로 알고리즘화함으로써 전체적으로 약 3조 원을, 운전자 개인당 연간 1.4억km를 절약하게 되었다.
**내적 속성인 IDEA**는 SCALE 요소를 활용하며, 최대결과 끌어내기 위해 기업 내부 통제 메커니즘의 효율적 관리를 기하는 요소를 말한다. 이에 필요한 5가지는 인터페이스, 대시보드, 실험, 자율, 소셜 네트워크 기술을 꼽았다. 이런 내적 속성은 수백 개 아이디어를 실험하고, 평가하고, 정리하고, 순위 매기는 과정을 통해 끊임없이 진화해 가는 동력을 발굴한다.
15) 이스마일이 이 공식을 직접 언급한 것은 아니다. 그러나 책을 모두 읽으면 그가 이 공식을 말한다는 것을 금방 알 수 있다.

하나 더 살펴보자. 커즈와일이 말한 **지적기계의 폭발력**의 원인이다. 그는 폭발력이 지식의 **저장과 분석** 그리고 지식의 **연결**에서 나온다고 했다. **지식의 저장과 분석은 아이디어(IDEA)**의 기억과 생성에 영향을 미치는 요소다. **지식의 연결은 규모(SCALE)**의 확장에 영향을 미친다.

마지막으로 하나 더 보자. 성공하는 혁신가들의 다섯 가지 스킬을 다룬 『이노베이터 DNA』에서 저자인 클레이튼 크리스텐슨은 **이노베이터 DNA의 핵심으로, 발견**능력과 **실행**능력을 꼽았다. 이는 **아이디어(IDEA)와 규모(SCALE)의 조합**을 말하며, 아이디어 발견능력으로는 연결, 질문, 관찰 네트워크, 실험이 포함되고, 실행능력으로는 사람, 프로세스, 철학 등이 포함된다.

앞의 네 경우에서 보듯이 MTP를 추구하는 전문가들, 그리고 실제로 **기하급수적인 성장을 이룬 기업들의 본질**을 종합하면 '**아이디어**'와 '**규모**'로 압축할 수 있다. 그리고 그들의 **지향성**은 성과가 아닌 **성장**이다. **이러한 본질과 지향성을 주는 '기업의 존재목적이 바로 MTP**'다.

사람들은 '**테슬라는 애플이다**'라고 한다. 왜냐하면 테슬라는 자동차를 파는 데 그치지 않고 애플처럼 **라이프스타일을 바꾸는 데 의미를 두기 때문**이다. 이미지를 팔고, 미래에 손을 뻗는 기분을 팔고, 관계를 판다. 이 얼마나 혁신적인 '**아이디어**'의 전환이며, 개인의 모든 라이프스타일과의 연결인가! 이런 연결성은 사업영역의 '**규모**'와 **고객계층을 확장케 하는 훌륭한 MTP**라고 할 수밖에 없다.

## 7. 피타고라스 정리와 MTP의 관계성: 사고$^2$+행동$^2$=성장$^2$

앞에서 열거한 기하급수적인 기업의 성장 본질인 **아이디어 (IDEA)와 규모(SCALE)** 간에는 관계성이 성립되어 있지 않다. 그래서 둘 간의 관계와 질서를 찾아 주기 위해, 이 두 가지를 **기하급수적인 성장 공식에 대입시켜 보겠다.**

그 공식은 아까 언급했던 $a^2+b^2=c^2$다. $c^2$이 기하급수적인 성장을 의미한다면, 이를 가져오는 두 요소인 'a에는 아이디어' 'b에는 규모'를 대입할 수 있다. 그러면 공식은 '아이디어$^2$+규모$^2$=성장$^2$'이 된다.

이 표현을 **좀 더 보편적인 심리학적 용어로 바꿔서 표현**해 보겠다. 앞에서 인간은 '감정과 사고와 행동'을 가진 전인적인 존재라고 했다. 아이디어는 사고과정이므로, **'아이디어 대신에 사고'를 대입**할 수 있다. 또 규모를 넓히려면 행동을 확장해야 하므로, **'규모 대신에 행동'을 대입**하면 [**사고$^2$+행동$^2$=성장$^2$**]이란 공식**으로 단순화**할 수 있다. **원형은 단순해야 한다**는 점을 상기하자.

인간이 새로운 **아이디어를 창출하려면 사고를 고차원적으로 높여야** 한다. **규모를 확장시키기 위해서는** 고객과의 관계를 넓히고 실행력을 확장하는 **행동반경을 멀리 가져가야** 한다. 즉, **'사고를 높이고 행동을 넓히는 것'이 성장 요인**인데, **사고와 행동을 활성화하는 선행적 요인은** 바로 **감정**[16]이다. 바로 **감정이 각각의 제곱의 효과를 가져오는 촉진요인**으로 풀이될 수 있다. 미국의 저명한 신경생물학자인 안토니오 다마지오는 여러 임상 경험과 연구를 토대로, 정서와 느낌이 인류문화적 도구의 출현을 '촉진'했을 것이란 믿음을 강하게 드러낸다.

[그림 4-11]을 보자. 왼쪽 작은 직각삼각형의 **a, b 변들이 각각 A, B로 확장되어 큰 직각삼각형이 되면**, 그 빗변을 낀 사각형 면적의 성장($c^2 \rightarrow C^2$)은 전혀 다른 국면으로 접어들어 **완벽한 시프트 현상**이 일어난다. 더 이상 같은 세상이 아닌 것이다. **지반 자체가 흔들리는 폭발적인 성장, 차원을 넘는 성장력**을 보이게 된다. 게다가 여러 구성원이 협업을 통해 성장하면 개인 차원의 시프트가 아닌 **'조직' 전체가 시프트**되는 효과가 일어난다.

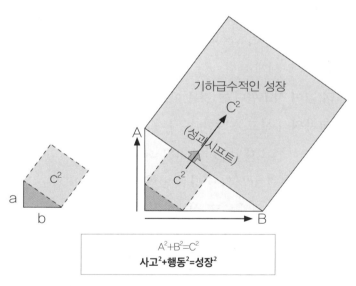

[그림 4-11] 기하급수적인 성장 원리와 공식

---

16) 감정이 사고와 행동, 그리고 성장과 비즈니스에 미치는 위력적인 효과는 다음 장에서 상세히 기술될 것이다.

# 8. 더 높이 그리고 더 멀리: 자연과 인간과 조직은 동일한 성장원리를 공유한다

'**더 높이 생각하고, 더 멀리 행동하기**'는 우리에게 낯선 구호가 아니다. 그것은 **고대 이래 인간의 보편적인 성장원리였다.** 여기에 '**더 빨리**'란 요소를 추가하면 '더 높이, 더 멀리, 더 빨리'라는 **올림픽 정신이 된다.** 공간의 확장뿐 아니라 **시간의 축소까지** 거둘 수 있는 것이다($y=x^3$). 이 원리는 앞에서 말했던 **수확가속의 법칙**으로 설명할 수 있다. 즉, 기하급수적 증가를 하게 되면 **속도 자체도 기하급수적으로 증가하여 이중의 가속페달을 밟게 된다**는 원리 말이다. 이를 통해 성장은 차원이 전혀 다른 단계로 올라서게 된다.

'**더 높이 사고한다**'는 것은 아이디어의 수직적 변혁을 뜻한다. 즉, **고차원적 사고**를 말한다. 불가능한 상상을 통해 거대한 목적(MTP)을 꿈꾸고 대단한 목표(BHAGs)를 세우는 작업이다. '**더 멀리 행동하기**'란 규모의 수평적 변혁을 뜻한다. 내외부 고객과 더 친밀하고 넓게 관계하고, **실행반경을 더 넓히는 것**이다.

다행히 **기술발전은 우리에게 한계비용**[17]**을 적게 하면서도 더 쉽고 더 멀리 행동하기에 용이한 도구를 많이 제공**해 주고 있다. 눈여겨볼 점은, 기하급수적 기업들은 아이디어 창출 및 커뮤

---

17) 한계비용은 재화 또는 서비스를 한 단위 더 생산하는 데 들어가는 추가적인 비용이다.

니티 유지에 **'인지잉여'를 활용**해서 큰 힘을 갖는다고 한다. 소셜미디어 구루인 클레이 셔키는 **"세계적으로 인류의 자유시간은 연간 1조 시간이며, 이 시간은 공통 프로젝트에 활용이 가능하다"**라고 했다. 커뮤니티의 적절한 운용은 그래서 중요하다. 먼저 활용하는 사람이 임자다.

## 9. TAG² 모델은 마인드-풀 리더의 도구

지금까지 설명한 것을 정리해 보자. 더 높이 사고하고 더 멀리 행동한다면 기하급수적인 성장을 할 수 있다. 사고와 행동을 제곱으로 촉진하는 것은 감정이다.

이를 공식으로 표현하면 **사고²+행동²=성장²($Think^2+Act^2=Growth^2$)**이 된다. 각각의 영문 앞 글자를 따서, **이를 TAG² 모델이라 쓰고, '태그 스퀘어[18] 모델'이라 읽는다. TAG² 모델은 기하급수적인 성장모델이다. 성장을 원하는 개인·조직 모두 활용이 가능하다.**

태그는 또 다른 속뜻을 갖고 있다. 태그(tag)는 프로 레슬링 용어다. 프로 레슬링을 좋아하는 사람들은 이 말이 무슨 뜻인지 금방 이해할 것이다. **태그 매치(tag match)**에서는 두 명의 선수가 한 팀을 이뤄 교대로 링 안에 들어가 상대편과 싸운다. 나이가 좀 있는 독자들이라면 김일과 천규덕이 벌였던 멋진 태그 매치

18) 스퀘어(square)는 제곱을 뜻한다.

에 열광적인 응원의 박수를 보냈던 경험을 기억할 것이다.

이와 마찬가지 개념으로 TAG² 모델은 '사고 먼저, 행동 나중' 가 아닌, 태그 매치처럼 사고와 행동이 서로 한 팀을 이뤄 교대로 나서고 빠지는 순환적 모델을 의미한다.[19] 게임이 끝날 때까지 사고와 행동이 몇 번 선수로 등장할지는 모른다. 중간에 피터지는 실패를 경험할 수도 있다. **승리의 솔루션이 나올 때까지 교대는 반복**된다. 이에 대한 자세한 설명은 이후에 나올 것이다.

**TAG² 모델의 특징**은, 첫째, **'이성'만이 아닌 '몸'과 '마음'을 모두 활용해서** 거대한 미래를 상상하고 실행하는 **'전인적 리더'로 만들어 준다.** 더 높이 사고하는 것은 머리로 하는 것이다. 더 멀리 행동하는 것은 팔과 다리로 하는 것이다. 승리 의지는 마음으로 다지는 것이다. 레슬링과 마찬가지로 리더들도 머리와 몸과 마음을 다해야 승리할 수 있다.

둘째, **TAG² 모델은 구성원들의 마인드를 푸시(push)하지 않는다. 다만 그들이 끌려올(pull) 뿐이다. 그래서 TAG² 모델은 '마인드-풀 리더(mind-pull leader)'로 만들어 준다.** 승리에 대한 비전으로 링 밖 관중들의 마음을 완벽히 끌어당겨 한편으로 만드는 리더가 바로 마인드-풀 리더다.

간단히 요약하면, **TAG² 모델은 성장모델이며, 마인드-풀 리더의 도구다.** 마인드-풀 리더는 더 높은 사고방식과 더 넓은 행

---

19) **TAG² 모델은 마인드-풀 리더의 도구다. TAG² 모델은 리더십뿐 아니라 코칭도구로도 적절**하다. 코칭 주제에 맞춰 피코치자의 사고방식의 차원은 높이고, 행동의 범위를 넓히는 용도로 사용하면 된다. 비즈니스 코칭이든 라이프 코칭이든 모두 활용 가능하다.

동방식을 통해 TAG$^2$ 모델을 능수능란하게 사용할 줄 아는 리더인 동시에 **원대한 미래비전으로** 직원과 고객들의 **마음을 강력하게 끌어당겨(mind-pull) 기하급수적으로 성장시키는 전인적 리더십을 발휘하는 리더**다. 마인드-풀 리더는 결코 인간의 감정을 소외시키지 않는다.

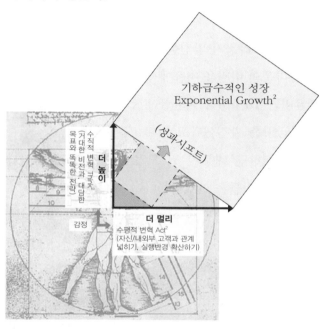

| 사고$^2$+행동$^2$=성장$^2$  Think$^2$+Act$^2$=Growth$^2$ | |
|---|---|
| **1) 더 높이 사고하기** | 수직적 변혁  → 거대한 MTP + 대담한 BHAGs+똑똑한 전략 |
| **2) 더 멀리 행동하기** | 수평적 변혁  → 자신/내외부 고객과 더 관계하고+실행반경 더 확산하기 |
| ※ 촉매로서의 **감정**: 사고작용의 촉매, 행동의 촉매 | |

**[그림 4-12] 기하급수적 성장을 예고하는 TAG$^2$ 모델**

# 불가능한 미래를 탄생시키는 원리 II : 황금비

이 장의 서두에서 본 라파엘의 그림 〈아테네 학당〉을 기억할 것이다. 라파엘의 그림이 아름다운 데는 구도의 균형과 조화가 한 몫을 차지한다. 황금비를 말한다. 황금비 역시 수학의 아버지인 피타고라스가 발견한 것으로, 그는 사물 간의 관계와 의미, 아름다움의 비밀을 비율에서 찾았다.

**황금비는 1:1.618의 비율**을 말한다. 피타고라스는 정오각형에서 황금비를 발견했다고 한다. 정오각형의 꼭짓점들을 대각선으로 연결하면 내부에 별 모양이 생긴다. 별의 선들은 1대 1.618로 다른 선들을 가로지른다는 사실을 발견했다.

**고대 그리스 사람들은 아름다움의 본질을 질서와 조화에서 찾았다.** 이런 조건을 갖춘 **황금비는 가장 안정감 있는 균형적인 비율**로 여겨졌다. 사람들은 황금비를 건축과 음악, 미술 등 실생활에 적용했다. 그리스의 아름다운 조각상과 신전들은 지금까지 남아 우리들에게 큰 즐거움을 선사하고 있다. 황금비의 영향력은 중세에 더욱 확대되어 중세 사람들은 황금비를 '신성한 것'으로까지 인식했다고 한다.[20] 황금비 하면 딱 떠오르는 가장 유명한 예술작품은 아마 15세기에 레오나르도 다빈치가 그린 〈인체비례도〉([그림 4-12] 참조)일 것이다.

---

20) 이런 영향으로, 황금비를 '신수(神授, 신에게 받음) 비례법'이라고도 한다.

황금비는 **토끼의 번식률**에서도 찾을 수 있다. 토끼는 한 달에 한 쌍의 새끼를 낳는다고 한다. 그러면 매달 토끼의 숫자는 1, 1, 2, 3, 5, 8, 13이 된다. 이 배열에서 인접한 두 수의 비는 1/1, 1/2, 2/3, 3/5, 5/8, 8/13이 된다. 이는 점점 황금비인 1.618에 가까워진다. **나뭇가지가 뻗어 나가는 숫자도** 마찬가지로 황금비가 적용된다. 나뭇가지들은 각자 햇빛을 잘 받기 위해 서로 가지의 숫자를 조정해 가면서 성장해 간다. 그 숫자는 토끼의 번식률과 같은 황금비를 이룬다. **꽃잎의 수도** 대부분 1, 2, 3, 5, 8, 13, 21, 34 중의 하나라고 한다. 신기하지 않은가? **황금비는 자연의 원리다.**

사람이 만든 **인공물에도 수많은 황금비가 존재**한다. 이 시대의 가장 유명한 기업 로고 중 하나인 **애플사의 로고**도 그 아름다움의 이유가 황금비율로 설명된다. 애플 로고를 디자인한 롭 제노프란은 애플 로고 디자인에 실제로 황금비를 적용하지는 않았다고 한다. 그런데 누군가가 비율을 측정한 결과 많은 부분이 일치했고, 이 사실을 이메일로 제노프란에게 알려 줬다고 한다. **트위터 웹페이지의 화면분할** 역시 황금비율과 맞아떨어진다.

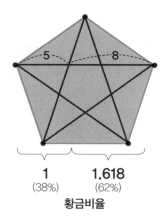

**1** (38%)　　**1.618** (62%)

**황금비율**

| 월 | 토끼 쌍의 수 |
|---|---|
| 첫째 달 | 1 |
| 둘째 달 | 1 |
| 셋째 달 | 2 |
| 넷째 달 | 3 |
| 다섯째 달 | 5 |

**토끼의 번식률**

**나뭇가지와 꽃잎의 수**

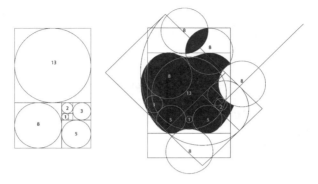

애플 로고

트위터의 웹페이지

**[그림 4-13] 황금비의 예**

　이 세상에 존재하는 모든 형태에는 비율이 존재하기 마련이다. 자연도 사람이 만든 인공물도 그렇다. **더 흥미로운 점은 사람이 하는 업무, 그리고 정신작용까지도 황금비란 자연의 원리를 은연중에 따른다**는 사실이다.

# 1. 삶과 비즈니스에서 황금비를 적용한 사례에는 어떤 것이 있나?

주식투자의 귀재 **존 템플턴의 투자원칙**은 황금비의 법칙을 준용했다고 한다. 템플턴은 남들이 보지 못하는 가치를 분석하기 위해 PER[21]를 비교했다. 기업의 성장 가능성에 비해 PER가 현저하게 낮게 평가된 소외된 주식을 겨냥했다. PER 분석이 뒷받침되면 배짱을 발휘해서 주식을 사들여 엄청난 수익률을 기록했다. 『존 템플턴의 가치투자 전략』에서 주식투자는 **배짱 62% 와 분석 38%를 결합했을 때 성공**한다고 말했다. 황금비인 1.618:1을 백분율로 표시하면 62%:38%와 일치한다. 템플턴은 **분석만 하다 시기를 놓쳐서도 안 되고, 배짱이나 감정만으로 판단해서도 안 된다**고 했다. 직관적인 배짱과 합리적인 분석의 황금비 균형은 투자의 핵심이다.

**비즈니스 의사결정**에서도 마찬가지다. 베인 앤 컴퍼니의 보고서를 인용하면, 과거 20여 년간 400건의 의사결정 사례 중에 50%가 실패했는데, 실패를 피하기 위해서는 직관과 분석의 황금비를 찾으라고 조언한다. 환경이 안정되었을 때는 분석에 중점을 두고, 불확실성이 높은 미지의 영역일 때는 직관에 중점을 두어 결정하는 것이 바람직하다고 말한다. 변화의 불확실성이

---

21) PER는 주당순이익 비율이다. PER가 낮을수록 더 성장 가능성 있어서 투자가치가 높다. 주식평가도 현재 가치보다는 **미래의 '성장'에 따라 좌우**된다. 그런데 우리는 왜 아직도 성장보다는 성과를 강조하는가?

급격히 증가하는 이 시대에 아직도 분석에만 치우칠 것인가를 자문해 보라.

**인간의 정신상태**를 결정하는 요인도 황금비의 균형이 중요하다. 권석만은 『이상심리학』에서 인지이론가인 슈와르츠를 인용하면서, 긍정적인 사고와 부정적인 사고의 비율이 기분상태를 결정하는 중요한 요인이라고 언급했다. **긍정적인 사고는 삶의 추진기이고, 부정적인 사고는 삶의 제동기로 작동**한다. **건강한 사람들은 긍정적 사고 대 부정적 사고의 비율이 대체로 1.6:1의** 비율로 적절한 균형을 이룬다고 한다. 그러나 우울증은 부정적인 생각이 압도적으로 많아져 현저하게 황금비율이 무너진 상태다. 반대로 조증은 긍정적 사고가 증폭되어 비현실적인 거창한 계획을 세우고 자신의 성공을 과대평가하여 무모한 행동으로 이어진다. 이는 실패와 부적응을 낳게 된다.

**대화의 법칙**도 예외는 아니다. **리더십과 코칭 원리**에서는 **듣고 말하는 비율**을 **60%:40%**로 조절하라고 한다. 이 역시 황금비에 가깝다. **더 많이 듣고 적게 말할 때** 나 중심의 사고가 아닌 **'상대중심의 사고의 틀'로 전환**될 수 있으며, 공감의 기회가 많아지는 것이다. 이 원리는 비단 직장생활에서만이 아닌 **보통의 인간관계에서도 통할 수 있는 보편적인 원리**에 속한다고 볼 수 있다.

**경제학 실험**에서도 황금비를 찾아볼 수 있다. 널리 알려진 **최후의 통첩이란 게임**은 1982년 독일 연구팀이 개발했는데, 두 명이 실험에 참가한다. A라는 사람에게 만 원이 주어진다. **A는 돈**

을 B와 나눠야 하는데, 그 비율은 A가 정한다. B는 제시한 금액을 받을지 거부할지를 선택할 수 있다. 제시한 금액을 B가 수락하면 두 사람 모두 돈을 가질 수 있다. 만일 거부하면 둘 다 돈을 갖지 못한다. 이 게임의 목적은 자신만의 이익 추구와 공정성 사이에서 갈등하는 인간본성을 관찰하기 위함이다. 실험 상황에 따라 혹은 민족성에 따라 약간의 차이가 나기는 하지만 평균적으로 **배분 비율은 A가 60%, B가 40%로 수렴**되는 경향을 보인다. **공동체 유지를 위한 인간 본성 역시 황금비의 원리를 크게 벗어나지 않는 결과**다. 이런 원리는 직장생활에도 적용될 것이다. 남의 감정을 배려하지 않고 너무 많은 욕심을 부리면 안 된다는 교훈을 얻을 수 있다.

　이 외에도 우리가 삶을 살면서 황금비를 적용하는 사례를 많이 관찰할 수 있다. 이와 같은 현상들을 볼 때, 인간은 사물을 제작하고 디자인할 때뿐 아니라, **내면적인 사고와 감정을 작동할 때도 역시 황금비 원리를 적용한다**는 것을 여실히 알 수 있다.[22] **자연과 인간은 이처럼 조화와 균형의 보편적인 원리를 자연스럽게 받아들이고 있다.** 여기서 우리 두 저자의 의도는 **리더십과 코칭 원리 또한 자연법과 인간법을 바탕으로 정체성을 재구축해 보자**고 하는 것이다. 이것이 무모한 도전이라고 받아들여지지 않기를 바라면서 말이다.

---

22)  인간의 사고와 감정은 정확히 측량할 수 없으므로 명확하게 1,618:1이라고 확언을 할 수는 없다. 하지만 많은 결과들에서 '약' 60:40의 원리가 보편적으로 관찰된다는 사실만으로도 놀라움을 가지게 된다.

# 2. 황금비 원리를 적용한 $TAG^2$ 모델

그렇다면 어떻게 황금비를 $TAG^2$ 모델에 대입할 수 있을까?

| | 사고$^2$ + 행동$^2$ = 성장$^2$<br>Think$^2$ + Act$^2$ = Growth$^2$<br>**'성장'하기의 황금비** |
|---|---|
| **1) 더 높이 사고하기<br>(60)** | 수직적 변혁:<br>→ 거대한 MTP(60) + 대담한 BHAGs(40)<br>⇨ **'사고'하기의 황금비** |
| **2) 더 멀리 행동하기<br>(40)** | 수평적 변혁:<br>→ 자신/내외부 고객과 더 관계하고(60) + 실행반경 더 확산하기(40)<br>⇨ **'행동'하기의 황금비** |

**$TAG^2$ 모델에서 우리의 목표는 성장이다.** 성장함에 있어서 **사고와 행동의 비율을 60:40으로 조절함으로써 균형을 맞추는 것이다.** 또한 더 높이 사고함에 있어서는 **MTP와 BHAGs의 비율을 60:40으로,** 그리고 더 멀리 행동함에 있어서도 **관계와 실행반경 확산의 비율을 60:40으로 균형을 맞추는 것이다.** 이런 **의도된 조정 작업을 통해 어느 요소 하나에만 치우치지 않고 전체적으로 조화와 균형을 유지할 수 있게 된다.**

**$TAG^2$ 모델을 60:40의 원리에 따라 사각형을 분할하면 [그림 14-4]처럼 그려진다. 오른쪽의 [그림 14-5]는** 황금비를 즐겨 활용해서 그린 **몬드리안의 추상화다. 이 둘을 겹쳐 보면 면적들이 놀랍게도 거의 일치한다.** 그러니 황금비를 적용한 사고는 예술이나 조직이나 인간 삶의 어느 곳에나 녹아 있는 보편원리임을

불가능한 미래를 탄생시키는 원리 | : 성장곡선

다시 한 번 깨닫게 된다.

**몬드리안**에 대해 사족을 덧붙이자면, 그는 **모든 것에서 본질과 자연을 추구**했는데, **모든 물체의 본질적 요소는 수직과 수평**이라고 했다. 색깔의 사용에 있어서도 **가장 근원적인 5개 색**(삼원색과 흰색, 검은색)을 **주로 사용**했다. 이것은 우리의 오방색(五方色)과 똑같다. [23]

[그림 14-4] 황금비를 적용한 TAG² 모델

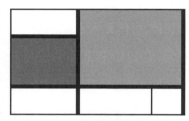

[그림 14-5] 황금비를 주로 그린 몬드리안의 그림

## 3. 황금비의 기업경영 사례

일본의 **다이킨 공업**은 **60:40**으로 균형을 맞추는 경영철학으로 **승승장구**하고 있다. 이 회사는 1951년에 일본 최초로 에어컨

23) 우리민족은 의복, 음식, 건축 등 **일상의 삶에서 남녀노소를 불문하고 오방색을 즐겨 사용**했다. 이런 삶의 방식을 통해 모든 것의 **본질과 균형을 추구하고 구현**하려고 노력했다. 오방색의 예로는 전통혼례 때 신부의 연지곤지, 잔치국수와 비빔밥의 오색고명, 돌잔치 때 아기의 색동저고리, 간장 항아리에 붉은 고추 끼워 금줄 두르기, 궁궐과 사찰의 단청, 규방아씨의 조각보, 고구려의 고분벽화 등 수도 없이 많다. 이는 모두 **액을 물리치고 무병장수를 기원하는 일관된 목적**을 갖고 있다. 이것이 우리 **오방색의 근본원리다.** 우리 민족은 아주 오래전부터 **삶** 자체에서 **근본원리와 본질을 추구해 왔던 민족**이다.

을 개발하여, 지금은 일본 최대의 에어컨 제조업체다. 공업용 에어컨은 40%대의 확고부동한 점유율을 차지하며 가정용도 약 20%를 유지한다. 1990년대 15%에 불과했던 해외매출은 최근에 64%로, 시가총액도 3배 이상 증가했다. 다이킨 공업은 1조 엔대 매출에 안착했고, 장수기업 조건을 갖춰 향후 장수 확률이 최고 수준이라 평가받고 있다.

이 회사는 1994년 이노우에 노리유키 회장 취임 후 급성장했다. 스피드를 강조하는 이노우에 회장은 평소에 60:40의 경영철학을 실천한다고 한다. 리더들이 직접 참여하여 **충분한 토론과 기획을 거친 후에 60%만 검증되면 즉시 행동에 옮긴다**고 한다. **나머지 애매한 40%는 실행과정에서 고민하여 수정하면서 채워**나간다. 아무리 비전이 좋아도 실행력이 부족하면 결국 실패로 끝난다. **완벽한 비전과 목표, 전략 짜기에만 집착하면 기획단계는 철저할 수 있지만 적기를 놓치게 된다**는 말이다.

**잭 웰치도** 비슷한 말을 했다. **과도한 정보는 오히려 혼란을 주며, 내면의 소리를 믿고 배짱을 앞세우는**(straight from the gut) **리더가 되라**고 한다. 구글도 일단 제품을 발명해 놓고, 비즈니스 모델은 나중에 고민한다고 한다. **구글은 묻는다. 다른 회사는 왜 10×를 못할까?** 그것은 두려움 때문이다. **두려워 말고 실행에 돌입해라.**

앞에서 **TAG² 모델**을 설명할 때, '사고 먼저, 행동 나중'이 아닌 **'사고와 행동이 태그 매치 식으로 교대'로 치고 빠지라는 이유가 바로 이것**이다. 실행하면서 얻은 피드백을 통해 다시 사고할 기회를 찾아라.

## 사고하며 행동한다: 반복 실험을 통한 실패극복

TAG$^2$ 모델은 사고와 행동을 교대로 반복하는 **'실험정신'을 강조**한다. 이는 세계적 디자인 기업인 **아이데오(IDEO)가 추구하는 모델과 유사**하다. 예를 들어, 아이데오는 **수술용 외과도구를 디자인할 때, 첫 과정에서는 '어떻게 하면 도구를 가볍게 할 수 있을까?'**에 초점을 두고 프로토타입을 개발했다고 한다. 그러나 **외과의사들이 프로토타입을 직접 사용하는 모습을 관찰한 후 생각이 바뀌었다. '어떻게 하면 장시간 수술할 때 손이 더 편할까?'**로 말이다. 프로토타입을 재빨리 수정해서 **완성된 수술도구는 몇백 그램 더 나갔지만 사용하기 편해서 의사들이 선호했다**고 한다. 사고를 짧게 하고, 재빨리 프로토타입 모형을 만들어서 실험을 반복해 보지 않았으면 어땠을까? 초기의 선입견대로 가벼운 수술도구를 만드는 데 집착했을 것이다. **계획안이 정답이라고 단정하고 행동하기보다 고객이 경험하는 것이 진짜 진실이라는 것을 배워야 한다**고 아이데오의 CEO인 데이비드 켈리는 조언한다.

이런 방식의 반복된 실험을 통해 고객으로부터 피드백을 얻으면서 다른 선택지를 만들어 프로토타입 모형을 보완한 후 재차 행동에 돌입한다. 이러한 **반복적인 쾌속 조형작업을 통해 최적의 경험에 다다르고**, 점점 사고가 정교화되며 고차원화되는 것이다. **자아확장과 성장도 동시에 일어난다.**

다시 말해, 리더와 직원들은 이러한 '**사고와 행동을 교대로 반복하는 태그 매치식의 도전**'에서 노력과 실패를 배운다는 점을 강조하고 싶다. 최종 결과물은 여러 번의 실패를 극복하는 과정에서 탄생된다. **창조과정에서의 실패는 최종실패를 막아 주는 든든한 방패다.**

리더라면 실패를 격려하고 긍정적으로 다루는 **건설적 실패문화를 조성하라**고 데이비드 켈리는 강조하며, **성공요인은 얼마나 많은 생산 주기를 경험했는가이지, 얼마나 오랫동안 일했는가가 아니라**고 말한다. 실패에 대한 두려움을 없애 주는 것은 기하급수적인 성장을 원하는 리더들의 기본 조건이다.

익스트림 리더라면 실패를 관리하는 대신에 **다음을 스스로 질문하라**고 살림 이스마일은 권고한다. 특히 마지막 질문은 모든 리더의 심장을 뛰게 할 것이다.

**"어디로 가고 싶은가(목표)?"**

**"그곳으로 가고 있는지 어떻게 알 수 있을 것인가**(진척을 보장하는 핵심결과)**?"**

**"최선을 다하고 있는가?"**

"정보화할 것이 있는가?"

"당신이 하고 있는 일이 **세상을 바꿀 수 있는가?**"

자, 이로써 기하급수적 성장을 하는 기업의 성장 공식에 대한 설명을 마치려고 한다. 다음은 어떻게 하면 더 독창적이고 기발하고 인류에 도움이 되는 상상을 할 수 있는지, 그 방법에 대한 얘기로 넘어간다.

## 기하급수적 성장을 위한 거대한 상상을 하는 방법

누구에게나 거대한 미래를 상상을 하는 것은 자유다. 한계를 생각하지 말고 정말로 불가능한 멋진 무엇을 상상하도록 노력해 보아라. 그런데 그런 상상력을 구현하기 위해서는 근거가 뒷받침된 창조력이 반드시 후속되어야 한다. **'근거 있는 창조력**[24]**'이란** 맹목적인 충동만을 따르는 창조력이 아닌 판단과 예측에 기반을 둔 창조력이다. **불가능해 보이지만 무한 노력을 기울이면 어떻게든 이뤄지지 않을까 하는 희망을 갖게 하는 직관적인 창조력이다. 무의식적인 직관과 이성적인 통찰이 조화된 창조력**이다. 그런데 **왜 근거와 희망이 있어야 할까?**

뇌과학의 세계적인 석학 **로돌포 이나스**는 창의적인 예측을 위해서는 **'쓸모를 염두에 두고',** 일어나지 않았던 사건을 기대하

---

24) '근거 있는 창조력'은 이 책에서 처음 소개되는 신조어다.

는 것이 중요하다고 했다. **목적지향적이지 않은 창조성은 쓸모가 없다.** 그래서 동기가 유지되기 힘들고, 결과는 허망하다. 누구나 불가능하다고 여긴 우주 로켓을 제작하여 일약 우주항공 분야의 떠오르는 별이 된 스페이스 엑스(SpaceX)의 수장, **일론 머스크**도 같은 말을 한다. "나는 결코 실현 불가능한 목표는 세우지 않습니다. **실현 불가능하면 의욕을 떨어뜨리기 때문**입니다. 하지만 낙관적으로 사고하고 행동하는 것만은 확실합니다"라고 말이다.

**이 책에서는 창의력이란 말을 거부하고, 대신에 '창조력'을 사용**한다. 창조력은 창조적인 사고를 바탕으로 무언가를 만들어내는 **실행력까지 포함한 능동적인 의미를 내포하기 때문**이다.

**근거 있는 창조력은 결국 보유한 지식의 총량에 의해 결정**된다고 말하는 **박문호**는, 그가 쓴 『뇌 생각의 출현』에서 일정 수준에 도달할 때까지 **미친 듯이 학습하면 임계점을 넘기는 순간 지식의 양이 질로 승화한다**고 했다. 이런 과정을 거쳐 합리적이면서도 상상이 풍부한 비전 탄생이 가능하게 된다. 싱귤래리티 대학교 총장인 **살림 이스마일**은 **기업의 발전 정도를 측정하는 주요 지표로 '학습 속도'를 꼽았다.** 인공지능시대에 접어들수록 인간에게 부과된 임무는 온갖 근거 있는 창조력을 발휘하는 일이다. 날이 갈수록 학습은 앞으로 더욱 더 중요하게 될 것이다.

『저커버그 이야기』의 마지막 부분에는 페이스북 CEO인 **마크 저커버그**가 갓 태어난 자신의 딸에게 쓴 가슴 뭉클한 편지의 전문이 소개된다. '사랑하는 맥스에게'로 시작되는 편지의 첫머리에는 **"인간의 잠재력을 키우는 것**은 삶이 얼마나 위대해질 수 있는지의 **경계를 허무는 것**"이라고 했다. 자신의 한계를 허물고, 나아가서 위대한 상상을 하고 잠재력을 발휘하는 것은 매우 힘들지만 모든 **인간의 소명**이다.

근거 있는 위대한 상상을 하는 데 있어서 튼튼한 뒷받침이 되는 **창조요소들**을 다음에 소개하려고 한다.

## 1. 의심과 경이로움, 호기심 갖기

**박문호**는 **'질문'을 품어 성장시키라**고 말한다. 자연과 마찬가지로 인간에게도 모종의 대칭붕괴가 일어날 때 무슨 일인가가 일어난다. 박문호는 뇌로 하여금 대칭붕괴[25]를 일으켜 생각을 진화시키라고 한다. **대칭붕괴란 다른 말로 정상에서 벗어남이며, 이는 놀라움, 의심거리, 호기심, 질문거리를 낳는다.**

대니얼 카너먼은 인간은 현재의 상황이 얼마나 놀라운지를 평가함으로써 모종의 맥락을 창조해서 최대한 미래를 준비한다고 한다. 아무 일 없이 흘러가는 **잔잔한 일상 속에서 정상에서 벗어났다고 감지하려면** 매우 **섬세한 관찰력이 필요**하다. 그리고 **능동적인 사고가 필요**하다. 우리가 수동적이어서는 별로 놀라지 않는다. **창조적이지 않은 사람들의 문제가 바로 수동성에**

---

25) 심리학자 장 피아제는 이를 인지적 불균형이라 했다. 인간은 불균형이 생기면 해결해서 다시 균형상태로 돌아가려고 노력하게 된다. 왜 우리가 궁금증을 그렇게 못 참는지가 이로써 설명된다.

기인한 동기결핍이다. 그래서 대니얼 카너먼은 **그럴듯한 대답, 그저 수용하고 싶은 유혹을 느끼지 않아야** 어렵고도 창조적인 문제를 풀 수 있다고 한다. 지적나태를 극복하고 의심하는 습관, 대칭붕괴를 시키는 습관을 크게, 자주 가지라고 조언한다. **창조적인 사람들은 작은 것에도 잘 놀라고 모든 일을 경이롭게 여긴다**고 한다.

박문호는 이런 의심 덩어리와 강렬한 내적 에너지가 합쳐져야 큰 질문으로 성장될 수 있다고 한다. 이런 **질문을 만들어 내는 '문제발굴력'이 바로 MTP로 이어진다.** 의심과 비슷하게 호기심도 좋은 질문을 발굴하게 하는 효과를 가져온다. 다만 의심은 부정적인 것을 피하기 위한 현상이고, 호기심과 경이로움은 긍정적으로 접근하기 위한 현상이다. **호기심과 의심, 경이로움**은 미래에도 계속 **인간이 키워 가야 할 매우 중요한 능력**들에 속한다.

## 2. 학습력 늘리기

『특이점이 온다』에서는 미국 럿거스 대학교의 태럴 교수의 말을 인용하여 '**뇌는** 우리가 받아들인 **정보들로 인해 만들어진다**'고 설명한다. 추상적인 신호가 물리적인 뇌를 형성한다고? 맞다. 뇌는 우리가 생각함으로써 자라고 적응한다. 예를 들어, 왼쪽 손가락을 섬세하게 사용하는 **현악기 연주자들은 왼쪽 손가락을 관장하는 뇌영역이** 일반인들보다 훨씬 **발달했다**고 한다. 따라서 우리가 얼마나 정보를 학습하느냐에 따라 뇌도 발달하고 창조력도 커진다.

**박문호**는『뇌 생각의 출현』에서 학습하면 기억시스템이 바뀐다고 말하면서, 인간을 학습최소형과 학습주도형으로 구분했다. **학습최소형은** 최소한의 현실적인 책만 읽는 부류이며, 이들의 생각과 신념은 완고하고 나이 들어 가면서 점점 더 고정되어 간다고 한다. **다양한 지식이 없으므로 자신이 아는 한에서만 반응하게 되니 완고해지고 인지적 오류들도 커질 수밖에 없다.** 반면에 **학습주도형**은 100명 중 한두 명 정도 발견되는데, 이들은 **균형 잡힌 지식의 힘으로 완고한 신념기억이 제어되고, 무의식적 맹목성이 도리어 추진력이 되는 순기능을 발휘**한다고 한다. 학습주도형의 사고는 오픈 시스템을 지향하고 융통성과 유연함, 판단력, 비전이 탁월하다고 한다.

우리가 **이전에는 존재하지 않았던 거대한 상상을 하기 위해서는 학습주도형 인간으로 스스로 성장해야** 한다. 박문호는 학습주도형이 되면 양질의 많은 데이터를 보유함으로써 **예측을 더 정확히 할 수 있다**고 말한다. 이것이 **근거 있는 창조력과 직결**된다. 또한 지식의 조화와 균형을 위해 자연과학과 인문학 등 다양한 책을 읽어야 한다고 조언한다. 책을 넓게 읽다 보면 자연히 사고의 넓이도 확장되기 마련이다.

## 3. 협력하는 방법을 배우기

학습능력을 늘리는 방법에는 개인이 학습주도형이 되는 것

외에 또 다른 방법이 있다. **구글의 용어를 빌리자면 '군중의 지혜'를 모으는 방법**이다. **학습주도형 '집단'이 되는 것**이다. 창의력의 대가인 **미하이 칙센트미하이는 인간은 학습을 개인 활동이라 오해한다**고 했다. 그런데 아이들은 본질적으로 함께 배우는 걸 훨씬 좋아한다. 오늘날에는 혼자 할 수 있는 작업이 거의 없으므로 세상의 모든 문제를 협력해서 풀어 나가야 한다고 강조한다. **뇌과학적으로도 협력행동은 도파민을 분비**한다는 사실이 드러났다. **정보량도 늘어나면서 즐겁기까지 한 일석이조의 효과**가 있는 것이다. 무임승차하거나 독단적인 소통이 없다면 말이다. 혼자서는 생존이 불가능한 인간에게 **협력은 본능 중의 하나다.**

협력을 통해 얻을 수 있는 또 다른 이점은 조직으로 일할 때 개인처럼 자동적인 무의식에 휘둘릴 위험이 적다는 것이다. 개인들은 거대한 미래를 상상할 때 직관적인 오류 또는 위압감으로 인해 감정적으로 두려워지기 쉽다. **대니얼 카너먼은**『생각에 관한 생각』에서 **조직이 개인보다 오류를 더 잘 피할 수 있다**고 했다. 조직은 개인보다 천천히 생각하고, 질서정연한 절차와 유용한 점검표들을 적용할 수 있는 힘을 갖고 있기 때문이다. 적어도 조직은 구성원이 지뢰밭에 접근할 때 상호경계를 봐 주는 문화를 장려한다. "무엇을 생산하건 **조직은 판단과 결정을 만드는 공장**"이라고 카너먼은 독특한 표현을 한다. 조직은 '결정'이라는 상품을 개선하려고 애쓰며, **비즈니스 단계별로 정기적으로 품질관리**를 한다. 원활한 협력을 위해서는 소통능력이 반드시 수반되어야 함은 물론이다.

## 4. 기하학적 사고방식으로 기획하기

우리 조직들은 지금껏 수치적 사고에 익숙해 왔다. 그런데 **숫자 외에 성장을 계산하고 측정하는 또 다른 방법**이 있다. 그것이 기하학이다. 숫자가 발명되기 이전에 고대인들은 땅 면적과 곡물창고 크기, 천체의 비밀 등을 기하학적으로 계산해 냈다. **인류는 애당초 기하학적으로 생각했던 존재**였던 것이다. **기하학적인 사고는 계산뿐 아니라** 인간의 **사고의 틀을 바꿔 줌**으로써 삶에 다양한 이점을 주었다.

첫째, 기하학적으로 생각하면 **직관적으로 빨리 이해**가 된다. 생화학자인 리누스 파울링은 "모델(모형)이 언어를 구성한다"고 했다. 직관적인 모델이 먼저 떠오르고, 이에 합당한 논리를 제공하기 위해 말을 끼워 맞춘다는 뜻이다. 미셸 루트번스타인과 로버트 **루트번스타인**이 쓴 베스트셀러, 『생각의 탄생』에는 교육을 제대로 받지 못한 농부들이 모델을 보고 얼마나 빨리 이해할 수 있는지를 보여 주는 사례가 나온다. 전염병 확산을 막기 위해, 동물들이 왜 우물 옆에서 배설하면 안 되는지, 배설물이 지하수를 어떻게 오염시키는지, 어떤 경로를 통해 사람이 그것을 마시게 되는지를 모형으로 보여 주었다고 한다. **농부들은 언어로 설명해 주는 것보다 모형 관찰을 통해 오염과정을 훨씬 빨리 이해했다**고 한다. 게다가 전염병 해결책까지 스스로 제시할 수 있었다고 한다.

**비즈니스를 하는 사람들도 자주 기하학적으로 사고**한다. 기업들이라면 너도 나도 갖고 있는 **비전 하우스**, 그것도 기하학적인 모델이다. 우리는 그것만 봐도 그 기업이 무엇을 추구하는지 한눈에 직관적으로 알 수 있다. 여러분 자신도 고객분석 또는 환경분석을 하면서 복잡한 개념들을 시각화해서 다양한 표나 모델, 그래프로 표현해 보지 않았는가? 누구나 회의할 때 화이트보드에 그림을 그리면서 자신의 발상을 남에게 이해시켜 본 적이 있지 않은가? 좋은 기하학적 구도는 긴 말과 숫자로 된 설명이 필요 없다.

둘째, 기하학적 사고의 또 다른 장점은 **요소 간의 '관계'를 볼 수 있다**는 것이다. 시각적 모델은 **통일성과 전체적인 사고를 가능하게** 하며, **전체 중의 부분 또한 인식하게** 해 준다. 이를 통해 우주 연구와 같은 원대한 사고가 가능하며, **모든 요소 간 조화와 균형이 뒷받침된 큰 그림의 사고**가 가능하다.

셋째, 기하학적 사고는 **본질적 사고**를 하게 도와준다. **복잡한 요인들을 제거하고 뼈대만 남게 함**으로써 직관적으로 쉽사리 본질을 깨닫게 한다. 대상의 중요한 특징만을 잡는 추상적인 단순화 과정을 거치므로 생각을 본질에 집중하게 해 주는 것이다. 아인슈타인은 "직감과 직관, 사고의 내부에서는 본질이라고 할 수 있는 심상이 먼저 나타난다. 말이나 숫자는 이 녀석의 표현 수단에 불과하다"라고 했다. 이는 애당초 **직관이 주인공**이고, **이를 뒷받침해 주는 수학적, 언어적 논리는 하인**이란 안토니오 다마지오의 말과 일치한다. 17세기 급진적인 철학자인 스피노자도 기하학적 증명방법과 직관을 이용해 인간존재와 자연의 관계에 대한 획기적인 개념을 형성했다고 한다.

넷째, 기하학적인 사고는 **뇌 전체를 사용해서 시공간적으로 열린 사고**를 하게 도와준다. 언어적 혹은 수학적, 논리적인 뇌 영역만 자극하는 것이 아니다. **기하학적인 사고를 하는 사람은 온 뇌를 개방하고 오감의 자극을 만끽**한다. 시간과 공간 안에서 일을 한다는 것은 컴퓨터에 글을 입력하거나 숫자를 셈하면서 일하는 것과는 차원이 다르다. 이는 우리에게 열린 사고의 틀을 갖게 한다.

다섯째, 기하학적인 모델은 **호기심을 촉진**한다. 호기심으로 모델을 쳐다보면 시냅스는 **뇌의 여러 영역으로 뻗어나가 다양한 해석의 선택지를 갖게 해 준다**고 한다.[26] 이런 호기심은 **이해를 빠르게 하고 뇌의 부담을 덜어 주어 거부감이 적어지며**, 이렇게 **절약된 정신 에너지는** 호기심을 충족시키는 **새로운 아이디어 탄생에 쓰이게** 된다. 위대한 과학적 모형 제작가인 리누스 파울링은 "모형이 가지고 있는 가장 큰 가치는 새로운 생각이 태어나는 과정에 기여하는 것이다"라고 말한다. 관찰하는 용도에 그치는 것이 아니라 새로운 사고를 탄생시키는 용도로서 중요하다는 의미다.

---

26) 일반 서적에서 좌우뇌를 사용하면 창의력이 높아진다는 말을 많이 들었을 것이다. 실은 이보다 더 나아가서, 최근의 뇌과학 연구에 따르면 **호기심은 좌우뇌 안에서도 뇌의 여러 영역들을 연결시켜 준다**고 한다.

이와 같이 **기하학적인 사고는 숫자 중심의 계량적 사고와는 아주 다른 사고의 틀을 제공**한다. 이런 이유인지는 몰라도 **기하학은 후에 논리학과 사유중심 철학으로 발전하여 헤겔의 변증법에 응용되었다**고 한다. 『구글의 아침은 자유가 시작된다』의 저자이자 구글의 HR 수석부사장인 라즐로 복은 **구글에서는 모든 회의를 변증법적으로 한다**고 한다. **코칭적 대화도 결국은 '정반합'을 이루는 변증법적 과정을 거친다**고 볼 수 있다.

또한 코칭 과정에서 고객이 언어적으로 상상하기 힘들어할 때 "내일 아침에 눈을 떴을 때 만일 기적이 일어난다면, 무엇을 보고 기적이 일어났다는 걸 알 수 있겠는가?"라고 묻는다. **언어가 아닌 이미지의 힘을 빌려서 자신의 미래를 모델링하게 도와주는 것**이다. 이를 **기적질문**이라고 한다. MTP를 구상할 때도 기적질문은 유효하다.

**비즈니스란 시공간을 넘나들어 하는 무엇**이다. 유발 하라리에 따르면 숫자는 세계의 일부만을 표현하는 불완전한 문자라고 했다. 숫자로 연애시를 쓸 수는 없잖은가? 그러니 숫자를 중심으로 생각을 하는 것과는 달리, **기하학적인 사고는 우리에게 더 본질적, 직관적, 전체적, 시공간적 사고로 통하는 완전히 다른 상상의 문들을 열어 놓는다**. 한 번도 가 보지 못한 길로 들어서는 거대한 상상의 문들을 열어 젖혀야 하는 **기획단계에서는 기하학적인 사고가 숫자 등의 제한적이고 평면적인 사고보다 훨씬 유리**하다. 아인슈타인이 기하학적인 발상을 통해 위대한 발견을 한 다음에, 단지 사람들에게 그걸 증명하기 위해 수학을

205

동원했던 것처럼 말이다.

지금까지 설명한 **실험정신으로 실패 극복하기, 호기심과 의심과 경이로움 갖기, 학습력 늘리기, 협업하는 방법 배우기, 기하학적으로 사고하기는 4차 산업시대에 슬기롭게 대처하기 위해 특별히 강조되는 역량**이기도 하다.

이 장을 끝내기 전에 **Think$^2$+Act$^2$=Growth$^2$**란 성장공식과 60:40의 **황금비**라는 자연의 원리를 다시 한 번 기억하기 바란다. 좀 더 유식해 보이고 싶다면 1:1.618을 외워 두었다가 활용한다면 상대방의 동공을 크게 만들 수 있을지도 모르겠다.

소심
"나 서나 걱정이군"
안절부절
할 뜨면 걱정이다.

슬픔
"세상은 너무 슬퍼"
둑 치면 흑!
물이 마를 날 없

PART
5

버럭
"화가 난다 화가 나!"
참을성0%!
건들면 폭발한다!

의문 4:
나는 이성적이다?
인간은 너무도 감정적인 존재다

까칠
"어쩌라고?"
매일매일 삐딱하게!
세상 모든 게 불만이다.

기쁨
"모든 게 다 잘 될거야!"
밝아도 너무 밝아서 탈!
24시간 긍정 모드

영화 〈인사이드 아웃〉의 등장인물

디즈니와 픽사가 제작한 애니메이션 영화 〈인사이드 아웃〉에는 소심이, 버럭이, 기쁨이, 까칠이, 슬픔이의 다섯 감정들이 나온다. 이들은 어린 주인 공 라일리의 마음속에 살면서 그녀를 도와주는 존재들이다. 라일리는 살던 고향을 떠나 멀리 이사를 오게 되는데, 새 학교로 전학을 오면서 옛 친구와 고향에 대한 그리움에 휩싸이게 된다. 새 환경에 적응하는 과정에서 라일 리는 의도적으로 슬픔이라는 감정을 계속 억압하게 된다. 삶의 난관들을 겪으면서 결국 주인공은 모든 감정이 사라지고 강퍅한 마음이 되어서 가출 이라는 그릇된 행동을 하게 된다. 그러나 결국에는 마음속 슬픔이와 기쁨 이의 도움을 받아 가족의 품으로 돌아온다. 그리곤 자신의 슬픔을 가족들 과 같이 나누면서 고향에 대한 그리움을 해소하고 따뜻한 가족애를 되찾게 된다. 이 영화가 주는 교훈은 우리의 **모든 감정들은 한 가지도 없어서는 안 되는, 각각 중요한 역할을 맡고 있는 소중한 내적 자산**이라는 것이다.

# 인간은
# 전인적인 존재

이 장을 시작하기 전에, 먼저 여러분은 코칭의 세 가지 철학 중 하나인 '**인간은 전인적(全人的)인 존재다**'라는 말을 어느 정도 깊이 이해하는가를 묻고 싶다. 그저 '인간은 온전한 존재'라고만 인식하고 있는가? 그런 피상적인 해석을 넘어서 '전인적'이란 말은 심리학적으로 매우 깊은 차원으로 해석되어야 한다.

먼저 전인적 존재라는 말은 **인간은 감정과 사고와 행동을 아우르는 존재라는 뜻**이다. 이 세 요소는 **원자처럼 쪼갤 수 없는 상호연관성**을 가지고 서로 영향을 주고받는다. **전체론적인 관점**이다. 앞 장에서 이미 사고와 행동에 대해 강조했기 때문에, 이 장에서는 감정에 방점을 두어 감정이 우리의 삶과 일에서 어떤 주요한 역할을 하는지에 대해 깊이 알아보려고 한다.

앞 장에서 **TAG² 모델의 '제곱(square)의 힘'은 감정에서 나온다**고 했었다. 그만큼 **감정은 비즈니스를 할 때 사고과정과 행동과정 모두에 영향을 미치는 촉매역할**을 한다. 먼저 인간은 왜 감정을 느끼는지, 감정을 느끼는 과정은 어떻게 진행되는지, 감정은 직장생활에 어떤 영향을 끼치는지 본질적으로 다가가 보자.

# 인간은 왜
# 감정을 느끼나?

인간의 감정을 가장 깊이 연구한 책 중의 하나는 신경생리학자인 안토니오 다마지오가 쓴 『스피노자의 뇌』다. 이 책에서 **다마지오는 가지각색의 정서와 느낌은** 마치 끝도 없고 쉼도 없는, 단지 **우리가 잠들었을 때만 멈추는 가장 보편적인 선율의 허밍과도 같다**고 했다. 우리가 끊임없는 감정의 흐름을 잊고 사는 이유는 외부의 자극들이 "피로한 우리의 주의를 온통 갉아먹고 있는 탓"이라고 했다. 쉽게 말하면 **외부자극이 너무 많아서 감정을 미처 감지하지 못하고 살아간다**는 말이다. 그러나 감정은 인간이 살아 있는 한 인간과 늘 함께하는 무엇이다. 왜 이렇게 늘 같이하는 걸까?

모든 인간이 동일하게 가지는 **기본 감정은 분노, 슬픔, 혐오, 경멸, 두려움, 놀라움, 행복**의 7가지 감정이다. 이 외의 불안, 외로움, 자부심 등은 이차적 감정[1]이다. 아주 **어리거나 인지활동이 떨어진 고령자들은 기본 감정을 위주로 반응**하게 된다.

여러분도 알다시피 감정은 생존과 번식에 꼭 필요하다. 『호모 데우스』에서 **유발 하라리**는 감정과 감각의 목적은 **무의식적 품질관리 평가수단**이라고 독특한 표현을 했다. **피할 것인가 아니면 획득할 것인가의 확률을 정확히 계산하는 데 감정이 관여한**

---

1) 감정에 대한 감정 또는 메타 감정이라고도 한다.

다는 것이다. **진화적으로 확률계산을 잘하는 동물들일수록 오래 생존했고 많은 후손을 남겼다. 확률계산 결과는 우리 몸에 '느낌'이란 요소로 나타나게 된다.** 유기체는 이를 펜으로 계산하지 않고 오로지 느낌으로 알 뿐이다. 그래서 하라리는 몸이 계산기라고 한다. 그런데 **느낌은 고정적이거나 영구적이지 않고 잠시 깜빡였다 사라지기를 되풀이**한다. 느낌이 항상 움직임으로써 의식의 흐름이 구성된다.

다마지오에 따르면 **감정은 다음과 같은 진화과정을 거쳤다**고 한다. 동물은 움직이는 존재다. 움직임에는 방향성이 따른다. 방향성을 정한다는 것은 유기체가 목적지향적인 행동을 한다는 말이다. **목적지향적인 행동을 위해서는 판단이 필요하다.** 어떤 판단이냐 하면 **유기체의 자기보존과 몸의 항상성, 자연적 균형상태에 도달하는 데 유리한 판단**이다. 이런 **판단의 밑 자료로서 감정은 우리에게 방향성을 제시**한다. 과거에 좋은 감정이 들었던 기억은 우리에게 다가가는 방향으로, 나쁜 감정이 들었던 기억은 우리에게 피하는 방향으로 판단하게 도와준다. 즉, 우리가 **순전히 이성적으로 판단한다고 여길 때도, 우리의 감정은 숨어서 판단을 조종**한다. 따라서 **감정은 판단과 예측을 위해 진화해 온 유기체의 본질적인 능력**이다. 그렇다면 우리는 감정이란 본질적인 능력을 잘 활용하고 있을까?

# 감정이 삶에 미치는 영향

**다마지오**는 "내가 헤아릴 수 있는 범위 내에서 어떤 사물이든 사건이든 실재하는 것이든 기억으로부터 환기된 것이든 **정서적으로 중립적인 것은 거의 없다**는 것이 나의 생각"이라고 했다. 그렇다면 감정의 역동성은 우리의 일상에 어떤 영향을 줄까?

대니얼 카너먼은 **감정이 어떻게 선택에 영향을 미치는지를 보여 주는 의미 있는 실험**을 했다. 두 집단의 의사들에게 각각 다음의 정보를 주었다. 한 집단에는 '**1개월 후 환자의 생존율은 90%다**'라고 말하고, 다른 집단에는 '**1개월 후 환자의 사망률은 10%다**'라고 말해 주었다. 전자의 생존율을 기준으로 한 정보를 접한 의사들의 84%가 수술보다는 간편한 방사선 치료를 선택했다. 후자의 사망률을 기준으로 한 정보를 들은 의사들은 50%만이 방사선치료를 선택했다. 생존율 90%와 사망률 10%는 결국 같은 뜻인데 말이다. 그런데도 **의사들이 각 단어 자체에서 느끼는 감정은 크게 달랐고, 이는 그들의 선택에 큰 영향을 미쳤다.** 이 실험은 **감정이 우리의 사고와 행동에 무의식적으로 큰 영향을 준다**는 것을 여실히 보여 주었다. 이 같은 결과는 평소 우리들이 정보를 전할 때 어떤 방식으로 전해야 하는지를 생각하게 해 준다.

『뇌: 맵핑마인드』의 저자인 **리타 카터**는 심지어 **사고와 감정이 충돌할 경우, 우리의 뇌는 감정이 이기도록 배선되어 있다**고 얘기한다. 일찍이 **데일 카네기**는 이런 감정의 중요성을 간파하여 '사람은 논리의 동물이 아니라 감정의 동물'이라고 했으며, 더 오래전으로 거슬러 올라가서 **장 자크 루소**는 '이성이 인간을 만들어 낸다고 하면 **감정은 인간을 이끌어 간다**'고 했다.

감정이 인간에게 이런 심오한 영향을 미침에도 불구하고, **정작 많은 사람은 상대방의 감정을 읽지 못하고, 단지 상대의 생각과 행동에만 반응하곤 한다.** 더욱 심각한 것은 **감정을 배울 수 있는 학교가 거의 없어서**, 사람들은 감정을 느끼기만 할 뿐 자신의 감정이 어떤 감정인지를 정확히 깨닫지도 못하고, 그 감정이 발생한 원인을 탐색해 보려고도 하지 않는다. 점점 난폭해지는 작금의 사회현상을 돌이켜 볼 때, **감정에 대한 조기교육이 절실**하다고 여겨진다.

이런 환경을 개선하고자 최근에는 여러 분야에서 심리적인 자원의 중요성을 깨닫고 새로운 움직임을 보이고 있다. 세계적인 리더십 교육기관인 CCL(Creative Center for Leadership)도 거기에 속한다. **CCL은 이제는 기업들이 심리적 자원구축을 해야 한다**고 주장하며, **리더십은 더 이상 행동이나 지식만으로는 구축할 수 없다**는 기치하에 다양한 심리학적 원리를 리더십 교육에 반영하고 있다. **구글, 애플, 페이스북 같은 기업들도** 심리학적 경영방식을 연구하기 위해 **심리학자들을 속속 채용**하고 있다.

**직장생활을 할 때 감정은 자신의 삶을 풍부하게 하고 성장시키는 원동력이자 에너지원**이다. 불쑥불쑥 떠오르는 감정들에 휘둘려 자기 감정을 해소하지 못한다면 업무를 제대로 처리할 수 없다. 감정적인 흥분상태일수록 흔들리지 말고, 스스로 내면과 대화함으로써 충동적으로 올라오는 부정적 감정의 원인이 무엇인지를 알아내야 한다. **자신의 감정을 명확하게 자각하는 것은 본연의 자신으로 돌아온다는 뜻이다.** 이런 **평정한 상태에서는 부정적인 감정을 긍정적으로 전환해서, 바람직한 방향으로 에너지를 쓸 수 있게 된다.** 이런 식으로 **내면의 소리를 듣는 리더**가 부하들에게 좋은 영향력을 발휘할 수 있다.

## 조직에서의
## 감정의 소외

그러나 솔직히 얘기하면 이제껏 많은 리더들이 조직에서 감정이란 주제를 소외시켜 왔다. 그 이유를 보면, 첫째, 리더들은 동서를 막론하고 **감정을 억제하는 문화** 속에서 살아왔다. '감정을 먼저 드러내는 자가 지는 것이다' '감정은 가장 비싼 사치다' 등의 속담에서 알 수 있듯이 감정을 내보이는 것은 약한 것과 동일시되었다. 때로는 무표정한 얼굴을 만들어 감정변화를 상대가 못 느끼게 하는 것이 권위 유지에 도움이 된다고 믿는 리더들도 있다. 또한 리더들은 **불쾌함을 느끼는 순간 이를 재빨리 억압해 버리고 이성적인 자기로 돌아오는 습관**을 들여 왔다. 그래서 정신분야 전문가들의 말을 들어 보면 현대의 직장인들은 스트레스를 많이 받고 있음에도 이를 인식조차 못한다고 한다. **덮어 버린 감정들은 해소되지 못하고 우리**

의 무의식에 쌓여 방심한 틈을 타서 부적절한 순간에 불쑥 표현되곤 한다. **자신의 감정을 읽지 못하는 사람이 상대의 감정을 제대로 읽을 줄 모르는 건 당연**한 일이다. 일에 시달리는 후배에게 위로는커녕 '옛날에는 더했어'란 말을 이래서 하게 되는 것이다.

둘째, **바쁘게 돌아가는 사회**에서는 **자신은 물론 타인의 감정까지 고려할 여유가 없다**. 특히 리더들은 매년 실적을 올리는 것이 자신의 존재를 증명하는 길이라고 믿는다. 따라서 리더들은 조급하고 불안하다. 그런데 사람들은 왜 바쁘면 부정적인 기분에 휩싸일까? 세계적인 기업들을 컨설팅하는 전략가 마크 고베는 '**불확실성 속에서의 사람은** 진공상태에 빠지고, 이것이 **통제력의 상실로 여겨져서 감정적으로 변한다**'고 했다. 현대사회는 불확실성으로 개념 지어져 있다. 뭔가 혼돈스러운데 확실한 길이 보이지 않는다. 그러니 야생에서 늘 공포와 불안에 마음을 졸이며 사는 동물들의 심리상태와 같아진다. 바빠서 생기는 문제는 또 있다. 자신의 감정 회복을 위한 명상이나 타인을 위한 공감을 할 시간을 낼 수 없다는 것이다.

셋째, **미국식 과학적 행동주의의 영향**을 많이 받은 **우리의 경영방식에는 인간의 감정이 관여할 틈이 없었다**. 경영에서 감정을 결정적으로 소외시키는 데 큰 영향을 미친 사람은 미국식 경영의 아버지라 불리는 프레더릭 테일러일 것이다. 그는 단위시간당 최대의 능력을 발휘하도록 작업을 세분화했고, 작업량을 측정해서 표준화했다. 『**과학적 관리법**』에서 '과학적'이란 '노동행위를 계량화'한다는 의미다. 그리고 '과학적 관리'란 '표준화된 노동량에 따라 성과급을 지급하는 방식'이라 정의했다. 인간의 **행위를 계량화함으로써 행동의 결과가 최우선시되고, 감정은 무시됨으로써 노동자들의 저항이 컸다**고 한다. 게다가 청교도 가문의 영향을 받아 엄격한 신념체계와 질서정연한 행동방식을 요구함으로써 노동자의 반감을 불러일으켰다고 한다. 그럼에도 불구하고 테일러의 과학적 관리는 **시스템적인 접근으로 제조원가를 낮추고 생산성을 크게 증가시켰다는 점에서 경영자들에게 큰 지지**를 받았다. 노동자들에게 원성을 산 시스템이 경영자들에게는 환호를 받았던 것이다. 이에 힘입어 **테일러리즘**이란 경영사상으로 발돋움하여, 경영을 학문으로 확립시키는 데 기여 했다. 하버드 경영대학원에서는 이 시스템을 가르침으로써 MBA가 시작되었다.

**과학적 관리법은** 심리학의 입장에서 보면 **인간을** 늘 규칙적으로 돌아가는 **'감정 없는 기계'와 동일시**한 것이며, **숫자로 '측정'될 수 있는 존재**, 그리고 성과급이란 **강화물로 '조종'이 가능한 존재로 인식**함으로써 **전형적인 '행동주의' 원칙의 인간관**이라 말할 수 있다. 즉, 근로자들은 **실존적 '존재'가 아니라 수치화되어야 하는 '대상'으로 취급된 것**이다. 이 관리법은 지금까지 성과급, 목표관리, 평가시스템, 시간관리, 포상시스템 등의 많은 유산을 남겼다.

# 조직 내 행동주의와
# 인본주의의 충돌

　　　　　　　　그렇다면 같은 시기의 철학적 움직임은 어떠했을까? **18세기에 자유, 평등, 박애정신을 표방하는 프랑스혁명이 일어나면서** 이성만을 중시하던 패러다임이 쇠퇴하는 대신, **억눌렸던 인간의 감정들이 드디어 철학의 중요 이슈로 전면에 등장**했다. 철학자들은 인간의 불안, 열정, 광기, 수용, 신뢰, 해방, 소외, 존엄성, 자기실현 등의 감정 영역들을 본격적으로 탐구하기 시작했다. 이로써 데카르트 이후 인간의 이성적인 영역을 중시해 오던 관행을 벗어나, **감정, 이성, 행동을 동시에 갖춘 전체론적 인간관으로 전환하는 지렛대**가 되었다. 또한 수동적 존재가 아닌 **잠재력을 스스로 실현하려고 하는 주체적 인간관**, 그리고 **존재 자체를 숭고하게 여기는 '인본주의'적 인간관이 정립**되어 현재까지 명맥을 이어 오게 됐다. 이런 **인본주의적 인간관은 사회학, 심리학, 교육학, 예술 등에 영향을 미쳐 대중들의 실생활에 지속적으로 전파**되었다.

　　이에 비해 현대사회의 **행정조직, 기업, 학교 등의 관리 시스템은 여전히 인간의 행동과 이성을 중시하는 구시대의 철학적 인간관을 굳건히 유지**하고 있다. 그래서 조직에는 사회에 퍼져 있는 **'인본주의적 요구'**와 조직에서 요구하는 **'과학적 행동주의 시스템의 요구'**가 병존한다. **조직원들은 이 두 가지 요구를 동시에 경험하게 되고,** 이런 모순된 일상생활에서 쌓이는 감정 문제를 오롯이 혼자 소화해야 하는 스트레스와 혼란을 겪고 있다.
**리더 또한 위에서 요구하는 행동주의 성과 시스템적 요구와 아래에서 요구받는 인본주의적 요구를 합치시키기가 만만치 않다.**

근래 들어서 인본주의에 입각한 다양한 리더십과 경영방침이 도입되기는 했지만 조직운영의 근간인 성과관리 시스템 자체가 인간의 행위를 측정하고 이에 따라 보상하는 원리를 유지하는 한 행동주의와 인본주의의 요구간의 충돌현상은 지속될 것이다. 그 **갭을 조금이라도 메우는 길은 조직구성원, 특히 리더가 인간의 감정을 이해하고, 이런 감정적 지혜를 조직생활에 적용하는 것**이다. 그런데 리더가 감정을 잃어버린다면 과연 조직에는 어떤 일이 일어날까?

## 조직에 무조건
## 순응했던 아이히만

**모든 감정과 생각이 제거되었을 때 인간이 어떤 일까지 할 수 있다는 것을 보여 주는 사례**가 있다. 히틀러 시대에 독일에서는 600만 명의 유대인이 학살되었다고 한다. 이를 집행한 실무 책임자는 아돌프 아이히만이란 나치 중령이었다. 그는 15년간 숨어 지내다 체포되어 예루살렘 법정에서 재판을 받고 사형에 처해졌다. 이 재판을 취재한 유대인 철학자 한나 아렌트는 **'악의 평범성'**이란 유명한 개념을 제시했다. **아이히만이 반인륜적 학살을 자행한 이유는 그의 악마적 성격이나 증오 때문이 아니다. 위에서 시킨 일을 아무 감정과 생각 없이 수행하는 사고력의 결여 때문**이라고 주장한 것이다. 아이히만은 지극히 가정적이고 어디서나 볼 수 있는 평범한 인상이었다고 한다. 게다가 자신의 직무에 충실한 도덕적인 사람이었다. 그는 변론에서 월급을 받으면서 직무를 수행하지 못했다면 오히려 죄책감을 느꼈을 것이라고까지 말했다고 한다. 그는 자신이 한 일에 어떤 잘못도 느끼지 못했다. 조직의 원칙을 철저히 내면화해서 **나와 조직을 완벽히 '동일시'한 오류를 범한 것이**다. **맹목적인 순종은 심리적 불감증을 낳는다.** 이 유명한 사례로 인해 인간의 '사유'란 무엇인가에 대한 근본적인 철학적 문제가 제기되었다. 이 사례가 궁금하다면 〈아이히만〉 또는 〈한나 아렌트〉란 영화를 보기 바란다.

물론 이런 극심한 사건이 직장 내에서 벌어지지는 않겠지만, **회사와 동일시하는 리더들을 주위에서 자주 볼 수 있다.** 그들은 스스로 충성심이 강하다고 착각한다. 그러나 이런 심리적 불감증, 권위에 대한 지나친 복종을 보이는 리더들은 직원들로부터 신뢰를 잃는다. 리더 자신의 영달을 위해 그런다고 오해한다. 리더들에게는 억울할 일이다. 성선설의 관점에서 본다면, 그런 리더들은 자신의 **출세욕보다는 실제로는 회사의 내규를 너무나 충실히 받아들여 비판적인 생각을 아예 접어 버렸기 때문인 경우가 많다.**

이와는 **정반대로 자신을 직원들과 동일시하여** 그들의 불만을 모두 수용하고 해결해 주는 것을 **보람으로 삼는 리더들도 있다.** 이 또한 심리적 불감증이다. 필자는 **앞의 경우가 '권위에 대한 복종'이라면, 이 경우는 '권위를 사기 위한 복종'**이라 주장한다. 이 두 경우로는 변화와 혁신을 가져오지 못한다. 위의 요구와 아래의 요구에 황금비적인 균형과 조화를 맞출 줄 아는 리더가 필요하다.

## 뇌수술로 감정이 없어진 사업가 엘리엇

뇌 절제 수술로 감정이 없어져 버린 경우도 있다. 이 현상을 잘 설명한 책은 단연코 신경과 의사인 안토니오 다마지오가 쓴 『데카르트의 오류: 감정, 이성 그리고 인간의 뇌』이다. 이 책은 이성과 감정은 서로 분리될 수 없는 동전의 양면 같은 존재임을 잘 보여 주고 있다. **30대의 비즈니스맨인 엘리엇은 뇌종양 수술을 받았다.** 수술결과는 성공적이어서 기억과 언어능력, 운동 및 시각능력은 정상 소견을 보였고 일상생활에도 지장이 없는 듯이 보였다고 한다. 그러나 후에 엘리엇에게 한 가지 특이한 이상이 발견됐다. 그는 뇌종양이라는 자신의 비극적인 상황을 아무 감정 없이 구경꾼처럼 묘사했다. 아무리 비참하고 혼란한 사진들을 보여 줘도 정서적인 반응을 하지 못했다. 다마지오는 정서적 반응을 처리하는 전두엽 부위가 손상돼 판단 능력도 같이 상실됐기 때문이라는 것을 발견했다. **정서적 능력이 소실되어 정상적인 의사결정을 못하게 된 것**이다. **수술 전에는 유능한 비즈니스맨이었던 엘리엇**은 결국 적절한 의사결정을 하지 못해서 투자 실패를 거듭했고 **사업은 파탄**나고 말았다. **일상생활에서도 불합리한 언행을 반복**해 결혼생활과 인간관계 모두 실패하고 말았다고 한다.

다마지오는 우리가 어떤 **의사결정과 선택을 할 때에는 반드시 정서가 개입**되며, 과거 선택했던 행동과 연관된 정서를 참고하여 결정한다는 걸 알게 되었다. 이 사례를 통해 **인간은 감정을 잃어버리면 이성까지도 영향을 받게 된다는 사실**이 밝혀지게 되었다. 도덕심리학자인 조너선 하이트는 "우리는 정서를 일종의 정보로 활용한다"고 말한다. **뇌라는 판사는 판결을 내릴 때 감정을 필수적인 증인으로 여긴다**는 것이다. 증인이 없다면 뇌 판사는 갈팡질팡 아주 이상한 판결을 내린다.


## 감정은 성장을 이끄는 강력한 촉매: 감정이 비즈니스에 미치는 영향

앞 장에서 TAG² 모델의 제곱(square)은 감정을 뜻한다고 했었다. **Think²+Act²=Growth²란 공식에서 보듯이, 제곱, 즉 감정은 사고, 행동, 성장 모두에 관여**한다. 그렇다면 감정이 과연 비즈니스 역량을 발휘하는 데 어떤 영향을 미치기에 이 모두에 관여한다고 하는 것일까? 우리가 **업무역량을 발휘하는 데 감정이 필수요건**이라는 사실은 너무나도 많은 연구가 증명해 준다.

## 사고력과 통찰력

우리는 이성적인 사고작용이 완벽히 의식적인 차원에서 이뤄지는 것으로 착각한다. 그러나 **칸트**는 『순수이성비판』에서, **생각하는 데 있어서 감정이 없어서는 안 되는 필수요소**라고 했다. 천재적인 정신분석가 비온도 같은 말을 한다.

우리가 생각에 골몰해 있을 때, 우리는 왜 생각을 계속하게 될까? 우리가 생각을 한다는 것은 행복을 곱씹고 싶다든지, 어떤 사람이 너무 밉든지, 어떤 상황이 너무 분하든지, 어떤 것에 의심이나 호기심이 나든지, 어떤 것을 꼭 풀어야 하는 의도가 개입돼 있다든지 등등의 감정이 관여한다. 좋은 감정이든 싫은 감정이든, **아무 감정이 없다면 우리는 정보를 무시해 버리고 사고과정에 돌입조차 하지 못한다.** 그래서 **무관심은 학습의 가장 큰 적**이며, 모든 리더나 코치나 교수자가 첫 번째로 해야 할 일이 주의를 모으는 것이다. **주의집중을 하기 위해서는** 저 깊숙한 곳에서 우리를 의식보다 더 지배하는 **감정을 움직여야 한다.** 실제로 내가 좋아하는 리더의 말은 이성적으로 틀린 말이라도 믿고 싶지 않은가?

더불어 **탐구하고자 하는 모든 사람에게 없어서는 안 될 지구**

력 또한 감정과 밀접하게 연관되어 있다. 통찰이론을 표방한 쾰러에 따르면 통찰력은 끈질긴 탐색과 논리적인 사색을 통해 이뤄지며, 결코 우연적인 것이 아니라고 한다. 어떤 학자는 '과학이 곧 통찰이다'라고까지 말했다. 이럴 때 끈질기게 사고를 지속시키는 것이 바로 감정이다. 감정 중에서도 긍정적인 감정이다.

다마지오는 뇌 관찰을 통해, 슬픔을 느낄 때는 사고절차에 관여하는 영역 전체의 활동이 상당히 감소한다는 것을 발견했다. 누군가가 슬프거나 불안한 상태에 갇혀 있다면, 그 사람의 관념화 작용이 제기능을 발휘하지 못한다는 것을 알아야 한다. 반대로 행복한 상태일 때는 정반대의 현상이 관찰되었다.

## 의사결정력

우리는 리더의 직관적인 결정에 의해 국가 경제가 크게 움직인 사건들을 많이 보아 왔다. 직관은 무의식적인 감정이 작용한 결과다. 영국의 철학자 데이빗 흄은 감정이 없으면 결정을 내릴 수 없으므로, 이성을 '감정의 노예'라고 했다. 이탈리아의 천재 경제학자인 마테오 모텔리니도 인간적인 감정이 모든 경제활동과 경제적인 의사결정을 주도한다고 했다.

협상을 가장 잘 가르친다고 알려진 하버드 케네디스쿨에서 말하는 협상원리에서는, 상대의 마음이 쉽게 변할 것이라고 가정하지 말라고 가르친다고 한다. 협상 상대는 이해관계에 따라 자신의 입장을 고수하며, 변화에 굳게 저항하기 마련이다. 상대의 결정을 변화시킬 수 있는 첫걸음은 신뢰부터 얻는 것이다. 내가 원하는 것에 초점을 두지 말고, 상대 입장에서 상황을 파악해야 한다. 상대는 조금이라도 물러선다면 무언가 중요한 것을 잃을까 봐 두려워하고 있다. 이럴 때일수록 상대가 주장하는 가치를 인정해 주고, 그가 무엇을 원하는지에 초점을 맞출 때 비로소 상대의 빗장을 풀 수 있다. 이렇게 **상대의 가치를 인정하는 것은, 협상에 패배할지도 모른다는 두려움을 약화시켜 주는 동시에 좋은 감정을 강화**한다. 이를 **'감정적 지불'**이라고 한다. 감정적 지불은 윈-루즈의 관점이 아닌 서로 윈-윈하는 시각으로 의사결정할 수 있게 해 준다. 이런 관점에서 본다면 **신뢰는 내가 형성하는 것이 아니다. 신뢰란 남의 욕구와 감정을 읽어 줌으로써 공감해 줄 때 남이 내게 주는 선물**이라는 주장을 하고 싶다.

## 창조력

**박문호는 창조성 역시 느낌의 세계**라고 말한다. 정보 자극은 인간의 온몸에 퍼져 있는 감각기관을 통해 입력된다. 표준에서 벗어난 특이한 자극이 입력되면 느낌은 재빨리 '주의'라는 도장을 찍으며 거기에 집중하도록 만든다. 뇌는 이 자극이 무엇인지를 이해하기 위해 뇌 전체를 사용할 준비 자세를 취한다. 이는 순식간에 벌어지는 무의식적인 반응으로, 우리는 이런 무의식적 작용의 덕으로 삶에 도움을 받는다. 의식적으로 사고하는 시간은 일상의 5%밖에 되지 않는다고 하니, 우리가 얼마나 습관적인 삶을 살고 있는지를 느끼게 한다.

내외부에서 받은 자극이 아주 새롭고 특이한 자극이라면 단번에 대응되는 반응을 찾기는 힘들다. 이에 입력된 정보는 뇌피질의 신경계층 구조[2]를 오르락내리락하면서 과거의 기억들을 다양하게 연결하고 조합해 보려고 계속 애를 쓴다. 상상과 추론이라는 고차원적인 기능을 지속적으로 활용하는 것이다. 이로써 새롭고 독특한 연결을 통해 색다른 출력을 만들어 낸다. 이 것이 바로 창조성의 근본이다. 이런 창조적 예측은 반사와는 전혀 다른 목적지향적인 사고이며, 고차원적인 뇌기능의 핵심이다. 이 과정에서 **감정은 과거 기억과 상상, 추론의 풍요로운 조합을 이끌어 내고, 그 덕택에 창조적 통찰을 낳을 가능성을 높이는 역할을 담당**한다. **감정의 강도는 입력된 자극의 중요도에 따라 계속 독특하게 생각해 보려는 심리적 상태를 유지할 수 있게 해 준다.**

그러니 **창조성은, 첫째, 몸 전체의 감각과 느낌이 비롯해서 만들어 낸 것이다. 둘째, 창조력은 느낌이 '주의'란 도장을 찍어 주지 않으면 시작되지 않는다.** 그래서 창조적인 사람은 작은 것에도 잘 놀란다고 한다. 셋째, 창조성은 자극에 대한 **즉각적인 반응이 아니라 정보가 뇌피질에서 상향→하향 작용을 되풀이하면서 나오는 고차원적이고도 반복적인 노력을 요하는 기능**이

---

2) 2장에서 설명한 뇌의 6층 신경구조를 상기하라. 또한 기억-예측모델을 상기하라.

다. 넷째, 정확한 예측을 통해 위기에 효과적으로 대처하기 위해서는 **축적된 기억정보가 많을수록 유리**하다. 다양한 분야의 대규모의 기억정보를 보유할수록 독특한 조합을 만들어 낼 수 있다.

이나스에 따르면 창의적 출력은 단순한 한 가지 출력이 아닌 다양한 선택의 여지를 줄 가능성도 제공한다. 그래서 창조력이 있는 사람은 여러 개의 좋은 것 중에서 한 개를 선택해 내는 의사결정 능력도 있다. 의사결정도 역시 고차원적인 사고다. 결국 창조력은 고차원적인 사고의 집합인데, 이런 고차원적인 사고에 대한 **인내의 한계가 바로 예측의 한계**라고 말한다. 풀이하자면, 고차원적인 사고를 얼마나 인내하고 지속할 수 있느냐에 따라 창조적 예측의 쓸모가 향상된다는 말이다. 그러니 **창조성은 인내력, 지구력이란 감성능력과 매우 연관이 깊은 능력**이다.

하버드 대학교 교수인 **테레사 아마빌레**가 쓴 『창조의 조건』에서 창의력은 **이성과 비이성이 결합된 이중연관 과정**이라고 한다. 여기서 비이성은 감정과 느낌이다. 내적 에너지를 충분히 누리기 위해서는 부정적인 감정보다는 긍정적인 감정에 이끌리는 것이 유리하다. **아인슈타인**은 창의성이 **내부동기가 작용하는 흥미 있는 결합놀이며, 외부동기가 작용하면 일이 되어 버린다**고 했다. 내부에서 흘러나오는 자유롭고 즐거운 감정이 있어야 진짜 창조성이 발휘되는 것이다. 이런 의미에서 볼 때, **창조성은 발휘되는 것이라기보다** 인간의 **내부에 원래부터 고여 있**

던 잠재력이 자연스럽게 '휘발'되는 어떤 작용이 아닌가 하는 생각을 해 본다.

여러분은 창조성이 무엇이라고 생각하는가? 당신은 직원의 창조성을 끌어내려고 노력하는 리더인가? 그들의 **창조성이 자연스레 휘발되도록 감정적인 환경을 만들어 주는 리더인가?**

## 동기유발 및 변화관리

조직혁신을 할 때, **직원들이 변화의 필요성을 알기는 하지만 쉽게 움직이지 않는 이유는 무엇일까?** 임상심리학자로서 고질적인 중독행동을 개선시키는 데 관심을 둔 동기 전문가인 **프로차스카와 그의 동료들은 '변화에 대한 초이론적 모델'을 제시했**다. 『자기혁신 프로그램: 생각만 하고 실행하지 못하는 사람들을 위한 변화 모델』에서 그들은 **기존의 중독 치료가 실행 단계만에 관심을 뒀다고 비판**하였다. 즉, 마음이 동하는 실행을 위해서는 앞의 단계서부터 차근차근 밟으면서 마음의 준비를 해야 하는데, **앞의 선행단계들을 도외시하고 오직 실행만을 촉구한다**는 의미다. **변하고 싶은 마음이 없는데 실행하라고 재촉하는 외적 동기를 주는 것은 강요로 느껴진다.** 앞 단계들은 내적 동기를 끌어올리기 위한 단계들이다. **내적 동기가 어떻게 생기는지 연구**하기 위해 이들은 수백여 건에 달하는 심리치료 이론에 나타난 '변화의 과정'을 탐색하여, 중독에서 벗어나는 **사람들이 6단계를 거친다는 것을 발견**했다. 비록 처음에는 중독 치료용으

로 연구되었으나, 범용성을 인정받아 지금은 **일반 행동 변화에
널리 이용**되고 있다.

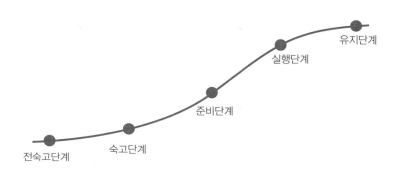

**[그림 5-1] 변화의 초이론적 모델의 변화 단계**
출처: 『코칭심리워크북』에서 발췌

첫 단계인 **전(前)숙고단계**에서는 왜 변화를 해야 하는지를 모
르거나 변화의지가 없다. 이런 상태에서는 '변화를 강요당하는
느낌'이 든다. 두 번째인 **숙고단계**에서는 변화하고 싶은 마음과
싫은 마음이 병존하는 '양가감정'이 자리잡는다. 구체적인 계획
도 동기도 낮다. 아마 기업의 혁신변화관리 추진 시에 직원들이
보이는 반응이 숙고단계일 것이다. 하기는 해야 할 것 같은데
왠지 저항감이 드는 양가감정 말이다. 세 번째인 **준비단계**에서
는 드디어 변화의지를 갖고 '행동계획'을 세운다. 그러나 아직
감정의 에너지가 부족하다. 네 번째 단계인 **실행단계**에서는 '드
디어 변화행동'이 나타나지만 한편으로는 자유를 제한당한다는
불편한 느낌을 받기도 한다. 다섯 번째인 **유지단계**에서는 변화

에 반대되는 충동 행동이 거의 없고 '변화가 정착'된다. 마지막은 **종료단계**다. **모든 단계에서 무동기, 저항감과 두려움, 주저함, 제한감 등의 감정이 동반**된다. 종료단계일지라도 일련의 감정적 사건으로 갑자기 무너져 퇴행할 수도 있다.

　조직에서는 **현 상황에 안주하려고 하는 '태도적인 중독'[3]**도 건강한 변화관리가 필요하다. **변화를 이끌어 가려면 엄청난 감정 에너지가 투입**된다. **평소에 익숙한 습관에 반대되는 방향으로 의지를 기울여야 하기 때문**이다. 특히 실행 전에 거치는 전숙고단계와 숙고단계에서 가장 갈등이 심하다. 변화에 쓰일 정신 에너지를 모으기 위한 비법, 그리고 모든 단계에 깔린 양가감정이 건전한 목표동기로 전환될 수 있는 **비법은 단도직입적으로 행동 변화를 설득하는 것이 아니다.** 그들의 감정을 먼저 읽어 주는 것이다. 그들의 **현재 상황을 인정해 주고, 더 나은 곳을 스스로 바라보게 '도와주는'** 것이다. 마음이 **준비단계에 들어섰을 때가 바로 행동을 독려해도 좋은 타이밍**이다. 마음을 굳게 먹을수록 실행은 빠르게 진행될 수 있다.

　**[그림 5-1]처럼 변화단계 역시 S자 성장곡선**을 이룬다. 초기에는 잘 변화하지 않는 듯해도 변곡점을 지나면 어느 순간 진행이 확 빨라지는 것을 느낄 것이다.

---

3) '태도적인 중독'은 이 책에서 처음 만든 용어다.

## 잠재력

감정코치의 대가인 **존 가트맨**은 감정은 심장과 긴밀하게 연결되어 있다는 주장을 한다. 심장은 미세한 감정에도 즉각적으로 반응해서 맥박과 호흡, 근육의 긴장상태에 영향을 준다. **감정과 생각과 행동이 일치할 때 심장은 안정되고, 교감/부교감 신경이 균형을 이룬다.** 사람은 감정, 생각, 행동으로 이뤄졌다는 **전인론(全人論)을 주장하는 이유**가 바로 이것이다. **이런 상태가 바로 집중이 잘되고 생각이 맑으며 신체가 가볍고 힘이 들지 않는 상태**다. 즉, **최적의 몰입상태**인 것이다. 이런 **몰입상태에서는 자연스럽게 잠재력이 '휘발'**된다.

유대인이자 위대한 정신과 전문의인 **빅터 프랭클**이 쓴『죽음의 수용소』는 참으로 감동적이다. **프랭클은 아우슈비츠 수용소에 갇혀 참혹한 생활을 하면서도**, 정신과 의사답게 자신과 다른 수용자들의 정신심리적인 변화를 관찰하고 기억해 두었다가, 수용소에서 풀려난 후 이 기억들을 책으로 펴냈다. **인간은 언제 죽을지 모르는 최악의 조건에서조차 미래를 꿈꾸며 잠재력을 발휘해 일하고자 하는 자유의지를 갖고 있다**는 것이 그가 말하고자 하는 요지이다. 그러면서 **끝까지 살아남는 사람**은 육체적으로 강한 사람이 아닌 **정신적으로 강한 사람**이라는 걸 그는 깨달았다. 비참한 생활 속에서도 꽃이 피는 것을 감상하고, 노래에 즐거워하고, 자신의 능력을 발휘하는 수용자들을 곳곳에서 발견했다는 것이다. 그는 **수용자들이 감정을 잃어버렸을 때 곧바로 죽**

음의 길로 들어서는 것을 목도했다. **삶과 죽음은 감정이 좌우한다.** 삶을 추진시키느냐, 삶을 제동시키느냐의 차이인 것이다. **아무리 끔찍한 경험도 개인 성장에 이용할 수 있으며, 그런 잠재력 발휘는 개인의 믿음에 좌우된다**는 프랭클의 생각은 점차 확신으로 변해 갔고, 그가 세운 의미치료 이론의 중심이 되었다.

### 잠재력의 삼두마차

**감정은 의미를 만들어 주고 의미는 삶을 추동하며, 추동된 삶은 잠재력을 발휘하게 해 준다.** 그러니 **잠재력을 이끄는 삼두마차**의 앞 단에는 감정이란 말(馬)과 사고란 말(馬), 행동이란 말(馬)이 힘을 보태 꿋꿋하게 마차를 끌어 주고 있는 것이다.[4] 리더들은 조직이란 마차에 힘을 보태고 있는 감정이란 말에도 무한한 관심을 주어야 한다. **감정 말이 지쳐 쓰러지면 사고와 행동이란 말도 같이 멈춘다.**

정신역동 심리학자들은 인간은 욕구가 충족되면 행동을 멈춘다는 입장을 가진 반면, **인본주의 학자들은 어느 한 욕구가 충족되어도 인간은 멈추지 않고 자기 잠재력을 완전히 실현하기 위해 끊임없이 노력한다**는 입장이다. 이런 주장은 매슬로의 욕구위계[5]에서 잘 설명되어 있다.

---

4) 코치의 어원은 마차(coach)에서 유래했다.
5) 모두가 아는 욕구설이겠지만 정리를 해 보면, 가장 아래 단계인 1단계는 생리적 욕구, 2단계는 안전·안정의 욕구, 3단계는 사회적 인정의 욕구, 4단계는 존경의 욕구, 5단계는 자기실현의 욕구로 구분한다. 아래 욕구가 충족되면 점점 위의 욕구충족으로 진행된다. 매슬로의 5단계 욕구설이라고도 한다.

**잠재력은 남과의 비교대상이 아니다. 자신이 타고난 것을 '휘
발'시키는 것**이다. 남과 비교를 할 때 나만의 잠재력은 훼손되
고, 남들이 원하는 방향으로 살도록 강요받는다. 인간은 태어날
때부터 자기실현을 하고자 하는 본능, 즉 **잠재력을 추구하고자
하는 자유의지를 가진 존재**다. 타고난 가능성대로 살게 해 주면
행복한 삶이다.

### 신입사원의 잠재력을 소멸시키는 환경

어느 **신입사원들의 예**를 들어보자. 어려운 채용단계를 무사
히 통과한 신입사원들은 대개 **매우 활기차고 의욕이 넘치는 상
태로 첫 출근**을 한다. 하이데거의 말을 빌리면 '세상에 내던져진
존재'가 된 신입들은 꿋꿋하게 새로운 업무와 환경에 적응하고
**자기실현을 하기 위해 최선을 다한다.**

**얼마 지나지 않아** 그들은 회사와 리더의 기준에 맞춰 모든 것
이 진행됨으로 해서 리더의 얼굴만 보아도 긴장되고 불안해진
다. 업무에서도 무능함을 느끼게 되면서 **좌절과 무기력감을 맛
본다.** 그들은 리더의 인정과 수용을 받기 위해 열심히 리더의
정서를 살핀다. '얼마나 힘들게 들어온 직장인가'라는 생각에 열
심히 또 열심히 정해진 **외부 기준에 맞춰 일한다.** 첫날의 포부
와 자기실현을 하고자 하는 소망과 자존감은 떨어지고 그들의
잠재력은 점점 깊이 숨어들게 된다. 채용단계에서는 좋은 자질
을 보였던 사람들이었으나 리더 앞에서는 **실수할까 봐** 모든 결
정을 리더에게 맡기고는 어린아이처럼 **퇴행해 버린다.** 그들이

애당초 지녔던 **맨 위 단계의 자기실현 욕구는 소멸해 버리고, 맨 아래 단계인 생존의 욕구 충족으로 곤두박질친다.**

반면에 이렇게 **생존을 위해 필사적으로 애쓰는 신입사원들을 보는 리더에겐** 그들이 눈에 차지 않는다. 신입사원은 리더인 자신의 업무를 지연시키고 가르칠 것이 많은 존재라는 인식이 싹트게 된다. 신입사원들의 우수한 잠재력을 찾아보는 대신에 리더인 **자신의 기준에서 사원들의 결점을 찾기 바쁘고, 자신의 생각을 정당화하며 가르친다.** 서로에 대한 이러한 왜곡된 시각은 타인의 입장을 이해하지 못하게 만든다.

시간이 흘러 **신입사원들의 내면에는 리더의 틀이 내면화되면서 생각의 자유는 없어진다. 의존성이 커진다.** 자신의 **정체성 또한 점점 희미해진다.** 그들은 무기력해지고 부적응감이 심화되면서 이직을 고려하게 된다. 이럴 때 **관계와 생산성은 악화**된다. 신입사원들은 점점 더 타인의 반응에 민감해지고, 거부와 좌절의 두려움, 그리고 살아남고 싶고 인정받고 싶다는 욕구는 점점 커지기만 한다. 이런 현상을 심리학적으로 **타인편도적이 된다**고 한다. 이렇게 '나'란 존재는 소외되고, 잠재력은 소멸된다.

## 소통능력

사람중심상담의 창시자인 칼 로저스의 **무조건적 긍정적 수용의 원리는 소통에도 적용**된다. 상대가 무조건적으로 자신을 이해해 주고 감정에 공조해 줄 때 말하는 사람은 안심하고 자신의

**얘기를 한다.** 즉, 야단맞지 않을까, 거절당하지 않을까, 나를 모자라게 보지 않을까 하는 위협적인 감정을 떨치고 방어적인 자세를 풀면서, 허심탄회하게 깊은 자기성찰을 통해 반짝이는 아이디어를 생각해 내는 것이다. '심리적 안전지대'를 형성하는 것이다. **참된 소통은 스킬이 아니라 자세다.**

로저스는 이 외에도 **공감적 경청**을 강조한다. 상대의 입장이 되어 같은 감정상태에서 듣는 것이다. 클라라 힐은 『상담의 기술』에서 관계 중에 일치감을 맛보아야 한다고 강조한다. 리더 중에는 **자신이 공감을 잘한다고 생각하는 사람들이 꽤 있다. 그러나 그들이 실제로 대화하는 것을 보면 그렇지 않을 경우가 많다.** 공감이란 **판단기능을 아예 중지시키고**, 자기중심적 사고에서 벗어나 **상대중심의 틀로 바꾸는 것**이다. 그러기 위해서는 그들의 감정을 읽고, **공통된 감정을 소유하는 것**이다. 그래서 공감(共感)인 것이다. 자기와 타인의 **감정읽기를 하지 못하면 공감은 불가능하다.**

공감적 소통을 위해서는 판단하지 말고 상대의 말에 온전히 집중하면서, **그저 의식에 떠오르는 것을 직관하는 현상학적 접근[6]이** 필요하다. 현상학이란 '가능한 한 개념적 전제를 벗어던지고 그 현상만을 충실히 포착하고자 하는 시도'를 중시하는 철학 사조다. **코칭적 대화는 현상학적인 대화법을 기반**으로 한다. **알아차리고 포용하는 자세다.**

들을 때는 개념만 벗어던지는 게 아니라 **자신의 감정도 벗어**

---

6) 현상학적으로 철학하는 방법의 제1원칙은 판단 중지다.

**던져야** 한다. 그리고 상대방의 감정의 옷으로 갈아입어야 한다. 『하버드 피드백의 기술』에서는 상대의 말을 들을 때 **특정한 감정을 갖고 있으면 실제 사건을 보지 못하고, 해석을 하게 되고, 결국은 충고를 하게 된다**고 한다. 그래서 리더는 자신의 감정은 가능한 한 버리고 들되, 남의 감정은 충분히 가져와서 공감해야 하는 것이다. 감정을 읽는 능력이 없다면 가져올 수도 없다.

그래서 상담과 코칭을 할 때는 **감정명칭**에 대한 공부를 따로 한다. 지금 보이는 것이 벅찬 환희냐, 잔잔한 행복감이냐, 충동적 쾌락이냐, 흥분이냐, 즐거움이냐, 희망감이냐 등 좋은 감정도 대단히 여러 방식으로 표현할 수 있다. 이것들을 가려낼 줄 알아야 한다.

더 확실한 방법이 있다. **상대에게 지금 어떤 기분인지 물어보는 것**이다. 상대방이 감정명칭에 익숙하지 않다면 감정 리스트를 주고 고르라고 해도 좋다.[7] 리더가 부하인 자신의 감정을 알려고 하고, 맞추려고 노력하고, 자신의 감정을 존중해 주는 모습을 본다면 그 부하는 아마 깊은 감사를 느낄 것이다. 단, 관음증적으로 **캐내려고 하는 자세가 아니라 같은 편에서 도와준다는 느낌**을 줄 수 있게 해야 한다.

**리더가 자기 입장을 고수한다는 것**은 직원이 리더에게 저항하는 것이 아니라, **리더가 직원에게 저항하는 것**이다. 남을 수용할 능력이 없는 것이다. 누군가 '진정으로 소통하기까지는 우리

---

7) 이 과정을 도와주기 위해 감정카드란 도구가 개발되어 있다.

와 같이하는 사람이 누군지 진정으로 모른다'고 했던 말이 깊이 와닿는다. 나야말로 나와 같이 일했던 직원들을 정말로 알고 있었을까? 많은 반성이 된다.

## 고차원적인 사고는 고정된 것이 아닌 흐르는 것

　　　　　　감정은 이렇게 개념이해, 통찰력, 의사결정, 창의력, 동기유발, 잠재력 발휘, 의사소통, 몰입 등 직장생활의 모든 면에 지대한 영향을 미친다. 우리의 **이성은 합리적인 무엇을 찾을 수 있게** 해 주지만, **감정은 찾는 행위를 이끌어 준다.** 그러니 저 깊은 내면에서 이성적 의식보다 더 강렬하게 우리를 움직이고 있는 것은 바로 감정이다.

그런데 여러분은 **정신 시스템도** 신체처럼 **면역반응을 한다**는 걸 아는가? 충고처럼 뭔가 새로운 게 들어오면 먼저 부정적이고 불편한 감정이 든다. **유기체가 자기 보존을 위해 우선 밀어내기를 하는 것**이다. 그런 다음에 맛보기에 들어간다. 변화단계에서는 부하가 이런 면역반응으로 부정적인 감정을 보이는 걸 당연하게 여기고 수용함으로써 부정성을 해소시키는 일을 반드시 포함해야 한다. **변화의 포인트는 초기의 부정적인 감정을 수용함으로써 줄이고, 이뤄 내고자 하는 긍정적인 감정을 점차 늘려가는 것이다. 변화는 '흐름'으로 인식해야** 한다. 앞에서 창조성을 설명할 때 '휘발'이란 단어를 쓴 이유는 창조성도 흐름성을 띤다는 주장을 내포하고 싶었기 때문이다.

필자는 **몰입, 동기, 사고, 직관 등 많은 사고 작용 또한 '정신에너지의 흐름'**이라고 생각한다. 그러니 흐름을 막지 말고 자연스럽게 흐르게 해 줘야 한다. **판단, 결정 등은 사고의 흐름을 중지시켜 버리는 작용이다. 이래서 정오답을 정확히 판단하는 주입식 교육이 나쁘다고 하는 것이다. 맞다 또는 틀렸다의 이분법 방식으로 평가함으로써 정신적 성장의 흐름을 막기 때문**이다. 이들은 모두 **창조력의 방해꾼**[8]이다. 뇌 피질의 신경계층 구조를 **자유롭고 유연하게 오르락내리락하는 고차원적인 사고의 흐름을 지속시키는 것은 뇌 발달과 인간성장에 필수적**이다. 신체적 아름다움을 위해 신경 쓰는 것만큼 자신의 뇌를 멋지게 키우는 노력을 게을리하지 말자.


## 진정한 '존중'은
## 어떻게 하는 것일까?

'인간 존중'이란 경영이념을 표방하는 기업들이 많다. 그러나 어떻게 하는 게 존중하는 행위냐고 물으면 아마 모두가 다른 답변을 할 것이다. 이를 심리학적으로

8) 물론 근거 있는 창조력의 기반에는 수많은 정보가 뒷받침되어야 한다. 그러나 주입식 교육 말고도 자기주도적으로 정보를 흡수할 수 있는 훌륭한 학습 방법들이 많다.

풀어 보겠다.

모든 **사람이 원래 가지고 태어난 동기를 칼 로저스는 '자기실 현 경향성'**이라고 불렀다. 사람들은 모두 일생 동안 어느 상황에 서건 '무엇이 되고자' 한다. 하물며 **식물도 지향성을 가진다.** 이 런 **타고난 잠재력을 온전히 발휘하기 위해선 심리적 안전감**[9]**이 반드시 전제되어야 한다**고 로저스는 주장한다. EBS에서 〈내 마 음의 안전기지〉라는 상담 TV 프로그램을 방영한 적이 있다. '안 전기지'라는 이름이 붙여진 이유가 바로 **안전감이 자기실현에 너무나 소중한 필요조건**이기 때문이다.

그래서 **리더가** 먼저 직원을 동등한 인간으로 존중하고 수용 하는 자세가 필요하다. 거부당하지 않는다는 **심리적 안전지대 의 역할을 하라**는 말이다. 남에게 수용되면 직원은 그제야 자신 도 자기를 수용하게 된다. 그제야 자신조차 거부하고 명령하고, '왜 그랬어, 이 바보야'라고 질책해 왔던 스스로의 부정적인 감정 들을 떨쳐 낸다. **불안한 감정이 비워진 마음에는 자신을 인정하 는 자기존중감이 차오르게 되고, 평안한 안정감 속에서 과제에 몰두하게 된다. 이런 행위가 바로 부하들을 '존중'하는 행위다.** 떠받들라는 게 아니다. **그저 있는 그대로 수용해 주라**는 것이 다. **업무향상 얘기는 부하의 마음이 긍정적으로 돌아섰을 때 해 야 효과가 있다.**

---

9) 안정이 아닌 **안전**이다. 안정감은 안전하다는 것이 보장되어야 비로소 가질 수 있는 감 정이다. 그러니 먼저 안전하게 해 줘야 한다.

# 위선적인
# 리더십

단, **리더가 말로만 번지르르 수용하는 척한다면 직원들은 리더의 위선성을 금방 알아채고 만다.** 말로는 좋은 사람인 척하는데, 당최 내가 이해받는 것 같은 느낌이 안 든다. 말로는 '그렇구나' 하면서 얼른 휴대전화를 받는다. 또는 '알겠어, 그런데……' 라고 말한다. 무엇이든 말해도 좋다고 해 놓고 결국은 직원을 판단하고 조언하는 모습을 보인다. 이럴 때 부하들은 마음을 닫는다. 리더를 신뢰하지 못한다.

**직원을 수용하는 법은 어디서도 가르쳐 주지 않는다.** 기업의 커뮤니케이션 교육에서도 깊은 부분을 다뤄 주지 않는다. 거기까지 연구하는 경영학자들이 드물다. **그러므로 리더들은 경영학에 머물지 말고, 철학, 정신과학, 심리학 등에서 답을 찾으려고 노력**해야 한다.

**남을 존중하고 수용하는 리더가 되고자 한다면, 자기 마음의 생각을 완전히 지우고 직원의 눈과 말과 모습과 분위기를** 있는 그대로 **'알아채고',**[10] 있는 그대로 **'담아 줘야'**[11] 한다. '비판단의 원칙'이다. 자신의 생각으로 필터링이나 변형해서 정보를 오염

---

10) **알아차림**이라고 한다. 스스로 알아차리는 것은 '자각'이라고 한다.
11) '담고 담기기'는 저명한 정신분석학자인 윌프레드 비온이 강조하는 단어다. **정보는 담기는 것이며, 담아 줄 사람을 기다린다**고 했다. 고로 **진정한 대화는 타인의 정보를 '담아 주는'** 것이다. 그러기 위해서 **기억도 욕망도 없는** 상태에서 **고르게 분산된 주의를 기울이는 것이 중요**하다고 했다.

시키는 오류를 범하면 안 된다. 이것이 **말과 감정이 일치하는 진정성 있는 '포용'**[12]의 자세다.

'포용'을 강조한 세기의 철학자 **마르틴 부버는 교육의 열매는** 교육적 '의도'가 아닌 **교육적 '만남'에서 맺힌다고** 했다. **'너-있음'** 을 인정하는 것이다. 그리고 **'인정'이란 내(학생)가 성장할 수 있 다는 가능성을 타인(스승)에게서 확인하는 것**이라 했다. 마찬가 지로 **포용적 리더와의 대화는 부하로 하여금 성장가능성을 보 게 만든다.** 이럴 때 부하는 비로소 마음을 열고 진짜 자기 생각 을 열어 놓는다. **이런 대화를 통해 부하들이 건강**해지고 **성장하 는 것이다.** 이것이 로저스가 세계적으로 유명하게 된 **사람중심 상담의 원리**이며, **인본주의 리더십의 가장 중심이 되는 능력**이 다. 시간이 난다면 마르틴 부버의 역작인 『나와 너』[13]를 읽어 보 기를 권한다. 책이 좀 어렵지만, 사회, 가정, 학교에서의 인간관 계에 눈이 트일 것이다. 다행히 책이 두껍지 않다.

---

12) '포용'은 세기의 철학자 마르틴 부버가 강조하는 단어다. **대화는 포용요소와 관련될 때만 진정성**을 획득할 수 있다. 즉, 상대방의 **'너-있음' '그렇게 있음'**을 인정하는 것이 다. 그리고 **'나-너'가 '연결되어 있음'**을 일깨우는 말이다.
13) 마르틴 부버는 종교철학자다. 지나치게 종교적인 부분은 간혹 건너뛰어도 무방할 것 이다.

# 감정적 웰빙은
# 정신건강의 핵심

아이데오(IDEO)의 설립자 **켈리 형제**가 쓴 『유쾌한 크리에이티브』란 책에는 **감정이 인간다움을 추구하는 데 얼마나 중요한지**를 알려 준다. 형은 명문 카네기멜론 대학교 전기공학부 졸업 후 보잉에서 일했다. 하지만 열정을 느끼지는 못했다. 동생은 버클리 대학교 MBA 졸업 후 경영 컨설턴트로 일했다. 두 사람 모두 수재이면서 보수와 실적도 좋았다. 남들의 부러움을 샀을 것이다. 하지만 가슴이 뛰지는 않았다. 그들은 깨달았다. **"사람에겐 달러($)도 중요하지만 하트(heart)도 중요하다"**라는 것을 말이다. **하트는 인간성과 행복, 정서적 웰빙**이라고 했다. 즉, 정신건강을 말한다. 형은 아이데오를 창업했고 동생은 나중에 합류했다. 이 일은 두 사람을 몰입시키고 열정을 갖게 한다고 한다. 그리고 **세상에 더 의미 있는 기여**를 할 수 있다고 그들은 굳게 믿는다. 그리고 그들은 아이데오를 세계적인 디자인 그룹으로 일궈 냈다.

이 두 사람을 통해 **돈으로 환산되는 성과와 실적이 장기적으로 개인의 행복에 큰 도움이 되지 않는다**는 것을 볼 수 있다. 감정 흐름에 진실한 삶을 사는 것은 중요하다. 세상적 요구에서 좀 거리를 두고 **우리의 인생을 재평가함으로써 얻어지는 조화로운 삶은 우리를 진정으로 성장하게 한다.**

지금까지의 화두는 감정을 적재적소에 잘 활용하자는 얘기들이었다. 이제부터는 반대로 **감정을 잘 절제하자는 얘기로 이어가겠다.** 지나침 없는 균형을 유지하는 것은 자연의 순리다.

## 자기 감정 자각을 통한 평정심 갖기

감정 능력을 발휘하는 것이 아무리 중요하다고 해도, 감정을 느끼는 만큼 노출하는 것은 금물이다. 절제되지 않은 감정은 그 사람을 충동적인 사람으로 비춰지게 만든다. 리더라면 자신의 감정을 절제함으로써 평정심이란 덕목을 갖춰야 한다. 지나치게 긍정적인 것도, 지나치게 부정적인 것도, 지나치게 표현하는 것도, 지나치게 억누르는 것도 역효과를 가져온다. 앞 장에서 황금비를 6:4로 유지하라는 말을 했던 것을 기억하고 있을 것이다. **감정 또한 균형 있고 조화롭게 절제해야 효과를 누린다.**

더 나아가서 감정을 절제하는 데 머물지 말고, 무의식적으로 끊임없이 자동적으로 생성되는 자신의 감정이 무엇을 의미하는지를 감지(sensing+perceiving)할 줄도 알아야 한다. **평정심은 내면의 무의식에 대한 이성적 추론으로 얻어진다.** 이성과 무의식의 적절한 조화가 필요한 것이다. 그러므로 **자기 감정을 자각하지 못하는 사람은 평정심도 발휘할 수 없다.** 일상생활 전반에서 '오랫동안 늘 사용해 왔던' 무의식적이고 습관적인 감정들이 기본 감정 중에 **어떤 감정인지**(불안, 두려움, 분노, 기쁨, 혐오, 놀라움, 슬픔)**를 분별**해 내고, **다른 각도에서 봄으로써** 과연 **이 감정이 합리적인지를 탐색**하고, 이를 **대체하는 좋은 습관을 길들여야** 한다.

심리학자들에 의하면 인간이 위급하거나 스트레스 받을 때 무의식적으로 보이는 모습이 그 사람의 기본형이라고 하니 평소 절제된 습관의 중요성을 알 만하다. 그러기 위해서는 '지금-여기'의 순간에서 자신을 드러내지 않고 꼭꼭 숨어 있는 **감정의 흐름을 성찰하는 노력이 필요**하다. 순간순간의 자기 감정들을 예민하게 바라보는 데 유능해야 한다. 지금 나의 감정은 어떤가? 평온한가? 불안한가? 조급한가? 약간 화가 나는가? 그렇다면 이 감정은 어디서 연유했을까? 3장에서 다룬 오류 중에 내가 과연 어떤 오류를 범하고 있을까? 꾸준히 연습하다 보면 어렵지 않게 자기 감정변화 및 오류의 유형을 느낄 수 있게 된다.

**감정 붕괴의 주요 진앙지에 대한 '알아차림'에 익숙해지는 것은 감정을 다루는 지름길**이다. 극한 **감정의 촉발요인을 알아 두라**는 것이다. 감정의 흐름을 알면 이것 또한 분별해 낼 수 있다. 이것이 바로 정신분야 전문가(의사, 상담자, 코치)들이 사용하는 기법이고, 모든 사람에게 필요한 **인간다운 삶의 지혜**다.

얼마 전에 바쁜 시간을 쪼개서 콜센터에 전화를 했다. 기계적인 오류로 인해 처리 지연이 일어났다. 나는 유독 친절했던 직원에게 뾰로통하게 대하기 시작하는 자신을 문득 알아차렸다. 내 기분이 왜 나빠졌지? 나는 내 행동이 과연 합리적이고 효과적인지를 성찰했다. 내 안에는 '콜센터 업무는 오류 없이 즉시 처리돼야 해'라는 신념이 있는 것을 발견했다. 내가 불쾌해진 이유는 직원 때문이 아니라 기다림을 용납하지 않는 내 신념 때문이었던 것이다. 이에 생각이 미치자 나의 조급함을 반성하게 되었고, 이내 감정은 해소가 되었다. 직장생활을 오래한 사람들은 종종 스피드와 정확성에 민감하게 반응한다. 세상이 내 방식대로 돌아가지 않을 수 있다는 것을 늘 깨닫고, 이것이 감정붕괴의 진앙지라는 것을 염두에 두고 생활한다면 평온한 삶에 도움이 될 것이다.

인간관계를 왜곡하지 않게 위해 이렇게 리더가 먼저 **자기성찰을 통해 내면의 문제를 선결하면, 직원과의 사이에 오고가는 감정에 휘말리지 않고 중립성과 객관성을 유지할 수** 있게 된다. 그런 평정심을 바탕으로 리더는 직원과의 관계에 몰입해서 참여할 뿐 아니라 **때로는 한 걸음 뒤로 물러서서 관계의 구조와 감정을 조망할 수도 있게 된다.** 이런 자세는 조직 구성원들과 **'지금-여기'에서 벌어지는 관계패턴을 알아차리게 도와준다.** 비로소 '인간다움'을 기반으로 한 소통이 가능하게 되는 것이다. **이런 자기성찰(self-reflection) 교육을 기업교육에서 심충적으로 다뤄 줘야 한다.** 그래야 직원들이 가지고 있을지도 모르는 부정적인 감정을 떨치고 불가능한 거대한 미래로 나아갈 용솟음치는 심리적 에너지를 충전할 수 있으니까 말이다. 이것은 **기업의 CEO들이 먼저 알고 실천해야 할 아주 기본적인 역량**이다.

# 협업을 위한 의사소통: 기업교육의 변화

기업에서 가장 자주 접할 수 있는 교육 중의 하나가 의사소통 교육이다. 여전히 소통을 강조하는 기업들이 참 많은데, 직장의 의사소통이 제대로 이뤄지려면 경청하기와 질문하기, 피드백하기만으로는 불가능하다.

인간의 기본 심리적인 구조, **감정과 사고가 언행에 미치는 영향들을 더 깊이 있게 다뤄야** 한다. 듣기와 말하기 전에 사람들은 이미 감정이 정해지기 때문이다. 예를 들어, '저 사람과 얘기하면 안 들어 줄 거야' '저 사람과는 어쩐지 대화하기 두려워' 하는 생각을 먼저 갖고 대화에 임한다는 말이다. 이렇게 부정적인 **감정을 먼저 깔고 대화를 시작하면 결론은 정해져 있는 것이나 마찬가지다.** 싫은 상대의 말을 거부하거나, 수용하더라도 어쩔 수 없이 혹은 부분적으로만 수용할 것이다.

4차 산업이 심화되어 감에 따라 **협업과 시너지를 그렇게 강조하면서도, 왜 조직 내에서 시너지 효과는 나지 않을까? 그 답은 감정을 무시하는 소통**에 있다. 상대의 감정과 내면을 읽는 능력이 없어서, 상대와 갈등상황에 처하는 것이 불편해서, 권위적인 느낌에 눌려서 등등의 이유로, **결론을 한쪽으로 몰아준다.** 그 한쪽이란 주로 리더(혹은 입김이 센 사람)가 될 것이다. 상사에게 전적으로 순종하는 기업문화에서 주로 이런 현상이 벌어진다.

**소통에 유능한 리더는 소통 초반에 존재하는 서로의 감정들**

을 긍정적인 감정으로 전환시킬 수 있어야 한다. 공유된 감정으로 마음의 방향성을 한곳으로 둘수록 팀의 대화는 무르익는다. 일대일의 감정관계는 물론이고 리더들은 '집단'의 감정연구에 더 신경 써야 할 것이다. 그러기 위해 더 많은 심리적 원리가 있지만 이 책의 범위에서 벗어나기에 이만 생략하기로 한다.

## 분노라는
## 감정

감정에 대한 신경생리학 연구의 개척자인 뉴욕 대학교의 **조셉 르두**는 『감정적 두뇌』에서 **감정은 쉽고 빠르게 의식을 장악한다**고 했다. 당황했을 때 순식간에 귀가 빨개지는 것을 보면 알 것이다. 진화의 역사를 볼 때 뇌의 연결구조는 **감정적 시스템에서 인지적 시스템으로 향하는 연결**이 그 반대보다 **훨씬 더 강하게 진화되어 왔기 때문**이라고 설명한다. 위험이 코앞에 있는데 감정작용이 느리다면 살아남을 수 없다. 고고학자가 아니더라도 초기 인류를 상상해 보면 이성적으로 추론하기보다는 감정에 의해 유발된 사고를 했을 것이란 추측이 충분히 든다. 그리고 이 추측은 꽤 정확할 것이다.

특히 폭발적인 분노를 잘 다스려야 하는데, B.C. 1세기경 로마의 **푸빌리우스 시루스**가 "**분노한 사람은 이성을 되찾았을 때 자신에 대해 다시 한 번 분노한다**"고 말한 것은 모든 사람이 새겨들을 만한 가치가 있다.

『감성에 열광하라』의 저자인 스티븐 스타인과 하워드 북에 따르면 감정능력은 개발이 가능하다고 하니 **기업교육에서 감정의 중요성을 커리큘럼에 포함**하고 강조하기 바란다. 분노 자각과 조절능력은 충분히 개선할 수 있다. 감정의 이론적 측면을 배우는 것이 아니라, **나와 남의 감정을 읽어 내고 평정심을 되찾는 훈련을 직접 체험하는 그런 실습교육이 필요**하다. 기존의 의사소통 전문가가 아닌, 심리학 전문가를 통한 새로운 시각을 접해봐야 한다.[14] **자기 감정자각을 잘하면, 대인관계능력과 스트레스 관리능력도 긍정적으로 영향**을 받는다. 무릇 리더라면 자신의 부정적인 감정은 절제하는 동시에, 타인의 부정적인 감정은 공감하고 수용할 줄 아는 자세를 보여 줘야 한다.

# 타인의 감정을
# 온몸으로 읽기

**감정은 몸과 행동으로 나타난다. 감정은 고정되지 않고 상황에 따라 변화**하는데 **리더는 '순간순간의 감정'을 직원들의 몸에서 읽어 낼 줄 알아야** 한다. 눈빛을

---

14) 분노조절을 하는 심리기제가 별도로 개발되어 있다. 심하면 '간헐성 폭발성 장애'로 이어질 수 있다. (흔히 분노조절 장애라고 알려져 있으나, 이는 『DSM-5』에서 정한 공식 명칭은 아니다.)

보고, 표정을 보고, 태도를 보고, 미세한 행동을 보고, 말투를 듣고, 침묵을 읽고, 대화의 분위기를 피부로 감지해서 읽어 낼 줄 알아야 한다. 거의 모든 감각을 이용해야 하는 능력이다.

며칠 전 점심 모임에서 재미있게 얘기하다가, 한 사람이 갑자기 눈 맞춤을 하지 않고 표정이 심드렁해진 것을 느꼈다. **"표정이 바뀌었는데, 왜 그런지 물어봐도 되나요?"** 하고 정중하게 물으니, 자신의 속마음을 얘기하면서 다시금 모임의 얘기에 집중하는 것을 볼 수 있었다. 자신의 입장이 존중받고 인정받는 느낌이 든 것이다. 만일 표정이 안 좋아진 것을 알아채지 못하고 그냥 얘기를 이어 갔다면, 그 사람에게 모임은 재미없게 끝났을 것이다. **부하와도 이런 식의 상호작용을 권한다.**

우리는 **관심을 끄는 것을** 보면 동공이 확장된다. 전문가가 아니더라도 우리는 눈빛을 통해 어느 정도 상대의 마음을 눈치챌 수 있다. 배우들의 **눈빛연기**라는 것은 눈 전체보다는, **동공을 이용한 연기**가 아닐까 짐작해 본다. 재밌는 **실험사례**가 있다. 피험자에게 난이도를 높여 가면서 문제를 풀게 하는 실험이었는데, **실험자들은 피험자의 동공 크기만 보고도 문제를 계속 풀 것인지 말 것인지를 판별해 냈다**고 한다. 어느 피험자가 문제풀기를 포기하려는 마음을 막 먹자마자 실험자가 "왜 포기했나요?"라고 즉각 물었더니, "그 사실을 어떻게 알았느냐"며 피험자가 매우 놀랐다고 한다. **동공이 축소된다는 건 흥미가 소멸됐다는 말**이다. 눈은 '마음의 창'이라고 한다. 내 생각에 눈은 **'관심의 창'이란 말이 더 정확한 것 같다.** 당신을 보는 그 사람의 동공이 수

축되어 있다면, 그는 당신에게 관심이 없는 것이다. 눈맞춤을 아예 하지 않는다면 더 관심이 없는 것이다.

**원시시대에는 두려움의 냄새도 맡았다**고 한다. 진화를 거듭해 오면서 정밀한 시각기능과 언어를 통한 청각기능에 점점 의존하게 되면서 현대인들은 많은 후각기능을 잃어버리게 되었다고 한다. 능력은 있었으되 이제는 그리 쓸 만하지 못하다는 뜻이다. 그러나 우리는 오싹한 분위기, 두려움, 주저함 등을 아직도 온몸으로 느낄 수 있다. 관심만 충분히 기울인다면 말이다. **유능한 상담자나 모성이 강한 어머니들은 실제로 그렇게 한다.** 감정을 몸으로 느끼는 것은 리더들도 개발하면 가능한 영역이다.

# 거울로 비춰 주는 대화는
# 상대 감정을 만족시킨다

감정코칭의 세계적인 권위자인 **존 가트맨은 복합적인 감정까지도 읽어 내서 수용하라**고 한다. 더 나아가서 **숨겨진 욕구까지도 꿰뚫을 줄 알아야 한다. 보디랭귀지로 읽는 게 충분하지 않다면 질문을 통해 상대의 마음을 물어본다.** 주의할 점은 '왜'란 질문은 가급적이면 하지 않는다. **"왜?"** 는 인지적인 사고를 요구하기 때문에 **감정의 맥을 끊어 버린다.** '어떻게, 무엇이'로 물어본다.

**공감을 표현하기 위해서는 상대의 말을 그대로 반복해서 따**

라해 주라고 조언한다. "지금 자네 말은 ~라는 얘기군"이라고 그대로 따라 하는 것이다. 이를 **미러링**(mirroring)이라고 한다. 상대방이 한 말을 거울처럼 되비춰 주면, 상대방은 자신이 한 말을 되새겨 보게 된다. 우리는 생전 자기 얼굴을 절대로 볼 수 없지만, 거울을 통해 파악할 수 있는 것과 마찬가지다.

**판단적 사고에 물든 사람은 미러링을 할 때조차도 자신의 생각을 뒤섞어서** 상대방에게 되돌려 준다. 그러면 **상대방은** 반드시 이런 반응을 보일 것이다. **"그게 아니구요……."** 거듭해서 판단적 미러링을 하게 되면 대화는커녕 상대의 불쾌감만 커지게 할 것이다. 이해받지 못하는 느낌이 들어서다. 자신의 생각을 완전히 접어 두고, 상대가 한 말만 되돌려 줘라. 이것은 리더십과 코칭적 대화의 기본이다.

그리고 **미러링은 관심의 표현**이기도 하다. 우리가 친해지고 싶은 사람이 있다면 그 사람의 행동을 따라 한다고 하지 않는가? "같은 걸로 주세요"라고 말이다. 미러링도 같은 원리다. 행동을 따라 해 주면 부하는 고마워한다. 경청받은 느낌이 들어서다. **비언어적 경청**이다. 참으로 간단하지 않은가?

리더가 이와 같은 **감정읽기와 공감력을 발휘해서 불안정한 감정을 해소시키고 긍정적인 감정으로 전환시킬 수 있다면 직원들은 변화한다.** 어떻게? 첫째, **인정받는다는 느낌으로 일에 에너지를 몰입**할 수 있다. 둘째, 몰입을 통한 **성취감과 만족감 등의 자기실현 감정**을 느낄 수 있다. 셋째, 무의식에 묻혀 있던 **잠재력을 꺼낼 수 있게 됨으로써 성장**에 도움이 된다. **조직에는**

물론 **성과향상**이란 선물이 주어진다. 또 **리더에게는 신뢰란 선**물이 주어진다.

　**인본주의를 기반으로 하는 리더십의 목적은** 자신이 본래 가지고 있는 가치를 드러내고 실현하게 해 줌으로써 '**존재(Being)** **자체로서의 행복과 성장**'을 누리게 하는 것이다. 긍정적이고 **성** **장적인 마인드세트를 격려하는 문화를 조성**함으로써 '**더 높이** **사고하고 더 멀리 행동하는' 직원으로 길러 내야** 직원들도 행복해진다.

## 항상성 본능과
## 조직의 덕(德)

　　　　　**유기체의 몸은 자기보존과 안녕을** **위해 항상성을 추구**한다. 항상성이 유지되고 있느냐 혹은 깨지고 있느냐에 따라 감정은 우리에게 각종의 다양한 신호를 보낸다. 만일 화가 났다면 신체적 균형이 깨진 것이다. 호르몬, 근육, 심장박동 등이 평상시와 다르게 움직인다. 이런 항상성 붕괴는 불쾌한 감정으로 다가온다. 그러므로 **항상성은 개인의 감정적** **균형에 중대한 영향**을 미친다.

　개인뿐 아니라 타인과의 관계에서도 마찬가지다. 양자 간의 항상성 유지가 요구된다. 타인과의 감정적 균형을 유지하게 도와주는 것은 공감력이다. **공감력은 대인관계에서의 항상성 유**

**지를 위해 필요한 능력**이라고 나는 주장한다.

개인내부의 감정적 균형, 그리고 타인과의 공감력은 조직의 항상성, 기업의 항상성, 사회적 항상성을 유지하는 데도 도움을 준다. 그러니 **개인, 타인, 조직, 기업, 사회는 밀접하게 연결되어 있으며, 작동방식은 항상성 원리에 따른다**고 주장한다. 항상성이 깨지면 개인은 물론이고 조직, 기업, 사회가 요동친다. 항상성을 되찾기 위해서 말이다. 신경생물학자인 다마지오는 **항상성이라는 자연의 원리를 통해 사회의 안녕이 유지**될 수 있다고 강조한다. 적절한 사회적 제도는 집단수준에서 항상성을 유지시켜 주는 메커니즘이라고 한다. 그런데 사회적 제도라는 비자연적인 도구는 고작 수천 년의 역사밖에 가지고 있지 못하므로, 자연원리에 비해 아직 미숙하다고 다마지오는 걱정한다. 그는 **인류 역사는 항상성이란 목적을 실행할 만족스러운 방법과 수단을 찾기 위한 투쟁의 역사**라고 정의한다. 참으로 일리 있는 정의가 아닐 수 없다.

인간은 남을 볼 수 있으면서도 나를 볼 수 있는 눈을 가진 독특한 존재다. 이런 소통과 공감력을 통해 사회적 제도를 지속적으로 개선해 나가는 과정이 필요하다고 한다. **기업 제도 역시 불과 3백 년 정도밖에 되지 않았다. 그러니 미숙할 것임에 틀림**없다. 자신을 보고 남을 보는 눈을 가지고, 자연의 원리인 **항상성을 유지시켜 주는 경영방식과 리더십 방식을 지속적으로 성장시켜 가야 하는 것이 숙제**로 남아 있다.

혹자는 오해하지 마시라. **항상성은 고요와 정체를 의미하는**

것이 아니다. 자연과 인간성장의 흐름을 인정하는 것이다. 고유의 흐름을 막으면 요동친다. 10배의 성장 여력이 있는 직원의 흐름을 막고 있다면 그는 항상성을 깨뜨리는 리더다.

## '감정수용→사고촉진→행동독려'의 선순환을 고려한 'HR과 HRD 시스템'

지금까지 언급한 내용들을 종합하면 **리더십 발휘의 순서를 '감정수용→사고촉진→행동독려'라는 선순환 사이클을 돌려야 한다**고 주장한다. **TAG² 모델 발휘 순서를 반영한 시스템** 구현이다. 이런 선순환을 조직적으로 구축하는 것은 기업의 HR과 HRD가 할 일이다.

우리의 조직문화는 '할 수 있다!' '하면 된다!'를 강조한다. 이런 **Can-do 정신은 인간의 심리를 잘 모르는 사람들이 주장하는 방식이다. 근거 없는 긍정주의다.** 리더십을 발휘할 때는 이런 이데올로기적 신념에서 빠져나와서 부정적인 감정부터 수용해 줘야 한다. '아니! 이걸 왜 못하지?'란 생각 대신에 '당장 할 마음이 안 내키는가 보다'라고 인정해야 한다. 그리고 흐름을 막고 있는 게 무엇인지를 보고, 둑을 허물어 줘야 한다. 그게 감정 읽기의 첫걸음이다. 그러니 **'하면 된다!'는 구호는 감정수용을 한 다음의 절차이지, 처음부터 그런 방식으로 접근하면 직원들에게 저항을 안겨 줄 뿐이다. 변혁이란 직원들의 항상성을 깨는**

것이므로 저항은 당연한 반응이다. 프로차스카의 **변화관리모델의 시작**은 저항감이 팽배한 전(前)숙고단계에서 시작함을 늘 상기하라.

**Can-do 정신 같은 과도한 긍정적 문화는 상대의 감정에 대한 몰이해로 비춰져 오히려 오류와 왜곡을 증폭**시킨다. 얼마 전에 TV에서 한 뉴스를 접했다. 미국의 디즈니랜드 퍼레이드 중에 용머리 가면에서 불이 활활 타오르다 지붕에 옮겨 붙었다. 그런데 관중들은 그것이 쇼의 일부인 줄 알고 피하지 않고 웃고 있었다. 다행히 피해자는 없었지만, 큰 사고로 이어질 뻔했다. 왜 이런 일이 일어났을까? **디즈니랜드의 긍정적인 조직문화** 때문이다. 디즈니랜드는 철저히 즐기는 곳이다. 긍정마인드로 온전히 포장된 곳이다. 이런 긍정 일변도의 문화 속에서는 무슨 일이든 즐거운 쇼와 놀이로 비춰지는 것이다. 극적인 즐거운 감정 때문에 **이성적인 사고조차도 즐거움으로 왜곡**되는 그런 이상한 일이 놀이공원에서는 벌어진다.

## '감정-사고-행동의 틀'을 기반으로 하는 기업교육으로의 전환

기업교육의 얘기로 다시 돌아가 보자. 그동안 기업에서 직원들의 역량 개발을 위해 지식, 기술, 태도(혹은 지식, 기술, 능력)의 3요소 틀로 접근했다면, **감정, 사고,**

행동의 3요소 틀로 바꿔 볼 것을 제안한다. 과거의 지식, 기술, 태도 분류방식은 서로 중복되는 요소도 많을뿐더러, 이를 나누게 된 명확한 학문적인 근거도 보장되지 않는다. 더욱이 이는 기업에 필요한 방식으로 분류가 되어, 인간을 '도구'로 보는 관점이 은밀하게 내포되어 있다.

감정, 사고, 행동은 명확한 이론적 구분과 학문적인 근거를 갖고 있으며, 따라서 심리적·인지적·행동적인 처치 방안도 명확하다. 그러니 기업교육이 한 걸음 성장하기 위해서는 과거 산업사회에서 관습적으로 받아들였던 통념에서 벗어나서, 전문적인 근거를 기반으로 한 접근으로 변화하는 것이 필요하다. 이는 인간을 '대상'으로 쪼개서 보는 것이 아니라, 전체론적인 존재로 인정하는 접근법이다.[15] 이것이야말로 진정한 의미의 전인교육이다.

인본주의 인간관이 점점 더 확산되는 이 시점에서 다시 한 번 강조하고 싶은 말은 "인간은 원자처럼 분해될 수 없으며 전체적이고 개별적인 全존재로 이해되어야 한다"는 칼 로저스의 말이다. 인간이 도구로 취급되어서는 안 된다. 앞으로 인간의 사고와 행동뿐 아닌, 감정까지 아우르는 실존적이고도 전존재적인 패러다임의 기업교육으로의 변혁을 기대해 본다.

---

15) 굳이 짝을 맞춰 보자면 **지식**은 사고적 측면, **기술**은 행동적 측면, **태도**는 감정적 측면으로 볼 수 있다. 그러나 **지식, 기술, 태도**는 인간의 사고, 행동, 감정의 일부 구성요소일 뿐이지, 인간 전체를 아우르지는 못한다.

# 감성능력(EQ)의 허점: 감성능력보다 감정읽기부터 발휘하라

## 1. 감정과 감성의 차이

우리는 평소에 감정과 감성을 분별없이 쓰고 있는 경우가 많다. 그렇다면 감정과 감성은 각각 무엇일까? 학자들의 전문적인 연구들을 조사해 보면, **감정은** 자극에 대해 몸이 반응하는 데서 오는 **일차적인 느낌**을 말한다. 즉, 어떤 대상에 대해 자동적으로 일어나는 느낌으로 기쁨, 혐오, 슬픔, 놀람 등 **강도가 강한 심리적 변화**를 말한다. 이와 비교해서 **감성이란** 자동적 반응이라기보다는 감정과 이성적인 사고가 결합한 반응이며, **강도가 낮은 이차적인 인식능력**을 말한다. 즉, 감성이란 감정의 실체를 이해하고, 이해한 것을 바탕으로 생각하고 행동하는 역량을 말한다.[16]

**감정은 능력이라고 부르지 않지만, 감성은 능력(EQ)이라고 부른다.** 그렇지만 감정을 알지 못하고는 감성능력을 발휘하지 못한다. 그래서 **감성능력 발휘를 위해서는 감정을 읽는 법부터 터득해야** 한다.

대니얼 골먼에 따르면 감성능력은 노력에 따라 변화가 가능하다고 한다. 감성능력의 종류는 다음의 표에 설명되어 있다.

---

16) 독자들은 이 부분에서부터 벌써 **'감성'이란 개념이 이해하기 어렵다**는 걸 느낄 것이다. 그런데 사회에서는 감성능력을 발휘하라고 강조한다. **이해하기도 힘든 것을 발휘하라고 하는 것은 큰 모순**이 아닐까?

<표 5-1> 감성능력의 종류

| 개인 내적 영역 | 대인관계 영역 | 적응영역 | 스트레스 관리 능력 | 정서영역 |
|---|---|---|---|---|
| • 자기 감정<br>• 인식<br>• 자기주장<br>• 독립성<br>• 자기긍정<br>• 자기실현 | • 공감<br>• 사회적 책임<br>• 대인관계 | • 문제해결<br>• 현실검증<br>• 융통성 | • 스트레스 인내력<br>• 충동조절 | • 행복<br>• 낙관주의 |

출처: 『감성에 열광하라』에서 발췌

## 2. 조직에서 감성능력을 발휘하기 어려운 이유

현재 **기업에서 중시하는 역량들은 대부분 감성능력의 이름으로 뭉뚱그려 표현되기 때문에 발휘하기가 어렵다.** 예를 들어, 앞의 표에서 '자기실현'이란 감성능력은 '자신의 잠재력을 발견하고 생의 목표를 추구함으로써 자기만족을 누리는 능력'이라고 정의되어 있는데, 과연 리더들은 부하가 이를 수행하는 것을 평가할 수 있을까? 나라면 못할 것 같다. 이를 발휘하기 위해서는 선행돼야 할 것들이 너무도 많기 때문이다. 매우 복합적이다. 즉, 자신의 욕구와 잠재력을 알아야 하고, 좋아하는 일을 해야 하고, 자기 일을 사랑하고, 열정적으로 실행하는 등의 여러 이성과 감정과 행위가 수반된다. 그래서 '자기실현이란 감성능력을 발휘하라'고 요구하면 회사가 무엇을 요구하는지도, 자신이 무슨 기준에 의해 평가받는지도 모른다. 복합적인 것을 측정할 수는 없기 때문이다. 그런데 '자기가 좋아하는 일을 하라' 등의 구체적인 감정용어로 말하면 이해가 빠르다.

**리더가 직원을 평가할 때, 자기실현 감성능력을 발휘하고 있는지를 관찰하는 것은 매우 어렵다.** 그러나 자기실현을 하는 사람들에게서 보이는 구체적인 감정과 사고와 행위, 즉 일을 좋아하고 회피하지 않고 적극적으로 임하는 행위, 자신의 최선을 다하는 감정적 지향성 등은 관찰이 가능하다. 이런 감정과 행위 관찰을 통해 '자기실현을 하고 싶은 감성이 있구나'를 간접적으로 알 수 있을 뿐이다.

따라서 **모호하고 복합적이고 추상적이고 현실에서 관찰이 어려운**[17] **감성능력을 발휘하라고 말하기보다, 구체적으로 관찰이 가능한 감정 읽기부터 배우라**고 강조하고 싶다. 즉, 나와 상대에게서 어떤 감정을 읽을 수 있는가를 먼저 터득해야 한다. 그것이 훨씬 더 배우기 쉽고, 현장에서 발휘가 가능해진다.

**내면 상태를 알기 위해 상담과 코칭에서는** 감성이란 모호한 단어를 쓰지 않고, '지금 어떤 감정을 느끼나요?' '지금 기분이 어떠세요?'라고 **직접적으로 물어봄으로써 자기 감정을 자각하도록** 도와주는 작업을 수시로 한다. **상대방의 기분을 알면 그 사람의 상황에 대한 태도 및 사고방식까지도 추론이 가능**하다. 별일 아닌데도 얼굴이 붉어진다면, 그 사람의 감정과 사고방식이

---

17) 어렵기도 하지만, 활용하는 데 갈등의 소지도 많고 활용이 불가한 경우도 많다. 그러므로 **내면을 전문적으로 다루는 영역인 상담**에서는 감정을 강조하지, **굳이 감성능력(EQ)을 크게 강조하지는 않는다.** 모호해서 터부하는 경우도 있다.

어떤지 물어봐야 한다.

　　**리더들에게는 매일매일 자신에게 어떤 감정이 수시로 올라오는지를 자각하고 오류를 탐색하는 셀프코칭을 할 것을 권한다. 이것이 바로 감정학습의 핵심이자 첫걸음이다.** 한 가지 더! 현대의 인간은 복잡하고 현학적인 것을 좋아할는지 몰라도, 자연과 인간의 본성은 원래 단순한 원형을 좋아한다는 것을 명심하자. **감정은 감성의 원형이다.** 감정을 더 소중히 여기자.

# 기하급수적인 성장을 이끄는 긍정심리학

　　　　　　　　**바버라 프레드릭슨**은 긍정심리학계의 최고권위자 중 한 명이다. 그녀는 『내 안의 긍정을 춤추게 하라』에서 긍정적인 정서의 효과에 대해 상세히 소개하고 있다([그림 5-2] 참조).

　　**긍정적인 정서의 효과는** 부정정서를 상쇄시키고, 기분 좋은 날들이 많아지길 열망하게 되며, 사고의 경계를 허물어서 **사고와 행동을 확장**시키고, **신체와 심리와 사회적 자원을 축적하게** 함으로써 개인과 미래를 변화시킬 수 있는 정서라고 한다. 설명이 좀 길어졌는데 다음 그림을 보면 명확히 이해될 것이다.

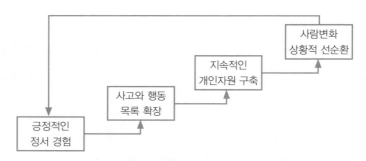

**[그림 5-2] 긍정적인 정서의 선순환 효과(프레드릭슨)**
출처: 『내 안의 긍정을 춤추게 하라』에서 발췌

　프레드릭슨의 설명에서 특히 주목할 부분은 부정적인 정서와 긍정적인 정서의 비교다. **부정적인 정서는 해당 상황을 빠져나오게 마무리 지음으로써 단기적으로는 도움**이 된다. 그러나 **긍정적인 정서는** 지속적으로 개인자원을 구축하게 함으로써 **장기적으로 유익**하다고 했다. 성장 마인드세트 보유자가 지속적인 학습을 하는 이유가 바로 긍정적 정서를 가졌기 때문이다. 정리하면, **부정적 정서는 축소를 지향**하고 **긍정적 정서는 확장을 지향한다**는 뜻으로 해석하는 것이 옳겠다. [그림 5-2]에서도 알 수 있듯이, 긍정적인 정서 경험은 자아 확장과 관점변화를 통해 궁극적으로는 **사람 자체까지 변화**시키는 효과를 가져온다.

　이 책에서 가장 흥미로운 점은 **긍정적인 정서의 비율이 어느 지점을 넘으면 티핑포인트[18]의 지배를 받아서 비선형적으로 나선형 상승을 일으킨다**는 것이다. 위로 그리고 밖으로 순식간에

---

18) 티핑포인트란 미미하게 출발하였으나 예기치 못한 일들이 한순간 폭발하는 현상을 말한다. 말콤 글래드웰의 베스트셀러 제목이기도 하다.

확장되는 **나비효과** 말이다. 이것을 **플로리시**(flourish)라고 했다. 프레드릭슨은 플로리시를 "**좋은 감정과 행동 모두를 포함하는 인간 기능 최상의 범위에 속하는 삶**"이라고 정의했다. '**행복의 만개**'라고도 한다. 바로 **기하급수적 상승효과**를 말한다.

# 3대 1의
# 비밀

프레드릭슨은 **10대 긍정적인 정서**로 기쁨, 감사, 평온, 흥미, 희망, 자부심, 재미, 영감, 경이, 사랑이라는 감정을 꼽았다. 진화과정에서 **기쁨은 생명체가 균형을 이룬 상태로 최적상태**이다. 슬픔은 그 반대다.

하지만 그녀는 부정적인 정서를 완전히 쓸모없는 것으로 간주하지는 않는다. **부정적인 감정도 모종의 역할이 있다**는 말이다. **긍정적인 감정이 부정적인 감정을 11:1 이상으로 넘어서면 풍성한 동역학이 소멸**되는 결과를 가져왔다. 지나친 긍정적 감정이 역효과를 불러오는 것이다. 긍정심리학의 아버지인 마틴 셀리그만도 『긍정심리학』에서 이를 확인하는 실험결과를 소개했다. 피험자들에게 녹색 신호등을 얼마나 통제했는지를 물어보는 실험이었는데, 우울한 학생들은 자신들이 통제한 때와 그렇지 못한 때를 모두 정확히 간파하고 있었다. 반면에 행복한 학생들은 자신이 통제한 때는 정확히 알고 있었지만, 전혀 통제하지 못했을 때에도 35% 정도를 통제한 것으로 과대평가를 했다. 이런 '근거 없는 낙관주의'는 실제 일어난 일보다 좋은 일이 훨씬 더 많았고, **자신에게 유리한 쪽으로 생각하는 과잉일반화 편향의 우려**가 있다.

그렇다면 **긍정적인 정서와 부정적인 정서의 적당한 비율은** 얼마일까? 그것은 **3:1**이라고 한다. 부정적인 정서를 한 번 경험할 때마다 세 번 정도의 긍정적 정서를 경험하는 환경이 삶의 발전과 행복을 위해 적절하다는 말이다. 그러니 **리더십을 발휘할 때 대화의 긍정적 정서 비율을 3:1 정도로 유지하도록** 노력할 것을 제안한다. 긍정 일변도의 대화는 오히려 의구심을 불러일으킨다.

프레드릭슨 외에, 행복연구의 세계적인 권위자인 에드 디너도 부정적인 감정의 필요성을 실험으로 연구했다. 학생들에게 **행복 점수**를 10점 만점으로 물어봤는데, **8이라고 대답한 학생들이 9나 10이라 대답한 학생들보다 성취수준이 더 높았고 창의적이었다**고 밝혔다. 매사에 행복하다고 대답한 사람들은 주의력이 떨어져서 오히려 성취도도 떨어지고, 위생상 면역력도 약하고 덜 건강한 것으로 조사되었다고 한다. 직원과의 대화에서도 긍정 일변도의 관계를 맺지 않아야 하는데, 그 이유는 **지나친 긍정적 사고는 상황판단 능력을 저하시켜 솔루션에 다가가는 것을 방해**할 수 있기 때문이다. 그러므로 **포퓰리즘에 젖어 너무 잘해 주기만 하면 부하들의 신뢰를 잃는다**. 짚어 줄 것이 있으면 짚어 주는 리더에게 부하들은 진정성을 발견한다.

# 긍정심리가
# 기업성장에 미치는 효과

프레드릭슨은 **긍정적인 감정을 통해 감정적 행복뿐 아니라 비즈니스 성취도 같이 올릴 수 있다**는 것을 실험을 통해 밝혔다. 그녀는 여러 기업을 대상으로 긍정심리와 부정심리의 비율을 조사했는데, **저실적군은 1:1, 중실적군은 2:1**의 비율을 보였다고 했다. **고실적군은 6:1**의 비율을 보였는데, 수학적 모델링을 통해 고실적군의 팀행동과 관련된 데이터들을 컴퓨터에 입력시켰더니 놀랍게도 예측불가능하고 순서가 복잡한 비선형적 모습을 보이더니 급기야는 나비모양의 끌개를 따라 위로 확산되며 소용돌이치는 **나비효과** 모습을 보였다고 한다. 경이롭게도 **고실적군의 플로리시 현상이 직접 눈으로 확인**된 것이다. **중실적군의 데이터들은 한계순환에 부딪혀 무한순환**을 했으며, **저실적군은 한 점을 향해 나선형으로 추락하는 고정점 끌개**의 모습을 나타냈다고 했다.[19]

결론으로 그녀는 직원의 **'생산성 예측요인'은 전반적인 정서 에너지 수준이 아닌 긍정적인 정서**임을 강조했다. 긍정적인 정서는 '행복감과 성장'을 동시에 끌어올린다는 것이 이 실험으로 증명되었다.

프레드릭슨에 따르면 **긍정적인 정서는 학습으로 키울 수 있**

---

19) 이 연구는 로사다라는 사람과 공동작업으로 진행됐기에 '로사다 라인'이라고도 부른다.

다고 한다. 인간의 성향을 결정하는 비율은 **유전이 50%, 현실 조건이 10%, 자발적 행동이 40%**라고 한다. 즉, 이 말은 고정적인 측면이 60%, 노력으로 **변화 가능한 측면이 40%**란 뜻이다. 이 역시 신기하게도 **황금비**의 보편적 원리를 따르고 있다.

긍정적 정서를 높이기 위해서 다양한 방법이 그녀의 책에 소개되는데, 좋은 소식 나누기, 축복 셈하기, 감사일기 쓰기, 선(善) 셈하기, 열정 쏟기, 미래 시각화, 강점 자주 활용하기, 명상, 돈독한 유대감, 자연과 교감 등이 있다. 바쁜 직장인들은 틈을 내서 20분 이상 야외활동을 하면 긍정정서가 증가한다고 한다. 특히 **멀리 바라보기**는 긍정정서 및 사고 확장을 돕는다고 한다. **감사와 흥미와 즐거움**이란 감정들은 **생명연장의 힘이자 세계관을 변화시키는 힘**이라 했다. **직업윤리와 놀이윤리 또한 이에 기반을 두어야 한다**고 한다.

**긍정적인 정서가 효과적인 협업을 가능하게 함**은 자명하다. 자기 것을 보호하고 고집하는 부정적인 상태와는 달리, 긍정적 상태일 때는 마음이 개방됨으로 해서 자신의 자원을 타인에게 나눠 주고, 타인의 자원 또한 자신에게 통합할 수 있게 됨으로써 원활한 협업을 가능하게 한다. **지적 호기심**을 가지고 **자신의 노출 범위를 확장하여 전략적 동맹 구축이 가능**해진다.

# 행동경제학적으로
# 직장의 긍정적인 정서 늘리기

**행동경제학을 리더십에 적용한 학자는 아직 드물다.** 이 책에서는 이런 융합적 시도를 하려고 한다. 긍정적인 정서를 늘리기 위해 행동경제학자의 실험결과를 적용해 보자.

행동경제학을 연구한 카너먼의 『생각에 관한 생각』에는 흥미 있는 실험이 소개된다. **'찬물에 손 넣기 실험'**이다. 총 3단계로 진행되는데, **1단계**에서는 피험자들에게 **섭씨 -10도[20]의 물에 1분간** 손을 담그게 했다. 이는 고통스러운 일이다. **2단계**는 1.5분간 손을 담그는 것인데, **처음 1분은 -10도에서, 나머지 30초는 더운물을 약간 주입**해서 -9.45도의 물에 담그게 했다.

마지막의 **3단계**는 피험자들이 **앞의 두 단계 중에 어떤 것을 반복할 것인지에 대한 선택**을 하게 했다. 2단계에서 고통이 줄었다고 말한 80%가 2단계 실험(1.5분의 긴 실험)을 다시 하겠다고 택했다. 이들은 분명히 실험이 더 길게 진행된다는 걸 알고 있었지만, **지속 시간은 선택에 영향을 미치지 않았다.** 다만 그들이 **체감한 고통수준은 '최악과 마지막의 평균'**이었다. 미미한 더운 물 주입으로도 그들은 훨씬 견딜 만하다고 느꼈으며, 그런 **마지막 느낌이 전체 고통을 희석**시킨 것이다. 즉, 끝이 좋으면 전체

---

20) 원본에서는 화씨 14도로 표기되어 있음. 이는 섭씨로 -10도임.

기억이 좋았다고 기억되는 것이다. 이를 **'절정과 종결의 법칙'**이
라고 한다.

이를 긍정적인 정서 늘리기에 활용해 보자. 하루의 마무리를
걱정으로 마무리하는 것보다 감사일기처럼 **긍정적인 경험으로**
**'종결'하는 것은 그날의 경험 전반을 긍정적으로 만드는 데 효과**
가 있다. 또한 하루를 지냄에 있어서 **'최악'의 순간을 덜 고통스**
**러운 경험으로 만들도록 평정심을 갖는 습관**도 중요하다. 리더
십을 발휘하는 데 있어서도 같은 법칙을 적용할 수 있다. **대화**
**중에 '최악'의 대화경험을 줄이고, '종결'을 긍정적으로** 하면 된
다. 이를 **'절정과 종결의 리더십'**이라고 이름 붙이면 어떨까?

지금 세계에서 각 분야를 선도해 나가고 있는 **학자들은 자신**
**들의 초일류 이론들을 경영이나 리더십으로까지 배달해 주지는**
**않는다.** 그러니 우리 스스로 이런 최근의 연구들을 읽고 리더십
**에 융합함으로써 새로운 기법과 관점으로 발전시키려는 노력이**
**필요**하다. 특히 최신연구를 중심으로 자기주도 학습을 하는 자
세가 필요하다.

# 조직의
# 가치관과 감정

**유발 하라리**는 미래의 창의성은 나
**의 뇌와 타인의 뇌를 연결하는 작업**이며, 인간은 **개인으로서가**

**아닌 집단으로서의 가치가 더욱 강조되게 될 것**이라고 한다. 2장에서 언급했듯이 그는 법인이라는 집단도 법적인 지위를 가진 인격체라고 했다. '인본주의'라는 개념 역시 현대사회가 추구하는 상호주관적 실재다. 사람들이 그런 의미망을 짜서 인정한 것뿐이다. **법인에 속해 있는 사람이라면 누구나 공유하는 상호주관적 실재의 바탕에는 그 법인이 추구하는 '가치'가 깔려 있다.** 그렇다면 가치란 무엇일까?

가치에 관해 전문적인 관심을 갖고 쓰인 책이 있다. 독일의 **미하엘 마리**가 쓴 『양의 탈을 쓴 가치』란 책이다. 가치는 진화과정을 통해 발전해 왔다. 혼자 생존이 불가능한 모든 생물체는 구성원이 자신의 가까운 이웃이며, 사회기초를 구성하는 모든 구성원은 동일한 가치를 공유하게 된다. 그러니 **가치는 인간의 의존성이란 본능에 대한 호소**라고 한다. **구성원들은 가치를 기반으로 소통하며, 유대감**을 가진다. 가치는 가장 보편적인 기본원칙이자 **도덕적 명령으로** 서로 간에 **기대하는 행동을 이끌어 낸다.**

기업에서 흔히 얘기하는 창업 정신, '회장님 말씀', 경영이념, ○○Way 같은 것들이다. **기업가치는** 공통성이 없던 구성원들에게 공통성을 가지게 하는 데 필요하다. 갈등이 생겼을 때 차이를 잠재우는 수단이며, 한 방향으로 동기를 모으는 수단이다. 또 기대하는 행동을 끌어낸다. 가치를 공유하는 조직은 **동질의 감정적, 사고적, 행동적인 정체성을 공유**한다.

좋은 의미든 나쁜 의미든 **기업은 가치를 도구로 사용**한다. 그러나 가치는 잘 활용해야 한다. 과거에는 신이나 왕의 말이 가치를 대신했다. 기업에서는 CEO의 말이 가치를 대신한다. 그러나 미하엘 마리는 이것이 위험할 수 있다고 경고한다. **CEO의 말을 교묘히 끼워 넣는 간접적 소통은 업무수행자의 책임을 가치에 전가시킬 수 있기 때문**이다. 일이 잘못되면 가치가 그러했으니 어쩔 수 없었다는 변명을 낳게 만든다. **가치를 통한 은폐**다.

가치가 어느 한 **집단의 권력욕을 충족시키는 데 쓰이게 되면 가치가 무기로** 사용될 수도 있다고 위험성을 경고한다. 종교전쟁이나 민족전쟁이 그것이다. 이처럼 가치가 한 상황에서만 유리한 **폐쇄된 경향성을 가질 때, 다른 상황에선 파괴적**이 될 수도 있다. 또한 가치는 단지 **행사 때만 사용하는 무의미한 전시용**으로 전락할 수도 있다.

이런 비효과성을 극복하고 **조직에서 가치를 효과적으로 사용하기 위해서는 경영이념이 진정으로 '인간'에게 가치 있는 행위를 하는가를 판단해** 보라고 한다. 우리 회사의 가치가 '인류를 위해 무슨 기여를 하는가'라고 말이다. 여론의 눈을 피해 경영이념 따로, 실제 행위하는 가치 따로의 이중전략을 구사하는 것은 곤란하다고 한다. 예를 들어, **표면적으로는 사회적 책임을 강조하면서 뒤에서는 환경오염을 방치한다면 구성원들은 몸담고 있는 조직의 가치에 중요성을 두지 못한다.**

또한 가치는 상황과 무관한 반면 행동은 상황에 따라 좌우되는 속성이 있으므로, **리더들은 행동과 가치의 모순이 발생하지 않도록 '가치를 자신의 행동지침으로' 삼아야** 한다. 가치와 행동 모두 상황과 무관해야 구성원들은 가치를 믿고 준수한다. **가치**

는 단지 교훈적인 구호가 아니기 때문이다. 가치를 주장하는 **리더는 자신도 그 가치에 의해 평가된다**는 걸 알아야 한다. 그리고 조직 자체도 가치를 제대로 실천하는 곳이 되어야 구성원들에게 모델링 효과를 보일 수 있다.

**가치와 도덕, 윤리는 감정을 기반으로 하는 무엇**이다. **감정은 흐름이므로 쉽게 '전염'**될 수 있다. 조직과 리더가 좋은 가치를 품고 진정으로 실천한다면, 그런 감정은 구성원들에게 쉽게 전염될 것이다.


# 4차 산업시대와 가치관


4차 산업시대가 심화되면서 **인간은 새로운 가치관을 수립해야 할 가능성에 직면**해 있다. 특이점을 지나 인간 지능을 초월한 인공지능이 공존하는 사회에서, 인공지능의 판단이 인간을 파멸로 몰고 갈 수 있을지도 모른다는 우려 때문이다. **인간은 정반합이라는 이성적인 논리와 감정에 의해 자신의 행동을 스스로 조절하고 학습할 수 있는 능력**이 있다. 그러나 **인공지능은 단지 입력된 명령, 즉 정오(正誤, 맞고 틀림)로만 작동**된다. 기계에게 융통성을 기대할 수는 없다. 감정을 기대할 수도 없다. 그러므로 인공지능에게 어떤 판단의 기준, 즉 가치를 심어 주느냐가 학자들마다 큰 이슈가 되고 있다.

그러므로 우리가 가치를 연구하는 것은 인간뿐 아니라 인공지능에 어떤 가치를 학습시키느냐에도 매우 중요하다. 그래서 **유발 하라리는 '가치 극대화 사회'를 만들어, 인공지능이 인간의 가치를 관찰하고 모방하고 따르도록 만들어야 한다**고 주장한다. 인간이 비윤리적인 가치를 기준으로 행동한다면 분명히 이를 학습하는 인공지능이 태어날 것이기 때문이다! SF영화에서 보듯이 말이다. 실제로 그런 일이 일어난다면, 과연 우리는 영화처럼 그 상황을 즐길 수 있을 것인가?

놀랍게도 실제로 그런 일이 발생했다. 2016년 마이크로소프트가 발표한 테이(Tay)라는 챗봇은 사람들과의 대화를 통해 부정적이고 공격적인 언어를 배워서 16시간만에 운영이 중단됐다.

인간 자신이 윤리적 가치에 의해 사고하고 행동하는 것만이 우리가 인공지능에 바람직한 영향을 미칠 수 있는 유일한 방법이라고 하라리는 강조한다. **4차 산업에 대응한 인간의 궁극적인 가치는 '존재'의 '존중'과 '조화'라고 한다. 획일적인 가치의 강요가 아닌, 개인성을 인정하고 존중하면서도 타인과 조화를 이루는 가치관**이라야 제기능을 할 것이다.

# 구글의 긍정주의적
# 인본주의 경영철학

긍정주의적인 인본주의 가치관에 의해 움직이는 기업들은 어떤 행위들을 강조할까? **구글의 CEO인 래리 페이지는 기업들이 저지르는 실수는 '무엇을 할 것인가'보다 '피해야 할 것을 먼저 생각하는 것'**이라고 한다. 그러니 실행할 수 있는 더 단순할 걸 찾으라고 한다. 페이지의 경영철학은 긍정심리학에 의거한다. 그는 거대한 목표를 수립하고, **"네, 하지만" 대신에 "네, 그리고"란** 답을 하는 **긍정문화를 창조**했다. 일단 예라고 한 후에 그 일이 성사되는 방향으로 비판해도 된다는 것이다.

페이지는 내성적이라고 한다. 그러나 그의 **긍정적인 경영철학은 미래에 대한 공포와 염세주의를 용기 있게 극복하게 함으로써 변화를 이끌어 낸다.** 누구에게나 변화는 두렵다. 특히 거대한 변화는 더욱 더 두렵다. 그렇지만 '변화는 세상을 발전시킬 멋진 방법도 준다'고 페이지는 말한다.

구글은 세계를 지배하자는 것이 아니라, **미래를 만들고 싶다**고 말한다. 지나친 산업화와 자본주의에 대항해서, 자기가 하고 싶은 일을 하면서 사는 평등한 세상을 꿈꾸는 것이 실리콘밸리의 이상이다. 실리콘밸리 직원들은 **경제원리가 아닌 인류적 가치(자유, 긍정, 변화, 평등 등)에 의해 움직인다.**

비즈니스 전략은 리더가 정하는 게 아니라 **조직문화가 전략**

을 선택하도록 해야 한다고 주장한다. MIT의 에드거 샤인은 **집단문화는 인공물이며** 구성원이 채택한 가치관이라고 했다. 특정 **리더가 선포한 것이 아니라 구성원들이 받아들인 것이 조직문화**란 뜻이다.

이런 말을 들으니 필자는 개인에게도 인지구조(스키마)와 감정이 존재하듯이, **조직에도 '집단적 인지구조'와 '조직감정'이 존재한다**는 생각이 든다. 독자들은 리더로서 **어떤 집단적 인지구조, 즉 '조직의 뇌'를 만들어 가고 있는가?** 독자들은 **어떤 조직감정, 즉 '조직 에너지'를 만들어 가고 있는가?**

자, 이제 '제2의 기계시대'[21]의 서막이 올랐다. 우리는 변화의 소용돌이 속에서 과연 어떤 가치관과 조직감정을 갖고 갈 것인가! **조직 에너지와 조직 뇌를 만드는 사람은 바로 여러분**이다.

## 일과의 공감은 소명감으로 가는 길: '감정-사고-행동'의 경영원리

저명한 철학자 **칼 포터**의 말이 참 인상 깊게 다가온다. "나는 새로운 이해를 얻을 수 있는 가장 유용한 방법이 '공감적인 직관' 혹은 '감정이입'이라고 본다. **문제 속으로 들어가서 그 일부가 되어 버리는 것이다.**" 이것이 바로

---

21) '제2의 기계시대'는 MIT 슬론 경영대학원 교수인 에릭 브린욜프슨과 앤드루 맥아피의 저서 제목이기도 하다.

학문을 사랑하는 사람이 제대로 학문하는 방법이다. 그들은 **일과도 감정 이입을 하는 것**이다. 영국의 교육자 크리스토퍼 윈치도 학문을 사랑하는 마음이 먼저 있어야 성장을 한다고 했다. 따라서 우리가 **일을 사랑하고, 일에 감정을 이입하는 것은 소명감에 이르는 방법**이다. 사람이건 일이건 이를 사랑하고 연민의 감정을 가지는 것은 **기하급수적인 성장의 기초**가 된다.

**TAG² 모델**에서의 **감정의 역할은 에너지 촉진제**임을 명심하라. 일에 대한 사랑과 소명감, 즉 감정이 없다면 사고와 행동이 크게 확장되기는 힘들다. 더구나 부정적인 감정상태에서는 기업이 퇴행을 겪을 수도 있다. 이제 **기업은 감정과 사고와 행동이 늘 같이 움직인다는 점을 명심하고, 이 3요소를 한 틀로 여기는 시각이 필요**하다. 지금까지의 사고 일변도의 시스템보다 **감정 고려에 대한 비중을 대폭 늘린 경영시스템과 리더십 지향성**을 고민해 볼 일이다.


# 지금까지의 이야기 : 중간정리

지금까지 여러분은 리더십 발휘를 위한 인간성장의 원리를 알아보았다. 1장에서는 **성장의 본질**에 대해 언급했다. 2장에서는 **인간의 본질**에 대한 얘기를 기록했다. 인간의 위대함과 사고의 절차, 그리고 앞으로 벌어질 미래의 모습들을 알아봤다. **3장**에서는 **'나'의 본질**에 대한 얘기를 했다. 성격이란 무엇이고, 나의 성격은 어떤지, 그리고 나의 기하급수 적인 성장을 방해할 수 있는 왜곡 또는 오류 등은 무엇인지를 알아보았다. **4장**은 **기하급수적인 성장 기업의 본질**에 관해 얘기 했다. 인간성장을 위한 자연의 원리는 무엇일까를 찾아보기 위 한 노력이었다. 자연과 인간성장은 본질적으로 기하급수적인 곡선을 띠고 있으며, 성장은 더 높이 사고하고 더 멀리 행동하는 것에서 비롯된다. Think$^2$+Act$^2$=Growth$^2$란 **'TAG$^2$ 모델'**을 제시했 다. 인간의 사고와 행위는 **황금비적 균형과 조화**를 필요로 한 다. **5장**에서는 **감정의 본질**에 대해 얘기했다. 감정은 인간행위 의 모든 면에 영향을 미치며, 감정이 없으면 정상적인 사고와 행 위는 불가능하다. 감정은 성장에 매우 중요한 촉매제다.

**이와 같은 모든 노력들은 자연의 순리, 인간성장의 원리, 변화 의 법칙들을 찾기 위한 노력**이었다. **단편적이고, 단학문적이고, 인공적으로 만들어 낸 것을 벗어난 리더십 원리를 추구**하고 싶 었다. 외견상으로는 복잡해 보이는 역사 속에서도, **유구한 흐름 을 이어 가고 있는 단순한 삶의 질서**를 찾고 싶었다. 고대 이래 로 지금까지 면면히 흐르는 무언가를 찾아내고자 한 노력이었 다. 미래에 벌어질 흐름을 알아보고자 한 노력이었다. 이런 **자연 의 지향성에 우리의 리더십을 조화시키고자 하는 노력**이었다.

이런 **본질과 조화되는 리더십**이야말로 **인간성을 존중하고 인 간성장을 자연스럽게 촉진할 수 있는 리더십**이란 믿음이었다. 이런 리더십은 인간에게 **안정된 균형감**을 준다는 믿음에서였다. 이런 리더십은 인간성장에 가속도를 붙여 **기하급수적 성장**을 일궈 낸다는 믿음이었다. 기하급수적인 성장은 인간에게 **행복과 만족감과 의미감**을 안겨 준다는 믿음이었다. 이런 믿음은 생의 **소명감**을 준다는 믿음이었다. 이런 소명감은 **'재'성장의 선순환으로 이어져서 가속도를 붙인다**는 믿음에서였다.

　**이 책에서 찾아낸 섭리들은** 1장에서 이미 강조한 것들이다. 인간은 원래 질병모델이 아닌 **성장모델**을 추구할 때 자아실현을 한다는 섭리, 인간은 원소로 쪼개질 수 없는 존재이므로 이성적 인간관이 아닌 이성과 행동과 감정을 모두 포함한 **전인적 인간관**으로 사람을 대해야 한다는 섭리, 인간성장의 원래 모습은 선형적 성장이 아닌 **기하급수적 성장모델**이라는 섭리, **이런 세가지 섭리를 리더십에 반영하자**는 것이다.

　이런 **리더십은 교차학문의 연구를 지향해야** 한다. 이런 노력은 **지금까지 리더십의 관점을 확장하는 데 영향을 주리라 생각**한다. 인간은 본래 경영학이나 경제학, 리더십 등으로 쪼개지고 한정된 것이 아니기 때문이다. **인간의 삶은 모든 학문분야와 관련성을 가지고 영향을 주고받는다. 리더 또한 인간의 모든 분야를 다루는 사람이다.** 그러므로 이 책이 **융합적인 시각과 통합적 연구를 기반으로 한 리더십으로 도약하는 계기가 되기를 진심으로 소망한다.** 근간의 리더십이 코칭리더십으로 전환되는 이유도 이런 융합적 관점의 한 발로일 것이다.

　이런 소명감은 이 책을 쓰는 내내 우리 저자의 가슴을 뛰게 한 근원적인 동기이자, 마르지 않는 심리적 에너지원이자, 해묵은 갈증을 시원하게 해소해 주는 자기실현 욕구의 원천이었다. 이는 생명을 자극하는 무엇이었다. 생생하게 살아 있음을 느끼게 하는 그 무엇이었다.

**다음 장에서는** 지금까지 여러분이 힘들게 읽어 온 **인간, 나, 성장, 감정의 본질을 토대로 통합적인 관점에서 정리**해 보려고 한다. 다시 말해, **이 모든 원리들을 담은 TAG² 모델이 마인드-풀 리더십 발휘 현장에서 어떻게 적용될 수 있을 것인가**에 대한 얘기를 하고자 한다.

※ **TAG² 모델은** 기하급수적인 성장을 목적으로 하는 **마인드- 풀 리더가 사용하는 도구**다. 만일 **리더가 혼자서 TAG² 모델을 활용하기 힘들 때, 비즈니스 코치가 리더를 도와 기하급수적으로 성장하게 도와줄 수 있다.** 코칭 중에서는 점진적인 개선을 지향하는 모델을 많이 볼 수 있다. 그러나 이 책에서는 **코칭 모델 중 가장 강력하고 기하급수적인 비즈니스 효과를 이끌어 내는 '마스터풀 코칭'**이 어떻게 리더를 도와줄 수 있는지도 같이 소개하고자 한다. 따라서 **6장**에서는 **TAG² 모델과 코칭이 어떻게 보완관계를 이루면서 서로를 지지하는가를 보여 줄 것**이다. 이런 시도를 한 이유는, 앞으로 리더십 모델과 코칭모델이 서로의 장점을 취하면서 융합적인 발전을 도모하길 바라는 마음이 있었기 때문이다. 이런 측면에서 '마스터풀 코칭'은 코칭 모델이면서도 인본주의 리더십에 많이 다가와 있다. 이러한 마스터풀 코칭을 인본주의 리더십(특히 심리학, 역사학, 철학)에 더 가까이 다가오도록 재해석한 변주곡을 들려주고 싶다. 많은 이유로 TAG² 리더십 모델과 마스터풀 코칭은 충분히 오케스트라 협연이 가능하다고 믿었다. 자, 이제부터 색다른 변주의 세계로 들어가 보자!

**PART 6**

불가능한
미래를 실현하는
마인드-풀 리더십

프란시스코 고야의 〈자식을 삼키는 사투르누스〉

위의 작품은 **프란시스코 고야**의 명작이다. 농경의 신인 사투르누스가 자기 아들이 자신을 몰아내고 왕이 될 것이라는 계시를 받고 자식을 잡아먹는 기괴한 그림이다. 낭만주의 궁정화가였던 고야는 생애 말에 종교계의 타락과 전쟁의 만행을 풍자하는 검은 그림 시리즈를 그리며 생을 마감했다.

현대로 접어들며 포스트모더니즘의 영향으로 기괴함과 자유분방함을 특징으로 하는 작가들이 많이 나타났다. 그 중에서도 **데미안 허스트**는 영국의 대표적 미술가로 아마 현존하는 인기 작가 중에서 가장 그로테스크한 작품을 하는 축에 속할 것이다. 〈A Thousand Years〉란 작품은 유리관 안에 절단한 실제 소머리를 넣어 전시한다. 거기에 살아 있는 파리를 같이 넣어서 소머리에 꼬이게 한 다음, 그 파리들이 감전으로 죽어나가는 라이프 사이클을 보여주는 작품이다. 소의 머리가 먹혀서 없어질 때까지 파리의 삶과 죽음의 사이클은 반복된다는 걸 보여 주는 작품이다. 그의 작품은 경매에서 최고의 가격으로 낙찰된다. 그의 인기는 마치 팝스타 같다.

고야나 허스트처럼 끔찍하고 불가능한 상상이 왜 일반 대중들에게 그토록 인기가 있을까? **그들의 작품에는 철학과 본질이 있기 때문**이다. 허스트는 '죽음은 경험하거나 소유할 수 없다'는 '죽음의 본질'을 관객들이 직접 눈으로 확인할 수 있게 해 준다.

**백남준**이 말년에 한 말이 생각난다. **"예술가들은 사기꾼이다."** 여기에 나는 사족을 붙이고 싶다. **"위대한 예술가들은 '근거 있는 철학'을 가지고 '불가능한 꿈'을 꾸는 사기꾼이다"**라고! 리더들도 일종의 행위 예술가이므로 불가능한 꿈을 꾸는 건강한 사기꾼이 되어 보기 바란다.

# 마인드-풀
# 리더란?

마인드-풀 리더(Mind-Pull Leader)
는 노력한다고 저절로 되는 것이 아니다. **기하급수적인 성장을
위한 철학과 기법들을 갖추고, 이를 실행에 옮기는 과정에서 양
성되는 것**이다. 철학은 **인본주의**를 바탕으로 한다. 기법은 **TAG²
모델**에 기반을 둔다.

이 장은 앞 장에서 설명했던 본질적인 인간의 성장원리와 방
식들이 리더의 일상에서 어떻게 활용될 수 있는지를 보여 주는
교량 역할을 한다.

**마인드-풀 리더**의 정의는 다음과 같다.

- '**창조자적인 마음가짐**'으로의 존재변화를 이룩한 리더다.[1)]
- **원대한 미래비전**으로 직원과 고객들의 **마음을 강력하게 끌어당기는(Mind-Pull)
  전인적 리더십을 발휘하는 리더**다.
- 더 높은 **고차원적인 사고방식**과 더 넓은 **행동방식**을 통해 **변혁적인 미래를 상상
  하고 이를 실행에 옮겨 기하급수적인 성장을 이끌어 내는, 인류애와 소명감을 가
  진 리더**다. 이를 위해 **TAG² 모델을 능수능란하게 사용**할 줄 아는 리더다.

---

1) 창조자적인 마음가짐은 운영자적인 마음가짐과 대비되는 것으로, 이후에 설명된다.

## 마인드-풀 리더를 돕는
## 강력한 코칭

　　　　　　　　**일반리더가 익스트림 리더로 거듭나는 방법은** 스스로 **셀프코칭**을 하는 것도 있지만, **전문코치의 도움을 받는 경우도 많다.** 세계적으로 유명한 코치가 많지만 **비즈니스 코칭분야에서 단연 두각을 나타내고 있는 코치는 로버트 하그로브**다. 그의 『**마스터풀 코칭**』은 코칭 서적 중에서도 단연 백미다. 그는 한때 세계에서 가장 뛰어난 경영자 코치로 꼽히기도 했으며 세계적인 글로벌 기업의 경영자들을 코칭함으로써 높은 성장을 이끌었다. 그의 책은 결국 성장에 관한 얘기다. CEO와 임원들이 한 번쯤은 읽어 봐야 할 명저다. 그는 코칭의 기본 철학인 '인간의 잠재력과 창의성, 전인성'을 도모하여 개인의 성장을 도우면서, 동시에 기업의 성장도 돕는 일석이조의 코칭을 한다.

　　그의 코칭 철학은 '**더 나은 세상, 더 나은 리더**'를 모토로 하고 있다. 이로써 세상을 더 낫게 바꾸고자 한다. 이는 마인드-풀 리더십의 비전과 일치한다. 또한 기하급수적으로 성장하고 있는 익스트림 기업들의 모토와도 일맥상통한다. 특히 그는 코칭 대상자를 선정할 때 온건한 관리형 리더는 제한한다고 한다. **10배 이상 성장하지 않을 거라면 코칭을 하지 않겠다고 단언**한다. 왜냐하면 미래 직종의 90%가 소멸할 것이므로 극적 변화를 이루는 불가능한 미래비전이 없다면 인간은 불행해질 것이라 믿기 때문이다. **오류 중의 가장 큰 오류는 리더가 불변하는 것**

이라 했다.

'리더들을 코칭한다고 해서 비즈니스 코칭을 한다'고 주장해도 될까? 리더 코칭의 내용이 개인의 존재 탐구라든지, 조직원과의 관계 발전 등의 개인 성장에 주로 머문다면 그것은 비즈니스 코칭이 아닌 라이프 코칭에 가깝다. **리더 성장뿐 아니라 전체 조직과 사업 성장을 동시에 달성해야 진정한 비즈니스 코칭**이라 할 수 있다. 또한 일반 변화관리 코칭과는 달리 **변혁적 패러다임**으로 기하급수적 성장을 추구하는 코칭이어야 한다.

## 마인드-풀 리더십의 3대 방향

혼자 일하는 리더는 없다. 기하급수적인 성장을 이루는 리더가 되기 위해서는, **직원들에게도 그에 맞는 철학과 모델로 영감을 불어넣는 코칭을 할 줄 알아야** 한다. 『마스터풀 코칭』을 소개하는 이유는 **마인드-풀 리더십과 마스터풀 코칭이 좋은 매치**를 이루고 있어서다. 그 이유는 다음과 같다.

첫째, 마인드-풀 리더는 **조직 전체가 원하는 원대한 모습을 상상하고** 또 **행동하게** 만들어 가도록 **이끌어 간다**. 업계의 통념을 깨고 판도를 뒤흔드는 게임체인저가 되라는 마스터풀 코칭 개념과 일치한다. 앞의 4장에서 언급한 대로 인간이 거대한 성장을 하기 위해서는 더 높게 생각하고 더 멀리 행동해야 한다. 생각단계에 과도하게 집착하거나 압도되어 행동으로 실행하는 것을 늦춰서는 안 된다. 리더들은 직원들의 생각이 변화하면 행동도 그에 따라 변할 것이라는 착각을 버려야 한다. TAG$^2$ 모델에서 직각삼각형을 떠올려 보자. **직각삼각형에서 한 변이 0이 되면 아예 면적이 생길 수가 없다.** 즉, **생각(Think)이 아무리 훌륭하다 해도, 행동(Act)이 0이 되면 성장효과 역시 0이 된다는 사실을 명심**하기 바란다. 또한 **행동에 돌입할 시점을 찾을 때, 60:40의 황금비**를 통해 사고와 행동의 비율을 적정히 지켜서 **리더십을 발휘**하기를 권한다.

둘째, 마인드-풀 리더는 **리더 자신이 먼저 재창조돼야 한다**는 것을 인식해야 한다. 수십 년간 지켜 왔던 **'자신'의 존재 변화**는 무척 어렵다. 이런 경우 패러다임이 유사한 마스터풀 코치가 도와준다면 매우 유익할 것이다. **기업문화 변화의 장애물은 조직이 아닌 리더의 머릿속에 있다**고 하그로브는 말한다. **과거 성공을 구가했던 리더의 통념을 깨야 한다**고 했다. 성장은 과거의 성공 공식에서 연장된 예측 가능한 미래가 아니라, **완전히 재창조될 불가능한 미래 상상**으로부터 온다. 4장에서 언급했듯이 자연과 인간과 기업의 성장은 본래 선형적인 관점이 아니라 기하급수적 커브를 그리면서 성장해 왔다. 그러므로 **과거의 성공 공식을 깨는 것은 특별한 모험을 하는 것이 아닌, 인간 본연의 성장원리를 회복하는 것**임을 강조하고 싶다.

셋째, **마인드-풀 리더와 마스터풀 코치는 동일한 성장원리를**

공유한다. **마스터풀 코치는 생각파트너로서 마인드-풀 리더의 생각을 높이고 행동을 멀리하게 도움을 줄 수 있다.** 이때 마스터풀 코치는 지시하는 사람이 아니라 손을 내미는 동료가 돼야 하며, 호기심과 배우는 자세를 가지라고 하그로브는 말한다. 불가능한 것을 상상하는 것은 어렵다. 매우 어렵다. 그러니 한동안 혼란에 빠질 준비를 하라고 먼저 리더들에게 얘기를 해 주라고 한다. 3장에서 자세히 설명했던 생각과 감정과 행동의 오류 그리고 왜곡들을 점검하는 것은 자기방어에서 빠져나와 진취적인 이야기로 전환하는 데 꼭 필요하다. 이런 협력과정을 통해 리더들의 자신감과 창의성이란 긍정 마인드를 높일 수 있게 된다.

또한 **MTP의 합리성과 현실성, 효과성을 점검할 때 어떤 왜곡의 요소가 있는지를 성찰하게 도와주는 것도 필요하다.** 어떤 왜곡들이 리더의 무한도전을 막고 있는가? **코치는 왜곡들의 고리를 과감하게 끊어 준다.** 이런 **코치의 도움으로** 리더는 4장에서 언급했던 창조성의 기본 조건인 **건강한 호기심과 의심이란 감정을 스스로 불어넣게 된다.** 그리고 코치는 리더가 기하학적인 사고를 응용해서 복잡한 과정들을 단순화시켜 멋진 MTP와 BHAGs를 창조해 내도록 생각파트너 역할을 한다. 이 과정에서 인정과 지지와 칭찬과 격려와 도움을 아낌없이 부어 준다.

## 'CEO의 변태'는 '조직의 돌연변이'를 일으킨다: 새 역사의 시작

　　　　　　　　　　　　리더부터 변하라고 하그로브는 주

장한다. **리더는 코치의 도움을 받아 기하급수적인 성장을 이끄**

**는 리더십을 발휘하는 과정에서 익스트림 리더로 성장한다**고 하

그로브는 말한다. **마인드-풀 리더의 성장도 마찬가지로 기하급**

**수적 성장을 이끄는 과정에서 완성**되어 간다. 특히 강력한 변혁

을 이끌고 나갈 긍정적인 감정적 촉매제가 필요할 때 코치로부

터 자극받을 수 있다. 코칭대화를 하는 과정에서 기업이 플로리

시를 맞기 위해서는 긍정적인 대화와 부정적인 대화가 최소한

3:1이 되어야 하고, **최적은 6:1**이라고 했던 것을 명심해라. 이

**돌파과정이 성공하면 기업은 성장 시프트**를 일궈 낼 수 있다.

　자연으로 치면 **'돌연변이'가 성공한 것**이다. **평범한 리더가 마**

**인드-풀 리더로 변혁한다는 것은** 단지 페르소나란 가면을 쓴

**일시적인 가장(假裝)이 아닌, 뼛속까지 변하는 완벽한 '변태'**에

속한다. 사람에게 이런 완벽한 변신이 가능할까라고 의심을 품

지 말기 바란다.[2] **자연은 이런 돌연변이와 변태를 허용하는 진**

**화를 계속**하고 있기 때문이다.

　이로써 저성장의 국면에서 **완벽한 시프트를 해서, 또 한 번의**

**기하급수적 성장을 위한 새 씨앗을 잉태**하게 되는 것이다. 그

---

2) 존재변화에 대한 설명이 곧 이어질 것이다. 조금만 기다려라.

씨앗이 바로 또 하나의 급격한 성장곡선을 그리게 된다. 번영의 새 역사가 다시 시작되는 것이다.

조직은 자연 속에 포함된 존재이며, 그 조직 안에는 인간이 구성원으로 참여하고 있으므로, **자연과 인간의 성장방식을 따르는 조직은 무리가 따르지 않고 자연스럽게 성장**할 수 있다. 오히려 **자연의 성장방식을 허용하지 않으면 조직에 역기능적인 문제가 싹트기 시작**한다.[3] 자연과 인간의 성장이 종국에는 기하급수적으로 폭발한다는 것을 꼭 기억하자.


## 코치가 도와주는
## 원대한 미래 상상하기


"너는 세상에 보이는 거, 있는 걸 가지고 마케팅하지? 난 안 보이는 거, 심지어 없는 걸 주로 하거든. 누가 이길까? 내기할까?" 천재적인 예술가 백남준의 말이다. 그의 말대로 **예술이란** 눈에 안 보이는 내면의 것을 겉으로 꺼내서 보여 주는 일이며, **내면을 외면화하는 일**을 함에 있어서 **아무도 하지 않은 방식으로 새롭게 보여 주는 일**이라 생각한다. **경**

---

3) 벤처기업이든 아이돌 그룹이든, 어느 직종이든지 성장 초기에 강한 비전을 품고 열정적으로 몰입할 시기에는 조직적인 문제가 발생하지 않다가, 어느 정도 조직이 성장을 하면서 구성원들을 통제하는 관리체계를 강화해 갈 때 구성원들이 크게 저항하는 경우를 많이 볼 수 있다. 자연스런 욕구와 성장을 지나치게 막고 통제하는 것은 자연과 인간의 본성에 어긋나기 때문이다. 그래서 본연의 성장동력을 해치지 않고 구성원들을 **끌어당길(pull)** 수 있는 강력하고도 인본주의적인 리더십이 중요하다.

지에 이른 리더십은 곧 예술이다. 그래서 그 과정은 애를 써야 하고, 매우 힘이 든다.

마인드-풀 리더십 발휘에서 가장 힘든 단계이면서도 백미는 거대한 미래변화에 대한 상상을 하는 것이다. 즉, MTP를 구상하는 일 말이다. 현재 돌아가고 있는 사업구조를 전면적으로 다시 생각해야 하는데 어찌 두렵지 않겠는가! 실패에 대한 우려가 왜 없겠는가! 그리고 내면에서만 모호하게 맴돌고 있는 것을 언어로 외면화하는 게 얼마나 어렵겠는가! 불가능한 상상을 하는 것은, 하그로브에 의하면 '판도를 바꿀 큰 게임에 대비할 목적'을 설정하는 것이다. 현재의 주변 환경과 과거의 성공경험을 기초로 한 혁신계획을 세우는 전통적인 방법을 버리고, 모든 답을 알지 못하는 상태에서도 과감한 꿈을 꾸라고 하그로브는 말한다. 더욱이 추상적인 결과가 아닌 구체적으로 탁월한 결과를 만들어 내는 상상을 하도록 리더는 자신과 직원들에게 영감을 주어야 한다.

하그로브는 리더의 마음가짐으로 "내가 가능하다고 하는 것은 가능하다"라는 믿음을 가지라고 한다. 그는 단지 현재를 개선하자는 게 아니며, '불가능한 미래를 실현시키자는 것이다'라고 강조를 한다.

이는 블루오션으로 유명한 세계적인 비즈니스 전략가인 김위찬과 르네 마보안이 강조한 비파괴적 창출이란 개념을 연상시킨다. 조지 슘페터가 언급한 창조적 파괴의 관점[4]이 아닌, 기존

---

4) 우월한 것이 등장해서 존재하는 것을 대체함으로써 파괴한다는 개념이다.

시장을 파괴하지 않으면서도 완전히 새로운 발상으로써 없었던 시장과 성장을 창조한다는 말이다. 마인드-풀 리더십의 원대한 미래 상상(MTP)도 기존 시장을 파괴하지 않고 새로운 성장을 꿈꾸는 비파괴적 창출의 개념과도 일맥상통한다.

이를 위해서 하그로브는 '**꿈에서 시작해서 역으로 접근**'해야 **한다**고 말한다. 4장에서 '위대함은 미래에서 현재로 흐른다'는 이 책의 주장과 너무나도 같은 맥락이다. 미래의 꿈으로 구성원들의 마음을 잡아당기는(mind-pull) 것이다.

리더는 먼저 거대한 미래의 꿈을 꾸어야 하는데 그것부터 쉽지가 않은 것이 사실이다. 그런데 **원래 꿈을 꾼다는 것이 인간에게 어려운 일이었을까? 아니다.** 원래 어린이들은 꿈을 꾸는 것을 좋아한다. 그러나 성인이 되면서 인간은 점점 꿈을 꾸는 것을 어려워하게 된다. **사회화 과정을 통해 외부의 힘에 의해 자신이 통제되고, 온갖 인지적, 감정적, 행동적 오류들이 마치 차단기처럼 원래 품었던 꿈의 흐름을 곳곳에서 막아 버린다.** 인본주의 상담의 구루인 칼 로저스의 말을 빌리자면 **본래의 실현경향성이 단절되고, 사회가 요구하는 가치에 의해 조건화된 것**이다. 부모나 교사, 상사로 인해 내면화된 사회적 가치의 압력은 자기 꿈의 온전한 흐름을 막는다. 그래서 사회적 압박이 거센 성인들은 오롯이 자신만의 꿈을 꾸기가 어려운 것이다. 게다가 **실패하면 당면할 사회적 불인정 때문에 두려움이 엄습**하기도 한다. **불가능한 상상을 한다는 것은 불확실성을 극대화하는 것인데 어찌 안 두렵겠는가?** 이의 극복을 위해 코치가 있는 것이다.

# 다분히 긍정심리학에 근거한
# 마인드-풀 리더십

과거의 리더십 육성은 리더의 성격이나 성향, 역량을 연구하는 정도였다고 하그로브는 비판한다. 하그로브는 단지 **리더의 행동만 연구해서 리더십 모델을 만들어서는 안 된다**고 말한다. **마인드-풀 리더십은 기업의 실제 성장과정을 연구해서 만든 리더십 기법**이다.

**일반리더들이** 전략을 기획할 때 **현재의 문제점을 밝히고,** 앞서 나가는 기업들을 **벤치마킹하는 것으로 시작**한다면, **마인드-풀 리더는 불가능한 미래 포부(MTP)를 구상하는 것으로 시작**한다. 심리학적으로 말하면 전자는 질병모델, 후자는 **성장모델을 추구**하는 것이다. 즉, **일반리더는 현재에 비중을, 마인드-풀 리더는 미래에 비중**을 더 둔다.

마인드-풀 리더십은 일반 변화기술이 아닌 리더의 **'존재방식을 변화시키는 리더십'**이다. 이 세상에 **존재하는 방식이 변해야만 불가능한 미래 상상이 가능**하게 된다. 인간은 전인적 존재로서 생각과 감정과 행동을 모두 가지고 있다는 것을 상기하라. **즉, 존재방식이 변한다는 것은 생각만 변하는 게 아닌 감정과 행동 모두 변하는 것**이다. 이는 완전히 다른 사람으로 변혁되어야지만 **완전히 다른 차원의 성장(시프트) 모멘텀을 가질 수 있다**는 뜻이다. 이런 모멘텀으로 조직의 변혁적 성장에 가속도를 붙여주는 사람이 마인드-풀 리더다.

그러므로 마인드-풀 리더는 조직이 변하려면 '**리더가 먼저 다른 존재로 재창조되어야 한다**'는 사실을 반드시 인식해야 한다. 그런 다음에 리더는 직원들의 생각의 파트너가 되어 **직원들의 존재방식 변화를 위해 거울의 역할**을 해야 한다. **직원들이 스스로를 어떻게 제한하는지를 자꾸 비춰 줘야** 한다. 필요하다면 2장에서 다뤘던 인간의 위대한 역사적 사실들과 4장에서 기술했던 기하급수적인 기업들의 사례들을 누차 상기하게 해 줌으로써 긍정 마인드를 고취시켜 줌으로써 자신과 직원들에게 영감과 용기를 준다. 특히 과감한 꿈을 꾸는 게 두렵고 부담스러운 사람들에게 말이다. 그래서 인문학, 특히 과거부터 최근까지의 **인간의 위대한 성장역사를 아는 것은 리더십과 코칭의 중요한 수단**이다.


# 존재방식 변화: 운영자 마음가짐에서 창조자 마음가짐으로

그럼 본격적으로 존재변화에 대해 얘기해 보겠다. 여러분은 **애플의 기하학적인 성장**을 직접 눈으로 관찰한 산 증인이다. 녹록지 않은 초기 성장과정을 거치기는 하였으나, 변곡점을 돌파한 애플은 급격하게 뛰어오르면서 순식간에 성장하는 모습을 보였다. 그 경이로운 성장곡선을 보면서 세계의 모든 사람이 놀라움을 금치 못했다. **구글, 페이스북,**

**에어비앤비** 등도 애플 못지않은 가파르고 급격한 성장곡선을 그리는 중이다. 어디까지 올라갈지 아무도 예측할 수 없다.

이들 기업의 내부에는 과연 어떤 비밀이 있을까? **기하급수적인 성장을 이루는 구성원들의 존재방식**은 선형적인 성장세를 보이는 **일반 회사 직원들과는 개념 자체가 다르다.** 그들은 **세상에 존재하지 않는 것들을 '자신이' 창조한다는 열망에 차 있다.**

**스티브 잡스는 늘 '미친 듯이 위대한(insanely great)' 것을 만들라**고 외쳤다. 정상적인 사람들만큼 상상하는 것은 누구나 하는 일이다. 미쳤다는 소리를 들을 만큼 불가능한 상상을 해야 위대한 결과물이 만들어진다. **구글의 래리 페이지는 '세상의 모든 것을 연결한다'**는 굳은 의지를 가졌다. 자동차든, 웹이든, 인공위성이든 **모든 프로젝트는 개별자가 아닌, 세상을 하나로 연결하는 '통합자적인 마인드'**에서 접근한다.

이런 MTP는 구성원들의 비전을 끌어당겨 하나로 묶어 주고, **'이제껏 없던 새로운 세상을 자신이 창조한다'는 창조자적인 열망에 차게 한다.** 그들은 인간욕구 중에서 가장 높은, **자기실현을 하는 존재의식을 갖고 움직인다.** 이는 **'자기를 초월하는 창조자의 마음가짐'**이다. 그들은 더 이상 조직에 속한 운영자가 아니다. **창조자는 세계와 우주의 관점에서 상상한다.** 그들은 늘 고차원적으로 높이 생각하고 멀리 행동한다.[5] 그들은 **개척자**이고, 세상에 공헌하는 **기여자**라는 존재의식을 가진다.

---

5) TAG² 모델을 상기하라. 더 높이 사고하기와 더 멀리 행동하기가 기본이다.

이에 비해 **운영자는 주로 조직의 관점에서만 상상**한다. '**운영자적 마음가짐**'이다. 충분히 사슬을 끊고 세상으로 나아갈 수 있는 힘이 있음에도 습관적으로 묶여 있는, 다 자란 코끼리의 모습이다. 심리학자인 마틴 셀리그만이 얘기한 일종의 **학습된 무기력증에 걸린 코끼리의 행태** 말이다.

하그로브는 CEO들에게 운영자의 마음가짐으로 일하지 말라고 강력히 경고한다. 운영자 마음가짐에서 창조자의 마음가짐으로 존재 자체가 전환될 때만이 우리는 거대한 미친 듯한 불가능한 상상을 할 수 있다.

**창조자로의 존재변화를 했느냐의 여부가 일반리더와 마인드-풀 리더를 가르는 분기점이다. 리더의 업무는 완전히 다른 차원의 비즈니스 창출이지, 운영이 아니다.** 그래서 불가능한 미래를 위해 상당한 시간을 투자하고, **불가능한 변화를 이루는 업무와 사소한 운영업무를 철저히 분리하라**는 하그로브의 충고를 새겨들어야 한다.

[그림 6-1]을 보자. **운영자의 마음가짐을 가진 존재(A)는** '현재'라는 작은 박스에 갇혀 있다. 그들은 **기존의 사고방식과 행동방식을 기반으로 '예측 가능한 미래'를 상상**한다. 예를 들어, 달을 연구하기 위해 성능 좋은 망원경을 만드는 것 등의 목표 말이다. 이를 달성하면 **점진적이고도 선형적인 성장**을 한다. 인간의 눈을 갖고 달을 관찰하던 것을 망원경을 갖고 달을 좀 더 상세히 관찰할 수 있을 뿐이다. 현재의 연장선상에서 이어지는 사고방식으로는 달의 실체에 접근할 수 없다. 이런 **운영자의 존재**

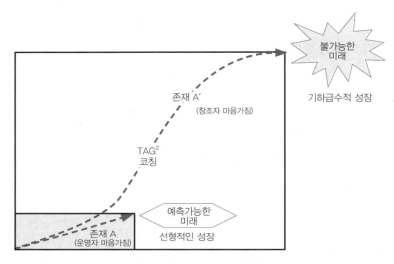

[그림 6-1] 창조자 마인드세트가 되어야만 이룩할 수 있는 불가능한 미래

**방식을 갖고 직접 불가능한 미래로 뛰어오르는 것**(그림의 S자 점선)**은 불가능**하다.

　그러나 **창조자의 마음가짐을 가진 존재(A′)로 전환을 하게 되면** 세상을 보는 시각과 세상을 대하는 행동 차원이 달라진다. 달을 연구하기 위해 직접 달로 가는 우주선을 만들자는 MTP는 창조자의 마음이 있었기 때문에 탄생할 수 있었다. 창조자의 마음가짐을 가진 존재는 **보다 높이 생각하는 고차원적인 사고 및 보다 멀리 연결되는 행동방식을 상상함으로써** 이제껏 볼 수 없었던 **우주를 넘나드는 불가능한 미래의 이미지를 그리는 것이 가능**하게 된다. 이를 달성하는 과정에서 구성원 개개인은 기하급수적인 성장을 하고, 이런 직원들의 내면적인 성장을 통해 기업 또한 기하급수적이고도 세계를 감동시키는 무엇을 창조해 내게 된다. 그들은 이미 존재 A와는 **차원이 다른 세상에서 활동**한다. 이것이 창조자의 마음가짐이다. **창조적 개인이 창조적 기업을, 창조적 기업이 창조적 세상을 이끌어 낸다.**

**존재 A에서 존재 A'로 성장시켜 주는 도구가 바로 TAG² 모델이다. 그리고 이러한 존재변화를 겪고 태어난 리더가 마인드-풀 리더다.** 더불어 마인드-풀 리더는 **TAG² 모델을 적용해서 직원들의 존재변화 또한 이끌어 낼 수 있다.**

개인의 **존재 성장은 자기성찰에 의해** 이뤄진다. 혼자서 하는 자기성찰은 자신의 틀을 크게 벗어나기가 힘들다. 그래서 제3자의 눈, 즉 **경험 많은 코치의 도움을 받으면 개인적 존재성장이 훨씬 용이**해진다. 성찰을 위해서는 코치의 피드백에 대한 수용적인 자세, 끈기 있는 호기심과 정보의 습득, 고차원적인 사고, 실패를 감수하는 용기가 요구된다.


# 존재방식이 변하면
# 사고와 행동방식은 따라서 변한다

창조자적 마음가짐으로의 존재변화를 설명하는 좋은 이론적 모델이 있다. **크리스 아지리스의 삼중고리 학습이다.** 아지리스는 사람이 어떤 **의도하지 않았던 실수나 상투적인 통념에서 빠져나오지 못할 때,** 그 사람의 **행동**(Action, **단일고리**)**이나** 사고(Mental model, **이중고리**)만을 보지 말고, 그의 **존재방식**(Identity, **삼중고리**)을 먼저 **파악하라**고 한다([그림 6-2] 참조). 만일 리더가 과거의 성공방식이나 평범한 포부, 습관적 두려움 등의 존재방식을 바탕으로 비즈니스에 접근한다면, 그는 분명히 과거를 기초로 사고하고 행동하는 운영자 마음가짐에 머물고 있는 것임에 틀림없다.

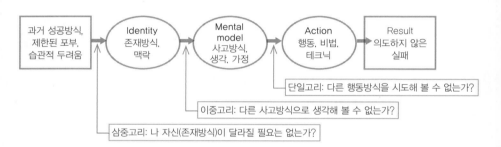

**[그림 6-2] 아지리스의 삼중고리 학습**

출처: 『마스터풀 코칭』에서 발췌

조직 내에 이와 같이 과거 성공을 고집하고 운영자적인 존재방식이 만연한다면 아무리 지능이 높은 구성원들을 갖고 있다 하더라도 그 기업은 성장할 수 없다. 필자는 '**과거에 기반을 둔 혁신 또는 변혁은 없다**'고 주장한다. **과거와 작별해야 변혁이 이뤄진다.** 과거의 존재방식을 버리고 **새로운 존재의 몸으로 변신할 때(삼중고리 변화), 그 사람의 사고방식과 행동양식이 일시에 변화하는 마술적인 변혁이 눈앞에 펼쳐진다.**

다음은 **존재방식을 변혁시키기 위한 질문**들이다. 스스로 또는 직원들에게 해 보기 바란다.

"의도치 않게 발생한 결과는 무엇이 있는가?"[6]

**"그런 의도치 않은 결과가 발생하는 데 우리는 어떤 영향을 미치고 있는가?"**

**"낡은 패턴에서 벗어나지 못하는 부분이 어디인가?"**

"현재 우리가 하고 있는 방식을 어떻게 다른 식으로 보아야 하는가?"

**"우리가 인류를 위해 어떤 일을 할 수 있겠는가?"**

"우리가 아직까지 해 보지 않은 것은 무엇인가?"

**"우리의 존재방식을 어떻게 바꿔야 하는가?"**

"사고방식을 높이려면 어떤 가정을 갖고 무엇을 해야 하는가?"

"행동방식을 어떻게 바꿔야 하는가?"

이런 질문을 하면 사람들은 과거 경험칙에 젖어 방어적이 되거나, 외부 상황에 휘둘려 용기를 못 내거나, 자신이 혼란에 휩싸여 딜레마에 빠지거나 할 수도 있다. 이는 습관적 자아 때문이므로, **상투적인 통념의 박스 안에서 벗어나려는 강한 자유의지를 발휘해야** 한다. 위대한 미래를 자신이 만들어 낸다는 신념을 가지고서 말이다.

6) 질문 중 일부는 『마스터풀 코칭』에서 인용하였다.

존재방식이 변하면 사고와 행동방식은 따라서 변한다

295

# 마인드-풀 리더십의
시작

**마인드-풀 리더는 자신뿐 아니라 구성원들에게도 통념을 깨는 '10× 목표'를 수립하고 새 가능성을 선언하게 도와줄 줄 알아야** 한다. 즉, 리더는 자신이 코칭을 받을 뿐 아니라, 자신이 직접 구성원들을 코칭할 줄도 알아야 한다. 조직의 모든 상하관계가 코칭을 통해 이뤄진다는 말이다. 이것이 바로 요즘 코칭리더십이 확산되고 있는 이유다.

코칭을 할 때는 **먼저 가능성에 대한 믿음을 열어 주어야** 한다. **인간은** 자기 입장에 따라 현실을 인식하는데, 나와 타인에 대한 **제한된 태도와 믿음, 감정상태, 행동습관 등으로 가능성의 지평을 스스로 줄이고 있다.** 지평을 다시 열어 놓기 위해 리더는 **직원들에게 다음과 같은 요지의 말을 해 줌으로써 코칭을 시작**한다. 만약 셀프코칭을 한다면 다음을 읽고 마음가짐을 다지면 된다.

우리는 지금부터 통념을 깨는 목표와 전략을 수립하려고 합니다. **위대한 목표는 결코 현재를 바탕으로 생각해서는 탄생하지 않습니다.** 위대한 목표는 미래에서 현재로 흐른다는 점을 명심하십시오. 먼저 습관적 자아를 버려야 합니다. 습관적 자아를 변화시킨다는 것은 삶에서 의식치 않고 자동적으로 튀어나오는 습관적인 감정과 사고와 행동까지도 변화시킨다는 말입니다. 내 존재방식 자체가 변한다는 말입니다. **운영자적인 마인드를 버리고 창조자적인 마인드로 전환하십시오.** 그러니 이제부터 습관적으로 하던 생각과 말을 떨치기 바랍니다.

창조자적인 마인드로 전환하기 위해서는 **인류를 위해 '내가' 무엇을 도와줄 수 있는가**를 먼저 생각하는 것이 필요합니다. 나는 세상의 한 부분이며, 모든 것은 연결되어 있습니다. **나는 불가능한 미래를 일궈 나가는 일원입니다. 더 큰 것과의 합일을 이루는 것이 우리의 성장 목적** 중의 하나입니다.

구글 CEO의 말처럼 **내 삶은 세상과 경쟁하는 것이 아닌 '큰 세상과 협업'**을 하는 것입니다. 사이먼 사이넥은 "다른 사람과 경쟁할 때는 아무도 도와주려고 하지 않는다. 하지만 자기 자신과 경쟁할 때는 모든 사람이 도와주고 싶어 한다"고 말했습니다. 더욱이 세상을 좋게 만들기 위해 자신과 경쟁하는 사람을 주위에서 모른 척하지 않을 것입니다.

하그로브는 고객들에게 힘을 주기 위해 누차 **"내가 가능하다고 말하는 것은 가능하다"**를 선언하라고 했습니다. 자신의 다짐에 따라 존재가 달라지므로 스스로 선언해 보십시오. **나에게 내리는 이러한 지상 명령은** 내 존재에 관한 생각을 다르게 하고, 전체 인지구조를 바꿔 주고, **존재의 의미와 존재방식을 바꾸게 합니다.**

긍정적인 감정은 세포성장을 촉진한다고 합니다. 우리의 가능성에 대한 긍정적인 믿음은 우리의 세포 바뀜을 촉진해서 새사람으로 탄생하는 데 도움이 되는 선언입니다. **자, 그러면 창조자적인 마음가짐을 가지고, 이제부터 저와 함께 불가능한 미래 상상에 돌입하십시다.**

## 불가능한 미래를 상상하는 절차

리더나 직원들이 자신의 존재 의미, 불가능한 미래를 생각하는 데 많은 애를 먹는 걸 보면, 그들이 얼마나 생업에 열중해 왔는지, 그래서 자신에 대한 생각을 못하고 살아왔는지가 느껴진다. **눈앞의 단기목표 달성에 적응하는 데 열중하다 보니, 장기적인 목표를 상상하거나 자기 삶의 목표를 생각할 여유가 없었을 것**이다. 상사의 요구는 즉각적으로 받아들이고 처리하면서, 불행히도 자기 내면에서 끊임없이 우러나오는 자신의 호소는 적당히 절충하고 묻어 두기 바쁜 삶을 살아온 것이다. **마인드ー풀 리더는 먼저 자신과 직원들의 강퍅하고 닫힌 마음을 열어 주어야** 한다.

순서는 '**부정적인 감정** 수용→**긍정적인 감정**으로 전환→**나의 소망** 정의→세상과 조화를 이룬 **MTP** 정의→**소명** 정의'로 진행된다.

## 1. 감정을 먼저 수용하라
## (부정적인 감정 수용)

인간은 위대한 능력을 본래 갖고 태어난다. 하그로브는 '불가능한 미래는 누구나 생각할 수 있다'고 긍정적인 심리를 누차 강조하면서도, 반면에 **불가능한 미래를 상상하는 데 따르는 감정적인 방어 반응을 읽는 것도 게을리하지 말라**고 조언한다. 과연 왜 그래야 할까?

우리가 자주 외치는 무조건적인 'Can-do' 정신은, 심리학적 측면에서 인간에게 종종 위압감을 준다고 여겨진다. 마인드-풀 리더는 근거 없는 긍정정서, 즉 처음부터 'Can-do' 정신을 발휘하라고 부추기는 것이 아닌, 현재 **단기목표의 압박과 충돌에서 오는 불편감, 시작과정에서 느끼는 위압감, 불안, 우울, 고통, 혐오, 두려움의 감정적 속박을 떨치게 도와주는 것부터 시작**해야 한다. 다분히 인본주의 심리학적인 접근을 말한다. 직원의 사고와 행동뿐 아니라 감정까지 포함한 전인격체로 존중하라는 뜻이다. **이런 과정에서 심리적 안전감을 가지게 된 이후가 바로 'Can-do' 정신에 대해 본격적으로 언급할 때다.** 현재 과중한 업무로 스트레스를 받고 있는 직원에게 불쑥 원대한 미래를 생각해 보자고 부추기면 거센 심리적 저항에 부딪힐 수 있다.

**마인드-풀 리더는 좀 더 깊은 심리 내적수준으로 한 단계 더 내려가서 불안해하는 '얼굴의 현현'[7]부터 알아차리고 그런 불안함조차도 인정할 줄 알아야** 한다. 불안함을 발생시키는 내적인 오류를 극복하기 위해 앞의 1, 2, 3, 5장의 내용들을 상기해 보자. 인간의 내면과 욕구, 감정 이해는 리더십 발휘에 정말 중요하다.

## 2. '나에 대한 자각'을 통해 위대함을 일깨우기(긍정적인 감정으로 전환)

긍정적인 감정으로 전환하기 위해서는 먼저, **'나는 누구인가'** 를 스스로 돌아보기를 권한다. 나는 외부의 자극에 소극적인가, 주도적인가? 앞의 3장에서 설명된 나의 기본적인 성격이나 기질, 그리고 나의 인지적, 감정적, 행동적 습관을 성찰해서 불가능한 미래를 향해 나아가는 데 방해가 되는 장애물들을 제거한 **나를 재구축**하는 것이 필요하다. 모든 부정적인 감정을 없애 주는 경두개 헬멧을 썼다고 상상해 보라. **두려움과 불안과 꺼림칙함을 용기 있게 던져 버릴 때 위대한 자아가 비로소 모습을 드러낸다는 것**을 잊지 말아야 한다.

자신뿐 아니라 직원들에게도 코칭을 통해 자신의 **강점과 잠재력을 재인식**하도록 하는 노력이 필요하다. 코칭대화 시 건강한 심리상태를 유지하기 위해 **긍정적인 사고와 부정적인 사고**

---

7) 프랑스의 철학자 레비나스가 한 말로, '얼굴의 현현(顯現)'은 내가 노력해서 나타내는 것이 아니라 스스로 나타나는 절대적 경험이며, 고통받는 타인의 얼굴을 만날 때 비로소 도와주고자 하는 윤리적 갈망이 일어난다고 했다. 코치라면 이런 얼굴의 현현(표정과 보디랭귀지의 비언어적 표현)을 읽는 것에 능숙해야 하지 않을까? 셀프코치라면 자기 자신의 고통을 읽는 것에 능숙해야 하지 않을까?

의 비율을 60대 40의 황금비율로 조절할 것을 명심하라. **부정적인 사고에 들이는 에너지를 성장을 위한 긍정적인 에너지로 승화시켜라.** 그런 다음이 본격적으로 미래를 상상할 차례다.

## 3. 나의 소망을 담은 미래 상상하기 (나의 소망 정의)

다음 순서로 리더는 스스로, 또는 직원들에게 다음과 같은 생각을 해 보는 **질문**을 한다. '진정으로 되고 싶은 나는 무엇인가?' '어릴 때부터 나는 무엇을 꿈꾸었나?' '진정으로 내가 좋아하는 일은 무엇인가?' '내가 보람과 기쁨을 느끼는 일은 무엇인가?' 나의 장점을 발휘하는 것은 무엇일까?' **'나의 가슴을 뛰게 하는 일은 무엇인가?'** '내가 무엇을 할 때 나란 존재가 이 세상에 기여할 수 있는가?'

**생각하기를 힘들어한다면** 현재 일어나고 있는 마치 '미친 듯한' CEO들의 사례들을 들려준다. 예를 들어, **아마존 창업자인** 제프 베조스는 우주에 지속 가능한 상업적 교통 인프라를 만들자고 한다. 연료를 중간 주입할 우주 충전소, 조종사들이 쉴 수 있는 우주 휴게소, 행성의 자원을 활용한 각종 상주시설을 만들자는 제안이다. 마치 한 국가가 경제개발을 위해 가장 먼저 하는 일이 인프라 구축인 것처럼 말이다. 리더는 이런 얘기를 해 준 다음, **얘기를 듣고 어떤 기분이 드는지, 자신이 응용할 점은 무엇인지를 생각해 보게 질문**한다. 이는 사고의 높이를 끌어올리기 위한 방식 중의 하나다.

자신의 소망을 담은 미래를 상상하는 작업은 많은 시간이 걸릴 수 있다. 이것이야말로 어려운 인생의 숙제다. 그러나 할 만한 가치가 있는 일이다. 이것을 달성하면 앞으로의 인생이 충만하고 건강하고 행복한 성장의 길을 걸어갈 테니 말이다. 매슬로는 이렇게 세상을 통찰하고 삶의 사명을 발견한 사람을 '자아실현한 사람'이라고 했다. **평생 자아실현의 단계를 거치지 못하고 삶을 마감하는 사람들이 많다고 한다. '되고 싶은 것이 되고자 하는 욕구'를 충족시키며, 인간 본성과 합일되는 성장의 길을 간다는 것은 행운뿐 아니라 노력도 따라야** 한다.

### 미래 상상하기에 도움을 주는 TAG$^2$ 모델

진정으로 소망하는 불가능한 미래 상상을 힘들어 한다면 마인드-풀 리더는 TAG$^2$ 모델을 도구로 적용한다(4장 참고). 첫째, **사고를 높이기 위해 정보를 찾아보도록** 요구하라. 인터넷과 도서관, 전문가의 도움을 받게 하라. 둘째, **행동을 멀리하기 위해** 기업의 고객들을 정의하고 몇 명이라도 만나서 의견을 떠보게 하라. **최종 고객들에게 감정이입을 할 때 혁신 기회의 문이 열린다고** 강조하라. 셋째, 그런 후 홀로 **고차원적인 숙고를 할 시간을 줘라.** 단번에 결정하지 말고 뇌피질의 되먹임(2장 참고)을 활용해서 다양한 정보를 대입해 본 후 몇 가지 선택지를 만들게 하라. 넷째, **감정의 힘**(직관, 5장 참고)**을 믿고 가장 좋은 것을 선택**하게 하라. 선택이 힘들다면 **황금비**(4장 참고)를 떠올리고, 완벽하지 않아도 결단하고 실행을 하도록 격려하라.

### 미래 상상에 학습은 필수

이러한 방식은 스피노자가 높게 평가한 방법이다. **스피노자는 풍부한 지식과 지속적인 숙고에 기초했다면 '직관'이 모든 지적 재능 중에 가장 높은 것**이라 평가했다. 그 이유는 직관은 지식을 얻는 가장 정교한 수단이며, 지식이 뇌에 축적되고 이성을 사용해서 분석한 다음에야 나타나는 것이기 때문이라고 했다. 그러므로 필자는 **지식이 뒷받침되지 않는 맹목적인 직관은 충동에 다름없다**고 독자들에게 재삼 강조한다. 그런 바탕하에 세운 목적은 허무하게 끝난다. **많은 직장인이 지식축적을 하지 않은 채, 머릿속에 있는 과거경험을 바탕으로 보고서를 작성하고 의사결정한다는 사실은 매우 슬프고 위험천만한 일**이다.

미친 듯이 불가능한 상상을 한 후에, 그 상상이 무모하게 끝나지 않기 위해서는 근거를 확보하는 노력이 뒤따라야 한다는 것을 다시 한 번 강조한다. 4장에서 언급했듯이 뇌의 대칭붕괴로 생성된 호기심을 갖고, 그 호기심을 풀기 위해 열정적인 **학습이 수반되었는지를 질문**하라.[8] 사고과정이란 외부에서 입력된 자극과 인간의 내부에 저장된 기억과의 상호작용이므로, 내부에 저장된 지식이 없다면 아무리 좋은 외부의 자극을 접해도 좋

---

8) 학습을 먼저하고 상상하면 창조력이 제한받을 수 있으니, 한계 없는 미친 듯한 상상을 먼저 하고, 그 상상을 통해 내적인 흥분이 밀려온다면 이의 구현을 위해 미친 듯이 학습을 하라.

은 상상을 창조해 내지 못한다는 것을 명심하라. 냉장고에 달랑 파와 당근만 있다면 무슨 좋은 요리를 만들 수 있겠는가?

더불어 **외부의 것을** 무심히 보지 말고 **경이로운 눈으로 보는 습관을 강조**하라. 외부의 뭔가와 접촉하지 않으면 아무리 좋은 내부 저장고가 있다 하더라도 기발한 조합을 만들기가 쉽지 않 다는 걸 스스로에게 말해 줘라. **자신의 머릿속에 이미 들어 있 는 틀에서 나오는 얘기는 이미 낡은 존재방식이거나, 이미 남들 도 알고 있는 상투적 얘기일 뿐**이라고 말해 줘라. 내부의 저장 고도 채우고, 외부의 자극도 신선하게 받아들이는 일이 불가능 한 미래 상상을 하는 지름길이라고 말이다.

## 4. 나의 소망과 세상의 조화를 이룬 성장목적 수립하기(MTP 정의)

의미치료를 창안한 빅터 프랭클은 **삶의 주된 동기는** 자아찾 기가 아니라 **삶의 의미찾기**라 했다. 단독자인 **자신을 초월해서 '타인'과 '일'과 '세상'과 관계를 맺는 방법을 찾는 것은 인생의 과 제**이며, 이런 과제와 숙명은 개인 그리고 시기마다 독특하므로 스스로 찾아야 하는 것이다. **진정한 자아실현은 삶의 의미를 발 견한 자에게 찾아오는 것**이다. 혹시라도 모든 직장인이 자아실 현하고 있다고 착각하지 마라. **의미를 못 찾은 채** 열심히 **일만 하는 삶은 자아실현이라 볼 수 없다.** 삶의 의미를 잃음으로 해 서 자기중심의 틀에 갇혀 스스로를 세상과 자폐시키는 일은 없어야겠다.

마인드-풀 리더는 다음과 같은 질문으로 성장목적 수립을 돕는다. **'나는 어떤 세상을 만들기를 소망하는가?'** 나는 세상의 어떤 문제에 관심이 있는가? 예를 들어, 태어나자마자 사망하는 영아들이 없었으면 좋겠는가? 교통사고 사망자가 없었으면 좋겠는가? 또는 외국어를 배우지 않고 외국인과 자유로이 소통했으면 좋겠는가? 지루한 주입식 강의가 없어졌으면 좋겠는가? 정신이 건강한 세상을 만들고 싶은가?' 상상을 제한하지 말고 충분한 성찰 시간을 주기 위해 침묵으로 기다려 준다. 반드시 **원형(prototype)의 규모를 크게 잡도록 해야** 한다. '10× 철학'을 상기시켜라.

**MTP를 세우는 사람들은 여행객처럼 주변을 돌아보는 습관을 들여야** 한다. 창의적인 사람은 평상시에 잘 놀란다고 한다는 말을 잊지 말아라. '세상 사람들은 어떤 가치를 원하는가? 세상이 어떤 모습으로 변화되길 원하는가?'를 궁금하게 생각하라. 이런 방식으로 **세상의 가치를 발견한 후에는 원하는 '나의 소망'(3의 결과)과 세상의 가치를 조화시켜서 불가능한 미래를 상상하라. 세상도 원하고 나도 원하는 방향으로 삶을 이끌어 가도록 지지하라.**

세상의 가치와 나의 가치가 상충되거나 멀리 있다면 합일이 힘들다. **성장과 행복의 첫걸음은 세상의 가치와 나의 가치가 합일되는 지점이다.** 다만 단기적이고 **사소한 가치가 아닌 원대하고 거대한 가치적인 합일**을 해야 한다. 예를 들어, '더 나은 세상' '모든 것이 연결된 세상' '정신적으로 건강한 세상' 등의 궁극적인 인류의 목적 같은 것 말이다. **각자가 거기서 어떤 역할을 할 수 있을지를 찾게 도와줘라.** 더 나은 세상을 개척하는 **개척자인가, 연결자인가, 구원자인가, 정신적 인도자인가?** 미친 듯한 가상 이미지의 세상을 창조하고, 나와 구성원들을 그 세상에 투입시켜라.** 구성원들이 무얼 말하든 지지하라. 의견에 조언을 단다면 그걸 지켜보는 다른 구성원들은 더 이상 의견을 내놓지 않을 것이다.

근거 있는 창조를 위해서는 외부 상황에도 귀를 기울여야 하고, 동시에 내면에서 울려 나오는 나의 소리에도 귀를 기울여야 한다. 마인드-풀 리더는 외부에서 벌어지는 화려하고 멋진 성공에 취하지 말도록 경고하라. **내면의 소리가 제외된, 외적으로만 부과된 구호와 숫자들은 공허함을 일깨워라.** 자신에게는 끌림이 없는 회사의 이념들, 부모의 바람들, 교수자의 훈육들, 그런 환경에서는 단지 나는 방관자요, 남을 위해 희생하는 소모품이 되어 버린다. **불가능한 상상은 '나'의 소리가 반영되어야** 한다. 그렇다고 내면의 소리만 반영되어서도 안 된다. 이런 나만의 근거 없는 열정들 역시 좌절만 안겨 줄 뿐이다. 왜냐하면 세상이 그것을 받아 줄지 미지수이기 때문이다. **열쇠는 나와 세상의 조화다.**

이렇게 리더는 직원들의 열렬한 지지자이자 파트너가 되어 내면의 소리와 외부 환경 간의 조화와 균형을 갖춰 **'진정한 세계**

인'[9]으로서의 꿈을 꾸도록 해야 한다. 또한 그것을 리더 자신의 목표로도 여겨야 한다. 그리고 모두가 열정적으로 헌신해야 한다. 그럴 때 우리는 비로소 '**진정한 내가 꾸는 불가능할 것처럼 황홀한 꿈**'을 꿀 수 있게 된다. 그래야 '**세상과 합일**'이 되는 '**현실적인 내 꿈**'이 된다. 그래야 '**내적인 열정과 동기가 솟구치는 내 꿈**'이 된다. 가슴이 뛰는 상상 말이다. 진정으로 자신이 원하는 것 말이다.

'**왜 나는 이 세상에 존재하는가?**'를 스스로 자주 물어보기를 즐겨라. 거기에서 답을 찾는다면 충만한 인생을 살 수 있을 것이다.

죽음을 앞두고 '아! 이걸 하기 위해 내가 태어났구나'를 깨닫는 사람은 행복한 사람이라고 한다. 그런데 이런 중대한 사실을 왜 꼭 죽음을 목전에 두고서 알아야 하는가? 깊은 성찰을 한다면 지금이라도 자신이 이 세상에 어떻게 기여할 수 있는지를 알 수도 있을 텐데 말이다. **이런 자기성찰은 세상과 나를 진정하게 연결시키는 일이고, 세상을 향해 나아가서 나를 크게 확장시키는 일이다.** 나 홀로가 아닌 **세상과 온전하게 연결된 '큰 나', 큰 세상과의 합일을 이루는 것이다.** 내가 곧 세상으로 나아가며 **기하급수적 성장을 이루는 것이다. 자신이 스스로, 그리고 팀원들에게 이런 걸 이루게 하는 것이 마인드-풀 리더의 존재의미다.**

---

9) **진정한 세계인**이란 더 이상 어학을 잘하고, 타국에서 적응을 잘하고, 타국의 고객들에게 잘 맞추는 것이 아니다. 4차산업 시대의 진정한 세계인은 몸은 한 나라에 머물지라도, 사고방식은 세계의 관점에서 생각하고 **자신이 세계를 만들어 간다고 여기는 사람**이라는 걸 이 책에서는 주장하고 싶다. 그리고 리더는 이런 세계인의 정신을 팀원들에게 불어넣어 주어야 한다.

## 5. '왜 그런 상상을 했는가'란 질문으로
## 마무리(소명 정의)

소명, 즉 삶의 의미찾기에서 '왜'란 질문은 왜 중요한가? 이에 대한 답은 『나는 왜 이 일을 하는가』란 책에서 찾을 수 있다. **사이먼 사이넥**이 쓴 이 베스트셀러는 **성공한 기업이나 리더는 일종의 특별한 패턴을 보여 준다**고 말한다. 그것은 **바로 골든 서클**이다. 가장 가운데 서클에 속하는 **'왜'는 존재 이유와 목적이자 신념**이다. 두 번째 서클인 **'어떻게'는 '왜'를 실현하기 위한 행동**을 말하며, 가장 바깥의 서클인 **'무엇을'은 행동의 결과**를 말한다. 결국 '왜'가 중심이 되어 모든 것을 결정하게 된다.

이 골든 서클은 **황금비**에서 나온 개념이라고 저자는 말한다. 4장에서도 말했듯이 피타고라스를 거쳐 다빈치에 이르기까지 어떤 사건과 사물과 삶의 균형과 미를 수학공식으로 표현해 내

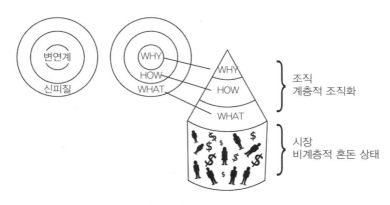

**[그림 6-3] 골든 서클**
출처: 『나는 왜 이 일을 하는가』에서 발췌

려고 황금비에 대해 연구해 왔다. 기하학적 완벽성처럼 자연은 우리가 생각하는 것보다 더 질서정연하다. 막강한 영향력을 행사하는 리더나 기업의 무질서해 보이는 행위들도 어떤 질서에 따라서 움직인다.

그 **골든 서클의 핵심은** 다른 이들을 조종하는 것이 아닌, **내가 가진 상상력과 꿈을 다른 이들에게 전염시키는 '영감의 기법'을 사용하는** 것이다. 이 영감은 심지어 영향력을 증폭시켜 **가속도를 붙일 수도** 있다. 그래서 '왜'에서 출발한 기업과 '무엇을'에서 출발한 기업은 장기적인 성장에서 봤을 때 큰 차이가 있다. **'무엇'에서 출발한 기업은 일단 잡히는 대로 목표를 설정하고 그걸 달성하는 전술에만 초점**을 둔다. 그러나 **'왜'에서 출발한 기업은 '무엇'에서 출발한 기업과 단기 결과는 같을 수 있지만, 지속 가능성 면에서는 크게 다르다**고 한다.

**'무엇'으로 시작하는 기업은** '달성 또는 실패'의 원리로 작동하는 **행동주의 세상**에 속한다. **반면에 '왜'란 질문은** 감정 뇌와 관련되어 있어 **구성원들의 감정을 흔든다.** 먼저 마음의 실현 경향성을 활성화시킨 다음에 성취를 만들어 내는 **인본주의 작동원리**를 따른다. 즉, 마인드-풀 리더십의 핵심인 **영감으로 사람들을 끌어당기는(mind-pull)** 것이다.

사이넥은 **세상에 상상력을 불어넣고 긍정적이며 지속적인 변화를 가능하게 하는 원천이** 바로 '나는 **왜** 이렇게 행동하는가'라는 질문이라고 강조한다. '왜'란 질문에서 출발하는 것은 **존재론적이고 근원적인 내면적인 질문**이다. 앞에서 소개한 삼중고리

학습 중에서 '존재방식(삼중고리)'에 해당한다. 내 **존재의 의미란 가슴이 시키는 일이므로 그 뒤를 따르는 사고와 행동은 일관성과 지속성을 보인다.** 자신의 마음은 열망과 호기심을 향하고, 타인에게는 공감과 신뢰를 준다. 이 책이야말로, 인간은 감정과 사고와 행동이 일체된 존재라는 **전인적 인간관**을 여실히 설명해 주고 있다. 그리고 가속을 가능하게 하는 기하급수적 성장에 대한 개념을 뒷받침하고 있다.

그러니 불가능한 상상을 한 후에, 마인드-풀 리더는 반드시 '나는 **왜 그런 상상을 하였는가**'를 구성원에게 물어보기 바란다. 분명히 좋은 존재론적 이유를 찾을 수 있을 것이다. 그리고 찾았다면 거대한 상상에 대한 확신과 그것을 이루려는 강한 에너지를 갖게 될 것이다.

# TAG$^2$ 모델 양식을 활용하여 마인드-풀 리더십 발휘하기

자, 지금까지 나의 소망과 세상의 가치를 합일시켰다면, 리더는 이제부터 TAG$^2$ 모델 양식을 펼쳐 놓고 불가능한 미래를 구체화해 볼 차례다. 기하학적인 사고를 위해 컴퓨터가 아닌 종이 위에 연필로 써 보아라. 마구 지우고 다시 쓰기를 해 보아라. 과연 자신의 사고를 더 높이고 행동을 더 멀리하면 어떤 그림이 펼쳐질지 궁금하지 않은가?

| 성장 | 돌파구 전략 | | | | 존재 변혁 | 거대한 목표 | 불가능한 미래 | 고객니즈 |
|---|---|---|---|---|---|---|---|---|
| G 성장 결과 | 활동4: | 활동3: | 활동2: | 활동1: | G 성장 요인 | • 목표(BHAGs) | • 목적(MTP) (존재방식 변화) 기하급수적 성장 | • 문제점 발굴 |
| | | | | | T 첫그림자 | | | |
| | | | | | A 행동양식 | | | |
| | | | | | 2 감정 | | | |
| | | | | | 친절 | | | |

[그림 6-4] TAG² 모델 기본양식

이것이 TAG² 모델을 이용한 기본양식이다. 이 양식 작성 과정을 혼자 또는 직원들과 함께할 수 있다.

먼저, 양식에 대한 두려움을 없애기 위해 다음에 이어지는 간단한 작성 예들을 같이 읽어 보면서 부담감을 떨쳐 보자(이는 점진적 노출법인데, 뒤에 설명될 것이다). 알고 보면 그리 어렵지 않다는 걸 알게 될 것이다.

## 1. 간단한 작성실습
### (창조자적 존재방식의 예)

그럼 간단하게 양식을 채워 보는 실습을 해 볼까? 구글은 불가능한 미래를 상상하는 창조자적 마음가짐을 가진 기업이라고 앞에서 언급했다. 그들이 불가능한 미래를 꿈꿀 때, 어떤 생각들을 했을지 **구글러로 감정이입**을 해서 양식을 채워 보려고 한다([그림 6-5]).

| 고객니즈 | 불가능한 미래 | 거대한 목표 | 존재 변혁 | 돌파구 전략 | | 성장 |
|---|---|---|---|---|---|---|
| • 문제점 발굴 | • 목적(MTP)<br>(존재방식 변화)<br>• 기하급수적 성장 | • 목표(BHAGs) | | 활동:<br>고차원적 사고의 마인드세트 | G<br>성장<br>요인 | |
| 엄청난 교통사고 사망자 수를 줄이고 싶다.<br>대부분의 교통사고는 인간의 실수에서 비롯된다. | 생물학적인 한계가 있는 인간에게 운전을 맡기지 말고, 세상의 모든 자동차들 간의 움직임을 연결시켜 자동으로 운행시키자. | 무인자동차<br>구글 지도<br>등 | | 고차원적이고 넓은 관점의 틀: 무인자는 차가 아닌 인공지능 컴퓨터 | T | |
| | | | | 끊임없는 실행과 학습, 그리고 피드백을 통한 수정<br>(전세계 곳곳을 다니며 머신러닝) | A | |
| → 연민, 인류애 | → 소명의식, 열망 | → 소명의식, 열망 | → 소명의식, 열망 | → 성장 마인드세트, 불굴의 끈기, 내적 동기(열망) | 2<br>감정 | |
| 연결자, 개척자, 기여자 | | | | 내가 하는 일은 세상을 바꾼다.<br>내가 하는 일은 인류 생존에 도움을 준다. | 존재 | |

[그림 6-5] 창조자적 존재방식의 예

313

구글이 무인자동차를 개발한 계기는 매해 교통사고로 엄청난 수의 사람들이 사망하며, 대부분의 교통사고는 인간의 실수에서 비롯된다는 사실을 접하고 나서다. 개발자가 느낀 **감정은 연민과 인류애**였다. 이런 연민은 생물학적인 한계가 있는 인간이 운전하는 것보다 **도로의 모든 자동차들의 움직임을 연결시켜 자동차들 스스로 운행하게 하는 것이 훨씬 안전하겠다는 불가능한 미래상상**에 도달한다. 무인자동차 개발은 그런 거대한 상상과 소명의식을 갖고 시작됐다. 그들의 **존재방식**은 '내가 온 세상을 연결하는 **연결자, 개척자, 인류 생존에 공헌하는 기여자**'란 **철저한 주인의식**[10]에서 출발한다. 이 MTP는 '모든 것을 연결한다'는 구글의 모토와도 완벽히 일치한다.

그들의 존재방식에서 신경망을 뻗은 그들의 **사고방식([그림 6-5]의 T)**은 일반인과 매우 다르다. 우리는 구글차를 자동차로 분류한다. 그러나 구글러들에게 구글차는 자동차가 아니다. 자동차의 기능과 외양을 갖춘 인공지능(AI)이다. 그들은 **자동차가 아닌 인공지능을 개발한다는 사고방식으로** 접근한다. 그래서 그들은 **구글차의 인공지능을 끊임없이 학습**시켰다.

그들의 **행동방식(A)**은 **끊임없는 실행과 피드백을 통한 수정**이었다. 구글차는 GPS를 장착하고 세계 곳곳을 다니면서 학습했다. 이런 행동화 과정을 통해 구글차는 점점 똑똑한 무인차가 되어 가고 있다. 얼마 전 안타까운 사망 사고가 난 적이 있긴 하

---

10) 주인의식은 비전공유에서 나온다. 회사나 외부에서 가지라고 해서 가져지는 게 아니다.

지만, 이 또한 극복해야 할 실패 중의 하나다. 개발자들의 **감정**은 '세상에 없던 것을 창조해서 인류에 기여한다'는 **내적 동기와** 실패에도 불구하고 전진한다는 **불굴의 끈기와 실험정신**, 이런 모든 것이 성장을 위한 노력이라는 긍정적인 감정일 것이다.

## 2. 잘못된 예(운영자적 존재방식의 예)

반면에 선형적인 성장을 하는 **운영자의 마음가짐을 가진 회사원을 가상**하고 양식을 작성해 보겠다([그림 6-6]). 운영자의 마음가짐을 가진 개발자는 좋은 자동차를 공급해서 점진적으로 매출액을 5% 올리는 데 기여하고자 하는 목적의식을 가진다. 이를 위해 자신이 개발자로서 할 수 있는 최대의 노력으로, **기술적 결함에 대한 고객불만율을 연말까지 10% 감소시킨다는 목표**를 계상한다. 점진적 개선을 통해 1년 안에 10% 감소시킨다는 것은 매우 어려운 일이기 때문에, 개발자는 과연 목표 달성을 할 수 있을지 **감정적으로 두렵고 불안하다.** 이 모든 것이 고착 마인드세트(질병 모델, 회피동기)에 의거하게 된다.

| 고객니즈 | 불가능한 미래 | 거대한 목표 | 존재방향 | G 성장요인 | 돌파구 전략 | 성장 |
|---|---|---|---|---|---|---|
| • 문제점 발굴 | | • 목적(MTP) • 선형적인 성장 | • 목표 | G 성장요인 | 활동: 고착 마인드세트 | 성장 |
| 기술적 결함이 없는 자동차를 개발한다. | | 회사매출액을 5% 성장시킨다. | 기술적 결함에 대한 고객 컴플레인을 10% 감소 | T | • 나는 회사에서 주어진 업무를 충실히 연구 • 경쟁사 벤치마킹을 통한 모방/점진적 개선 | |
| | | | | A | • 회사 시스템에 자신을 맞춤(이들의 고객은 회사) • 성과 평가를 잘 받기 위해 성실히 노력 | |
| → 고착 마인드세트 | | → 운영자 마음가짐 | → 두려움 | 2 감정 | → 성과 지향적 마인드세트(위험감, 불안감, 성공/실패의 이분법적 사고) → 회사 중심의 협소한 관점(회사 틀/상사 의존성) | |
| 기술 개발자, 성과 기여자 | | | | 존재 | • 나는 회사에 소속된 사람 • 나는 기술 개발자 | |

[그림 6-6] 운영자적 존재방식의 예

그의 **사고방식**([그림 6-6]의 T)**은 성실히 연구**하고, 벤치마킹을 통해 더 좋은 것이 없는지 **모방할 점을 찾는다. 행동방식**(A)은 회사 매출을 높이고 **성과평가를 잘 받기 위해 성실히 노력**하는 모습을 보인다. 과연 그가 충성하고 싶은 진짜 고객은 자동차를 구매하는 사람들일까, 상사일까, 자신일까를 자문해 보게 된다. 이들의 **존재방식은 '나는 회사에 소속된 사람'**, 고객이 아닌 '기술력 향상에 초점을 둔 기술개발자'이지 결코 **고객에게 연민을 가지고 더 좋은 세상을 보여 주려는 사람은 아닌 것**이다. 불가능한 상상을 하기 위해서는 먼저 자신의 존재의식 자체가 변혁되어야 한다.

## 3. 완성된 양식의 예
## (기업의 예: SpaceX)[11]

『**일론 머스크**, 미래의 설계자』란 책의 표지에는 '지구상에서 가장 먼저 미래에 도착한 남자'라는 문구로 머스크를 소개하고 있다. 복잡한 기계장치 앞에 서서 독자들에게 강한 눈빛을 보내고 있는 멋진 독사진을 표지로 내세울 만큼 그는 자의식과 홍보의식이 강하다. 머스크는 일반인들에게 **테슬라 모터스**(Tesla Motors)로 더 잘 알려져 있지만, 그의 위대함은 31세 젊은 나이에

---

11) 양식의 완성을 위해 『뉴욕타임즈』와 『블룸버그 비즈니스위크』에 기고하는 과학기술 작가인 애슐리 반스가 머스크를 직접 인터뷰하고 쓴 『일론 머스크, 미래의 설계자』의 내용과 언론 자료들을 참조하였다.

창업한 **스페이스 엑스(SpaceX)의 CEO**로서, 항공우주산업 분야에서 진면목을 보이고 있다. 이 외에 솔라시티(SolarCity)라는 기업을 통해 태양에너지 산업으로 인류의 에너지 체계를 바꾸려고 시도한다. 이와 같이 **우주, 교통, 에너지의 거시적인 문제를 해결하려고** 함으로써 '**판타지를 현실로 만든 미국 역사상 최고의 천재 사업가**'라 불린다. **스티브 잡스가 삶의 방식을 바꿨다면, 일론 머스크는 우리가 살고 있는 이 세상 자체를 바꾸고 있다**고 일컬어진다. **잡스에 비해 그의 스케일은 어머어마하게 거대**하다. 일론 머스크가 품은 원대한 미래를 양식에 채워 볼까 한다([그림 6-7]).

그는 석유에 의존하는 지구를 걱정한다. "지속 가능한 에너지를 얻을 수 있고 다른 행성에서 자급자족할 수 있는 방향으로 인류가 진화한다면 행복할 것 같다"고 말한다. 그의 일차 타깃은 화성이다. 인류가 화성에 거주하려면 먼저 화성의 환경을 실험하는 물자를 운반할 로켓과 우주선이 필요하다. 그러나 지금 미국 군수사업으로 만들어지는 로켓들은 개발기간이 오래 걸리며 러시아 등의 외국에 의존한 기술도 많다. 그래서 개발 및 발사 비용이 높다.

그의 **불가능한 미래(MTP)는 발사비용을 낮춰 인류를 우주에 거주할 수 있게 만드는 것**이다. 자신이 하는 자동차, 에너지, 우주항공 산업은 모두 이 불가능한 미래를 위해 한 곳으로 모아진다. 불가능한 미래를 지지하는 **거대한 목표(BHAGs)는 완벽한 미국산** 제품을 만들며, **자체 사내기술로** 만들어서 신기술화하

| 고객니즈 | 지속가능한 미래 | | 거대한 목표 | 존재변형 | | 돌파구 전략 | | | | 성장 |
|---|---|---|---|---|---|---|---|---|---|---|
| 문제점 발굴 | 목적(MTP) | | 목표(BAHGs) | G 성장요인 / T 사고방식 | A 행동방식 / 2 감정 / 존재 | 활동 1: 새로운 사업영역 구축 | 활동 2: 효율성을 극대화하는 교차원적인 사고 | 활동 3: 개발 패러다임의 변혁 | 활동 4: 알아서 완료하는 스타트업 조직문화 | G 성장결과 |
| • 석유에 의존하지 않고, 지속 가능한 에너지를 얻고 지금 저렴할 수 있는 행성으로 인류의 이민자진<br>• 자동차 에너지, 거주단체 해결<br>• 인류 전체를 구해야 한다.<br><br>• 미국 군수사업으로 만들어지는 로켓은 일사 비용이 높고 기간이 오래 걸리고 오래된 기술을 이지도 사용된다. | "인류를 우주에 거주할 수 있게 만든다."<br>→ 지속과 추진력 개발<br>→ 자신에 추진하는 우주·차·에너지 사업 모두를 아우르는 포괄적 목표<br>• 태양계 정보<br>• 일사비용을 낮춰 화성에 식민지 건설 | | • 완벽한 미러신 로켓 우주선 개발<br>• 자체 기술로 개발 → 개발비 대폭 감소 및 개발 기간 축소 | G 성장요인<br><br>T 사고방식 | • 우주승객선: TV, 인터넷, 기존 GPS 등 인류의 삶 다방면에 영향을 미치는 사업과 연구용 위성을 화성으로 운송<br>• 자기 우주여행사업: 대중교통식 운행, 버스처럼 대량 운송 | • 통섭 타파: 기존보다 작고 저렴한 위성 개발<br>→ 재사용 가능한 로켓으로 구성/활용 가능을 염두를 우주로 운반해야기가 정확히오는 로켓 귀환성공)<br>• 신속출하반면 통로에도 일사 기능) | • 기술 자금의 길 추구: 정부지원에 의존하거나 외주체를 거느리는 거대한 행정체의 다른 지원을 거들지 않다고 선언<br>• 경영 없는 개발: 엔지니어이 곧 경영진이고 경영진이 곧 완전히 새로운 방식으로 기술 개발(세탁기 수준으로 가격 완전히 또는 전자기기 기대로 실제)<br>→ 기업인에도 불구하고라 · 중 · 등의 국가 차원 사업 더 이상 형성 | • 가슴 뛰는 비전: 일론이 일론만 직원에 눈일 화성 예 갈 수 있는 열망으로 반복임<br>• 조직문화: 엔지니어이 곧 경영진이고 경영진이 곧 경영진이 않고 완전히 새로운 방식으로 기술 개발<br>• 자율문화: 자기 업무를 수행하고 스스로 완성하는 수동이 없는 문화 | • 우주운송산업 선두<br>• 경쟁사에 큰 타격 (2013년 기준, 50회 발사 계약 체결)<br>• 제조품 전량을 미국 내에서 제조<br>• 낮은 가격(타 · 중 보다 1/10) |
| | | | | A 행동방식<br><br>2 감정 | • 정해된 사업안이 제안: 국가가 포기했거나 못 보이던 항공우주산업과 자동차 신에너지사업을 확산적인 시업으로 개조 | • 거듭되는 실패를 통한 성장: 소행으로는 21회 중 9회, 이륙하는로는 20회 중 9회 성공했음을 교훈 심아 전재사업 투자재벌 역량을<br>• 적극적인 홍보를 통한 요인 확장: 아이디어를 배로게 만들고 고객 미드백을 얻음 | • 새로운 전문가이의 적극 만남 및 쉬운 인력 소개<br>• CEO가 직접 우주항공 분야에 대한 완벽한 학습 예 로켓의 실질적인 제작에 로직이요 반 지재생애이 만 된다는 것을 알아냄 | • 놀이을 통해 놀랄 만큼 신속한 개발: 15개월 만에 발사 성공, 창업 7년 만에 발사 성공(2008년, 통상 15년 걸림) | • 개인 · 회사 · 기<br>솔 성장 |
| | | | | 존재 | • 두려움과 자기협오 극복<br>• 좋은 의도를 가진 몽상가, 부자가 되는 또는 급조하지 않음<br>• 진실한 목적의식과 몰입<br>• 상황이 어려울수록 이성적 결정. 목표에 집중하는 능력 | • 부를 좇는 CEO가 아닌 윤리적 여신을 지키기 위해 군대를 지휘하는 장군 | | | 개인 · 기<br><br>존재 |
| • 내가 세상을 바꿀 수 있다는 신념, 열망 | • 인류를 보호하겠다는 구체적 의식, 인류애, 소명감 | | • 남의 눈을 의식 없는 구체적 의식, 학습을 통한 자신감, 치열함 | 2 감정 | • 두려움과 자기협오 극복<br>• 좋은 의도를 가진 몽상가, 부자가 되는 또는 급조하지 않음 | | | | | |
| • 인류가 지속하거나 우월적으로 우월적으로 엄청 순결을 내리는 구원자<br>• 거대한 규모로 세상을 바꾸는 창조자 | | | | 존재 | • 부를 좇는 CEO가 아닌 윤리적 여신을 지키기 위해 군대를 지휘하는 장군<br>• 로켓발명에(에너지)와 모드(자동차)의 최정점을 결합한 존재자<br>• 아이언맨, 스티브의 동시대를 사는 존재 | | | | | |

[그림 6-7] 완성된 양식의 예

고, **개발 및 발사 비용을 어머어마하게 감소시키는 것**이다.

그의 **사고방식(T)**을 보면 **고차원적이고 원대**하다. 우주선을 만들어 인류의 활동무대를 넓혀야 한다고 말한다. 나는 그가 인류를 지구인을 넘어서서 우주인으로 만들려고 하는 것 같다. **'그'가 지구인을 우주인으로 존재변화를 시켜 주는 것**이다. 엄청난 발상 아닌가?

그는 일단 **우주 수송사업 및 대중교통식의 저가 단체 우주여행 사업 등 지금까지 없었던 사업영역을 구축**했다. 그래서 그는 기술을 사업으로 연결시킬 줄 아는 철저한 비즈니스맨이라 불린다. 그의 꿈은 애당초 어릴 때부터 원대했다. "컴퓨터 게임을 정말 좋아하지만 설사 성공한다 해도 세계에 얼마나 영향을 미치겠어요?" 초기 우주사업을 시작하려고 했을 때는 무모하다는 시선도 받았다.

그의 사고방식은 뼛속까지 **효율적**이다. 로켓은 원래 일회용이다. 그러나 그는 **재사용이 가능한 로켓의 시대**를 열었다. 화물 캡슐을 우주로 운반했다가 정확하게 발사대로 되돌아오게 하는 로켓을 설계했고,[12] 귀환에 성공했다고 한다. 게다가 외국이나 하청업체의 도움 없이 자체 기술로 개발을 하니 당연히 로켓 가격은 낮아질 수밖에 없다. **타 제품 대비 10분의 1**이다. 요즘은 국책연구기관뿐 아니라 민간업체들도 자사 제품이 우주에서 어떤 반응을 보이는지를 보기 위해 스페이스 엑스를 애용하

12) 이는 청소를 마치면 충전을 위해 거치대로 자동으로 돌아오는 로봇청소기를 연상케 한다.

고 있다. 비용이 저렴하니 더 많은 고객들을 유치할 수 있음은 물론이다.

그의 **행동방식(A)**은 철저히 **실패 극복의 역사**다. 로켓 발사과 정에서 너무나 많은 노력과 실패가 따랐기에 책을 읽다 보면 애가 탈 정도다. 그는 상황이 어려울수록 이성적으로 결정하고, 목표에 집중하는 능력을 가지고 몰입했다. 거듭된 실패에 대한 언론의 조롱에도 불구하고, 소유즈는 21회 중 9회, 아틀라스는 20회 중 9회 성공했음을 교훈 삼아, 전 재산을 투자해 첫 발사를 성공시켰다. 그는 또한 **적극적인 외연확장을 통해 충성도 높은 커뮤니티를 극적으로 늘려 갔다**. 사교적인 성품은 아니지만, 적극적인 홍보와 전문가와의 만남을 통해 그의 지지자들을 끌어 모으고, 제품에 대한 피드백을 받는다.

그의 **존재방식**은 완벽히 창조자의 마음가짐이다. 그는 '인류가 자초하거나 우발적으로 멸망하지 않도록 손길을 내미는 **구원자**'[13]로 불리며, 거대한 규모로 세상을 바꾸고자 하는 **몽상가**다. 부를 좇는 CEO가 아닌 승리의 여신을 지키기 위해 군대를 지휘하는 **장군**과 같다는 말을 듣는다. 그도 물론 종종 엄습하는 두려움을 느끼곤 한다. 그러나 **인류애와 소명의식, 열망, 치열함 등의 긍정적인 감정(그림 6-7의 2 부분)**이 그를 더 압도한다. 머스크는 "우리 자신의 그릇은 우리가 알고 있는 것보다 훨씬 더 크다. 그저 시도하라"고 말한다.

---

13) 그 자신은 구원자가 아니라고 했다. 그러나 남들이 그렇게 인정한다.

TAG² 모델 양식을 활용하여 마인드-풀 리더십 발휘하기

321

이런 **성장을 거친 결과(G)**로 스페이스 엑스는 우주운송 산업의 선두를 달리고 있으며, 2013년을 기준으로 50회 발사 계약을 체결함으로써 미 군수기관 등의 경쟁사 및 러시아, 중국 등의 경쟁국에 큰 타격을 주고 있다. 일개 **민간기업이 당당히 국가차원으로 벌이는 사업을 추월**한 것이다. 러시아는 아직도 손잡이를 돌리고, 세탁기 같은 구식의 기계장치로 우주선을 만들고 있다. 그러나 머스크는 전기전자 기기로 아예 다른 차원에서 개발을 하고 있다. 게다가 제조품 전량을 미국 내에서 제조하여 미국인의 긍지를 높이고 있다.

그는 작년에도 "차량 정체 속에 잡혀 있는 것은 영혼을 파괴하는 일"이라 말하며 LA 지하에 터널 네트워크를 만들어 교통체증을 해결한다고 발표했고,[14] 인간 두뇌와 AI를 연결하는 스타트업인 뉴럴링크(Neuralink)의 설립을 발표하는 등 세상을 바꾸는 사고를 계속 시도하고 있는 중이다. "아침에 일어나 별에 갈 수 없고, 우주 생명체를 만나지 못할 것이란 생각을 하면 우울하다"고 말한다. 그는 자신의 선택으로 스스로 영웅이 된 진정한 아이언맨[15]이다.

---

14) 이 책을 집필하는 동안 이미 일부 구간을 건설하여 2018년 12월에 완공될 예정이라 한다.
15) 아이언맨의 실제 모델은 일론 머스크라고 한다. 주인공인 로버트 다우니 주니어는 직접 스페이스 엑스를 견학하고 머스크를 인터뷰했다고 한다. 로버트는 머스크가 영화 주인공 스타크처럼 "자신의 아이디어에 사로잡혀 온몸을 불사르는 인물"이며 "스타크와 동시대를 호흡하는 인물"이라고 평했다.

# 대한민국의
# 성장곡선

　　　　　　　　**[그림 6-8]은 대한민국의 50년간 경제성장곡선**이다. 우리나라의 경제발전이 기하급수적인 성장곡선을 거쳤다는 것을 분명히 확인할 수 있다. 혹자는 초기의 곡선이 미미하다고 말할지도 모르겠다. 그러나 그 이후의 폭발력이 어디서 나왔는가의 관점에서 보면 **1960~1970년대의 경제전략은 분명히 의미 있는 주춧돌**이었다([그림 6-9] 참조).

　우리나라의 이 시기는 형성과 집중, 모멘텀을 10여 년 만에 너무도 신속하게 거쳤다. 이것이 외국에서 경이롭다고 인정하는 압축형 경제발전이다. 기업도 초기단계를 이렇게 빠른 속도로 전개해 나가는 것은 힘들다. 하물며 국가차원에서 이룩했기 때문에 더욱 위대한 것이다. **영국에서는 산업혁명 완성을 하는 데 200년이 걸렸다고 한다.**[16] **대한민국은 그것을 단 몇십 년 만에 해낸 것**이다. 이것이 하버드 대학교 등 세계의 학자들도 인정하는 우리의 성장발달사다.

---

16) 대한민국 경제발전사는 『The Korea Story』와 『한국형 경제개발』의 내용을 참조하였다.

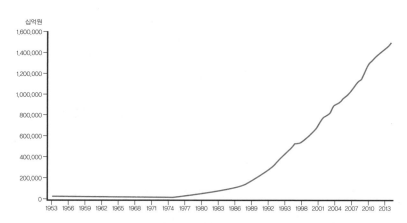

**[그림 6-8] 1953~2005년 국민총생산 그래프**
출처: 한국은행 경제통계시스템

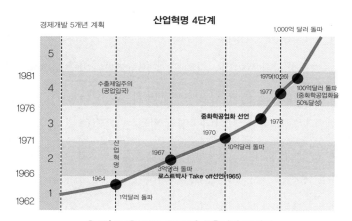

**[그림 6-9] 1962~1979년 수출성장 그래프**
출처: 『박정희는 어떻게 경제강국을 만들었나』에서 발췌

　　이 시기의 경제정책을 보면, 대한민국의 운명을 바꿔 놓을 만
큼 거대하고 불가능한 상상으로 설계되어 있다. **대통령은 자신
을 대한민국의 CEO란 존재방식으로 무장**했다. 원조국에서 시
작해서 '수출 제일주의'라는 국시 아래 국가의 업종을 농업국에

서 경공업국으로, 다시 중화학 공업국으로 아예 체질을 바꿔 놓았다. **대한민국 전체를 거대한 기업으로 생각하고, 거시적인 측면에서 '한국형 경제개발 모델'을 수립해서 균형 잡힌 거대 산업들을 출범**시켰다. 이때 건설된 석유화학, 전자, 기계, 철강, 조선, 비철금속 등의 산업이 없었다면 지금의 위대한 삼성, 현대, LG, 포스코는 훨씬 더 늦게 시작됐을 수 있다. 늦게 탄생한 존재는 더 많은 대가를 치렀을 것이다. 또한 공산국가의 위협에 맞서며 대립하던 시기였기에, 수출과 경제발전에도 기여하면서 방위력도 동시에 높일 수 있는 일석삼조의 산업전략들을 발굴해서 키움으로써 국력을 확장하는 데 이바지했다. 1970년대 발발한 두 번의 오일쇼크가 없었다면 대한민국의 경제는 분명히 더 높이 비행했을 것이다. 그럼에도 불구하고 수출성장률은 [그림 6-7]처럼 16년 동안 연간 20~40% 사이의 믿기 힘든 기록을 일궈 냈다.

이 시기의 노력으로 **우리나라 경제 성장곡선은 이후에도 완벽한 기하급수적인 성장곡선**을 보인다. **초기의 이런 성장이 없었다면 대한민국의 모습은 지금과는 많이 달라져 있었을 것**이다. 독자들은 관성의 법칙이라는 물리적 법칙을 모두 알 것이다. 고정돼 있던 것을 움직이려면 처음에 얼마나 힘이 드는지 말이다. 자동차 운전을 할 때도 2단까지 가속되면 가속도가 붙어 그 이후는 수월해지지 않는가?[17]

---

17) 그 이후 지금까지 우리 국민들이 뛰어난 저력을 보여 왔다는 것을 인정한다. 이 책의 초점이 미친듯이 불가능한 미래 상상을 시작하고 돌파하는 창조적인 도전정신을

페이팔의 전설적인 창업자인 **피터 틸**은 **'모든 것의 처음은 이후에 벌어질 일들과는 질적으로 다르다'**고 주장하며 기초의 중요성을 힘주어 강조한다.[18] **그만큼 시작이 중요한 것이다. 하물며 국가 전체를 들썩일 때야 선배들이 얼마나 힘에 부쳤겠는가? 거대한 불가능한 고차원적인 사고방식 그리고 꼭 해내고야 말겠다는 행동방식이 우리나라에 감동적인 성장경험**을 선물했다. 우리는 이런 성장을 직접 보았다. 그리고 일원으로 참여도 하였다. 해봤더니 된 것이다. **한 번 해 봤던 것을 재현하지 못할 이유가 없는 것이다.** 이를 추진하는 데 있어서 리더뿐 아니라 A급 테크노크라트와 근로자들이 있었다.

## A급 팀 구성

하그로브는 불가능한 미래를 실행하는 것이 참으로 어려운 창조적 작업이라고 한다. 그는 **창조행위란 예기치 않은 협력을 요구하는 사회적 행동**이라고 강조하며 협력작업을 요구한다. 게임의 판도를 바꾸고, 놀랍고도 가능한 것이 무엇인가에 관한 인식을 바꿔 놓는 위대함은 A급 선수

강조하고 있음을 상기하기 바란다.
18) **"기초부터 망친 신생기업은 되살릴 수 없다"**는 말을 늘 입에 달고 다녀, 사람들은 이를 **'틸의 법칙'**이라고 부른다.

들로 구성된 팀이 이뤄 줄 것이라고 강조한다. A급 팀 구성을 위해 리더는 채용뿐 아니라 관계 맺기에도 공을 들임으로써 그들의 관심과 열정을 사로잡고, 이런 동기가 변화의 시작을 가능하게 한다고 한다. 리더는 물질적 보상에 그치지 않고 **"사람들이 열광하는 부분이 어디인가"를 자문함으로써 정신적 보상을 주는 비전을 제시해야** 한다. 비전으로 끌어당기라는(mind-pull) 말이다. 하그로브는 리더에게 창의적 아이디어를 마음껏 제시할 수 있는 분위기 조성에도 힘을 기울이라고 조언한다.

A급 팀 구성을 위해서는 인재감별사가 되어야 하는데, 하그로브는 **A급의 본질은 일을 잘할 뿐 아니라 전력질주의 의지를 갖고 있으며, 위기 시에 판도를 바꿔 기대 이상의 성과와 리더십을 보이는 사람**이라고 정의한다. 위대한 리더의 역할은 어떤 상황에서든 사람들이 성공하도록 도울 방법을 모색하는 것이다. 그런데 **분주한 경영자들의 실수는** 인재들을 끌어들이고 유지하기 위해 마땅히 줘야 할 **관심을 주지 못하는 것**이다. 바쁘게 돌아가는 현대사회에 있어서 **시간이란 내가 타인에게 줄 수 있는 소중한 비물질적 선물이다. 시간 선물을 많이하는 경영자는 직원들의 몰입과 열망이란 선물을 되돌려받게 된다.**

블루오션의 열풍을 일으켰던 **김위찬과 르네 마보안**의 후속작인 『블루오션 시프트』는 어떻게 A급 인재 팀을 짤 것인지를 잘 설명해 주고 있다. **인원은 10~15명** 선이 관리하기에 적절하며, **모든 주요부서 사람들을 참여**시키라고 한다. 이 사람들은 부서를 대표해서 자기 부서의 맹점을 스스로 깨닫게 되며, 각 단계에서 블루오션 팀이 찾아낸 사실을 돌아가서 부서에 전달하는 역할을 한다. 특히 **재무 부서를 포함**시키면 블루오션 전략의 위력을 알게 되어 전폭적으로 투자지원을 아끼지 않는다고 한다. 만일 그렇지 않으면 돈과 숫자만 따지게 된다고 한다. **팀원 선발 요령은** 듣기를 잘하고, 사려 있고 창의적 문제를 제기할 수 있는 사람이어야 한다. 특히 **원대한 꿈을 가지면서도 성사능력이 있어야** 한다. **사고와 행동 모두에 능한 '태그 매치'를 잘하는 사람**이다. 또한 한두 명쯤의 반대자를 포함시키는 것도 일의 실패를 사전에 감지하는 데 도움이 된다. A급 팀의 팀장으로는 직급이 높고 존경받는 내부자를 선정하여 조직에서 발생할 수 있는 잠재적 저항에 대비하도록 한다. 중요한 것은 **모든 절차가 공정해야** 구성원들의 긍정적인 감정을 지속적으로 업그레이드할 수 있다고 김위찬은 강조한다.

『이노베이터 DNA』에서는 **팀 구성에 꼭 필요한 사람들의 유형**들을 얘기해 준다. 첫째로 **선지자 또는 몽상가 역할을 할 사람**이 필요하다. 이들은 불가능한 미래를 상상한다. 두 번째로 **이용자 경험을 디자인하는 사람**이 필요하다. 이들은 고객의 니즈에 초점을 두고 직관적이고 간결하게 고객과의 관계를 확대하는 전략을 짠다. 세 번째로 **회사 시스템을 운영하는 사람**들이 필요하다. 이들은 재무, 비즈니스, 엔지니어링, 프로그래밍을 맡는다. 이 세 유형의 사람들이 균형과 조화를 이룰 때 혁신은 빛을 발한다.

하그로브는 컴퓨터를 온종일 보면서 책상을 지킨다고 해서 불가능한 미래를 창조할 수는 없다고 강조한다. 그는 리더에게 불가능한 미래 실현에 필요한 유형의 사람들의 목록을 만들고, 밖으로 나가서 그들을 끌어모으라고 조언한다. 기업의 성장은 곧 사람의 성장에서 비롯되기 때문이다.


# 점진적 노출을 통한 자신감 향상

**거대한 목적을 상상하는 것은 무척이나 불안하고 두렵다.** 아이데오의 창업자인 **켈리는** 창의적 자신감을 이끌어 내기 위해 '**유도된 숙련'을 강조**한다. 이는 심리치료에 쓰이는 기법으로 전문용어로는 **점진적 노출법**이라고 한다. **불안과 두려움을 이겨 내기 위해서 점진적으로 자신을 불안한 상황에 노출시키면서 불안의 정도를 줄여 가는 것**이다.

점진적 노출을 위해 아이데오에서는 **목업**(mock-up)[19]을 만들고 품평회를 여는 것이 디자인의 한 과정을 차지한다. 몇 년 전에 캘리포니아에 있는 아이데오 본사를 방문할 기회가 있었는데, 목업이 최종 제품으로 변천하는 과정을 죽 진열해 놓은 것을 볼 수 있었다. **실제가 아닌 모형을 먼저 만들고 이에 대한 피드**

---

19) **목업**이란 실물과 동일하게 만든 모형으로, 직접 보고 만질 수 있는 **프로토타입**을 말한다. 목업은 최종 산출물이 아닌 피드백을 받기 위한 중간 산물로서, **지속적인 정교화를 통해 최종제품으로 발전**시켜 나간다.

백을 받음으로써 점점 완벽한 제품으로 발전할 터전을 만들게 되고, 이런 점전적인 노출을 통해 **자신감**을 갖게 되는 것이다. 자신감을 다른 말로 **자기효용감**이라고도 한다. 하그로브가 **돌파구 프로젝트를 먼저 실행하고 시장의 반응을 보라**고 한 이유도 이런 점진적 노출의 효과를 노린 것이라 해석할 수 있다.

양식을 작성할 때 코치가 도움을 주는 상황이라면, 코치는 양식의 내용들이 처음부터 완벽하지 않아도 된다고 말해 준다. 그러나 분명히 해야 할 것은 지금보다 **10배 정도의 변혁**을 할 수 있는 아이디어가 담겨 있어야 한다고 강조해야 한다. 아이데오의 CEO인 켈리는 '밀어붙이라'는 표현을 한다.

## 정말 강조되어야 하는 또 하나는 '실행'이다

만일 불가능한 미래를 실현시키기 원하면 **목표와 계획 준비에 정교한 공을 들이는 과정을 과감히 줄여야** 한다. **불가능한 미래는 전인미답 차원이므로 명확한 계획이나 절차가 존재하지 않기 때문**이다. 만일 그런 것이 존재한다면 그것은 어떤 것의 모방이지 불가능한 미래가 아니다. 4장에서 말했던 황금비의 경영기법을 리마인드하라. 마인드-풀 리더는 **행동을 실행하는 과정에서 앞으로 나아가는 또 다른 아이디어를 발견할 것**이다.

하그로브는 비록 작지만 의미 있는 지렛대가 될 만한 소규모의 돌파구 프로젝트라도 빨리 실행해 보고, 그 과정에서 실수를 수정해 나가라고 한다. 예를 들어, 100일짜리 목업(mock-up) 프로젝트라든지, 작은 웹사이트를 먼저 구축해 본다든지, 책의 틀(framework)을 먼저 PPT로 작성해서 고객들의 반응을 실험해 본다든지 하는 것이다. 돌파구 프로젝트의 한 예로, 요즘 TV 방송 프로그램을 출범시킬 때, 처음부터 정규방송에 편입시키기 보다는 사전에 파일럿 프로그램을 몇 회 방송해서 시청자들의 반응을 보고 결정하는 것을 종종 볼 수 있다.

아이데오의 제품 디자인도 이런 돌파구 프로젝트의 방식을 따르고 있다. **아이데오에서는 뭔가 큰 것을 만들고 싶다면 일단 만들기 시작하라**고 한다. 새 프로젝트에 착수할 때가 가장 어렵다. 아이데오의 CEO는 책 집필의 예를 든다. 만일 300여 페이지의 책을 쓰려고 하는 작가가 있다면, 맨 처음 빈 페이지를 마주할 때 얼마나 막막하겠는가? 중요한 것은 우선 출발해야 한다는 것이다.

이에 관한 **흥미로운 실험**이 있다. 교수자는 피험자들을 두 집단으로 나눠 도자기를 만드는 과제를 주었다. 한 집단에는 최종 작품의 질에 맞춰 점수를 매길 것이라 말했고, 다른 집단에는 무조건 양을 기준으로 평가하겠다고 말했다. 전자 집단은 잘 만들려고 고민을 거듭했다. 후자 집단은 평가결과에 구애받지 않고 도자기를 끊임없이 만들어 냈다. **기말 평가에서 최고의 작품은 양에 치중한 학생들에게서 나왔다**고 한다. **많이 행동하고 만들어 볼수록 실력은 느는 것이다.**

머릿속으로 재면서 눈치만 볼 뿐 행동에 돌입하지 못하는 습관을 가진 사람들은 자신의 어떤 성향 때문에 앞으로 나아가지 못하는가를 성찰해 보고, 황금비의 법칙에 따라 의도적으로 사고와 행동의 비율을 적절히 조절하기 바란다.

코칭계의 구루인 **마셜 골드스미스**는 『트리거』에서, 체계가 없이는 변화하지 않는다고 했다. **올바른 체계는 다음과 같은 질문을 함으로써 점검**할 수 있다. **"우리는 어디로 향하고 있는가?"** "잘 하고 있는 것은 무엇인가?" "내가 나를 어떻게 도울 수 있나?" **"나는 나아지고 있는 걸까?"**를 물어봄으로써 실행의 즉흥성을 방지할 수 있다고 한다. **이런 질문은 '내가 못하고 있는 것'에만 골몰해서 부정적인 기분에 빠지지 않게** 한다. 미래 지향적인 긍정적인 자세로, 체계적인 행동을 하면서 사고의 타당성을 검증하는 방식이다. **하그로브**도 이와 비슷한 관점에서 **실행의 진단을 위해 점수판을 이용하라**고 한다. 불가능한 미래를 상상했으면 곧바로 행동에 돌입해야 한다. 프로레슬링의 **'태그 매치식 사고와 행동의 교대'를 상기하라.**

## 헌신적인 대화와 긍정적인 수용은 리더십의 기본

하그로브는 책의 곳곳에 **'헌신적 경청'**을 곳곳에서 강조한다. 헌신적 경청이란 상대방의 이야기를 귀담아 듣는 것을 뛰어넘어서 소중한 시간과 관심, 즉 **'자신의 존재'를 선물로 제공**한다는 마음으로 듣는 것에서 시작하는 것이다. 헌신적인 대화를 하지 못한다면 직원들과의 불가능한 미래에 대한 허심탄회한 토론은 결코 끌어낼 수 없다.

마인드-풀 리더도 팀원들의 심리적인 저항을 제거하기 위해서는 **무조건적인 긍정적인 수용으로 상대를 품어 주어야** 한다. 진정한 마인드-풀 리더는 이성으로 무조건 다가가지 말고, **감정으로 먼저 다가간다**. 상대의 모든 말을 판단하지 않고 그럴 수 있다고 인정한다. 상대의 왜곡을 수정할 수 있는 기회는 나중에 얼마든지 만들 수 있으니, 성급한 판단적 시각을 버리고 무조건 상대의 사고와 감정과 행동을 그럴 수 있는 것으로 받아들여라. 그러지 않으면 상대는 깊은 마음을 꺼내지 않고 저항이 깊어진다. **존중의 대화로 공감을 하고 그들의 입장에서 얘기를 들어 줄 때, 상대들은 비로소 저항을 풀고 안심**을 하게 된다. 늘 **사고보다 감정을 우선해서 대화를 이끌어 가야 한다**[20]는 것을 잊지 않아야 한다. 다음 부분은 기존의 리더들에게 부족한 심리학적인 부분, 특히 코칭심리학을 보완하는 측면에 중점을 두었다.

## 1. 감정이입 우선의 원칙

인본주의 상담의 효시를 연 **칼 로저스**의 말을 들어 보자. 로

---

20) 사고를 차선시하라는 뜻이 아니다. 감정을 적절히 다루지 못하면 사고, 즉 이성적 대화가 이뤄지지 못한다는 의미다.

저스는 '상담자는 **다른 사람의 개인적인 세계로 들어가 그곳에
서 완전한 편안함을 느끼라**'고 말한다. 더 나아가서 로저스는
'**내담자의 삶 안에 잠시 생활하는 것을 시도하라**'고 한다. 이것
이 진정한 **감정이입**이다. 쉽지 않은 일이다. 그래서 많은 리더
가 알고는 있지만 실제로는 발휘하지 못하고 있다.

4장에서는 이를 '**감정적 지불**'을 통한 신뢰 얻기라고 설명했
다. 이렇게 리더가 직원들의 입장을 수용하는 모습을 보여 주
면, 직원도 따라서 자기 자신을 수용하게 된다. 그동안 자신조차
확신을 하지 못해 꽁꽁 묶어 놓았던 얘기들이 타인에게 수용될
수 있는 성질의 것이란 것을 알게 된다. 열심히 하고는 싶으나
자신감이 모자라서 항상 전전긍긍하고 불안한데, 그런 자신을
질책하지 않고 심경을 온전히 수용한다는 말을 리더로부터 들
었다고 상상해 보자. 그런 **수용되었다는 감정이 들면** 직원은 비
로소 자신의 깊은 속까지 들춰서 리더에게 보여 줄 용기를 낸
다. 그런 이슈들을 이제는 내 것이라 여기고 깊이 들여다보고자
하는 탐색의 과정을 시작한다. 그리고 **스스로 미래를 위한 상상
을 펼쳐 나간다.** 자유의지에 의한 결정이므로 실행력도 높아질
것이다. 이것이 바로 감정이입의 힘이다.

이와 반대로 **자신의 입장이 받아들여지지 않고, 안전하지 않
다고 느끼면, 자신의 개선점을 찾는 대신에 리더에게 저항감이
생기고 리더의 잘못을 찾기에 급급**해진다. 돌아서서는 험담을
한다. 완벽히 자기중심적 틀에 갇히게 된다.

실제로 사람들과 감정이입적인 코칭을 하다 보면 **남의 말을 그대로 수용하면서 오랫동안 들어 주는 것만으로도 신뢰형성에 큰 도움**이 된다는 걸 알게 된다. 특히 얘기를 들어 주기만 해도 마음이 후련해지고 전에는 생각지 못했던 새로운 아이디어가 떠오른다고들 한다. 게다가 직장인들은 스마트해서 **얘기 중에 해결안을 스스로 찾아 나가기도 한다.** 하청업체와의 관계도 좋아진다고 한다. 일반적으로 하청업체들은 할 얘기가 있어도 잘하지를 못한다. 어떤 직원이 하청업체 임원과 코칭대화를 하니, 임원은 자신들의 입장을 속속들이 얘기할 기회가 비로소 주어진 것 같아 무척 좋았다는 반응이다. **수평적인 조직은** 수평적인 대화, 즉 **코치적인 대화로부터 시작된다.** 솔선수범해서 헌신하려고 하는 마음이 없다면 수평적인 조직은 이룰 수 없다.

## 2. 비판단적 대화의 원칙

**비판단적 대화의 원칙**은 '무조건적인 긍정적인 수용'으로부터 시작된다. 이 말을 듣고 누군가가 내게 "정말 무조건 수용해 주는 리더가 세상에 있나요?"란 질문을 했다. 놀랍게도 있다. 세계적인 디자인 컨설팅 그룹인 **아이데오(IDEO)**에서는 브레인스토밍으로 제품을 개발하는 걸로 유명하다. 제1원칙이 비판단 원칙이다. 팀원들의 아이디어를 모두 수용하는 원칙이다. **거친 아이디어든 불가능하고 엉뚱한 아이디어든 무조건 수용의 원칙이**

다. **최종 결정안은 아이디어가 모두 나오고 나서 회의가 끝날 때 모든 팀원이 선택하면 되는 것이다. 일일이 리더가 말끝마다 판단해 줄 필요가 없다.**

우리 조직은 브레인스토밍을 해도 매번 상투적인 결론으로 끝난다고 말하는 사람들을 자주 본다. 브레인스토밍 회의를 하자고 하면, "또?"라는 시들한 반응을 보인다. 과연 왜 그럴까? 아마도 리더 또는 팀원들이 아이디어에 대한 판단을 주로 가했을 것이다. **자신의 아이디어가 판단당할 것을 아는데 내가 왜 굳이 도전적인 아이디어를 낼 필요가 있을까? 팀원들은 자기보호, 즉 안전감을 택하는 쪽으로 기울 것이다. 고착 마인드세트로 돌변**하는 것이다. 결국 **브레인스토밍은 모든 사람이 순서대로 돌아가며 의무적으로 발언하는 형식으로 변질**된다. 이것이 바로 **브레인스토밍이 실패하는 이유**다. 그렇다면 상대방의 말에 어떻게 응답하면 '무조건적인 수용'일까?

### 비판단 대화의 예

존 가트맨의 『감정코칭』에 소개된 예를 들어 보자. 자녀가 그림을 그렸다 치자. "그림에 보라색을 많이 사용해서 예쁘구나"는 수용적인 대화일까? 인정과 칭찬의 피드백이므로 많은 사람이 '예'라고 대답하겠지만, 정답은 '아니요'다. **수용적인 대화는 판단을 중지해야** 한다. **'예쁘다, 잘했다'라는 판단적인 말을 굳이 할 필요가 없다.** 진짜 수용적인 대화는 "그림에 보라색을 많이 **사용했구나**"라고 말하는 것이다. **사실(fact) 자체를 수용해 주는**

것이다. [21] **수용만 해 줘도 인정받은 기분이 든다.** 다른 예를 들어 볼까? **"당신은 그런 생각을 했군요"**는 비판단적 대화다. 반면에 **"당신 생각이 나도 마음에 들어요"**는 판단적 대화다.

**비판단적 대화가 힘들다면 그냥 "그랬군요" 또는 "그렇군요"라고 하면 된다. 잘했다, 못했다를 구분 지어 판단하고 조언할 필요가 없다.** 예를 들어, 직원이 "오늘 정말 스트레스 받았어요"라고 했다면, 리더는 진심을 담아 "아! 그랬구나"라고 하면 된다. "힘들었겠구나"까지 더해서 감정을 읽어 주면 더욱 좋다.

유의할 점은 "그랬구나"라고 할 때, 상대로 하여금 자신의 말이 수용되었다는 마음이 들게끔 **진정성을 실어서** 해야 한다. 말로는 "그랬구나"라고 하면서 표정은 심드렁하다거나, "그랬구나, 근데……"로 이어지는 말들은 오히려 실망만 더해 줄 뿐이다.

### 비판단 대화의 효과

토의 시 상대가 인정받는다고 느낄 때까지 **"그렇군, 그래서?"[22]를 반복하면서 호기심 있게 끝까지 들어 주면, 아마 상대방의 감정에 많은 긍정적인 변화가 일어날 것**이다. 그는 솔직해질 것이다. 그리고 마음을 개방할 것이다. 리더를 믿을 것이다. 방어적인 마음을 버리고 비로소 자신의 내면을 들여다보기 시

21) 앞 장에서 칭찬은 선별적으로, 행위와 노력에 대한 부분을 칭찬하라고 했다. 칭찬의 남용은 오히려 타인에 대한 인정욕구와 의존성을 키워 준다. **칭찬도 판단이다. 현상적인 사실만을 인정하고 수용해 주는 것이 인간을 성장시키는 대화**다. 그것이 바로 성장 마인드세트.
22) 너무도 쉬운 방법 아닌가? 그러나 이렇게 대화하는 사람들은 코치나 상담자 외에는 별로 없는 것이 현실이다.

작할 것이다. 마침내 자신의 잘잘못을 스스로 성찰하게 될 것이다. 바로 이 순간을 놓치지 않고 **"그럼 어떻게 하면 좋을까?"**라고 물으면 순순히 자신의 해결안을 드러낼 것이다. **자신의 존재방식을 바꿔 볼 용기도 낼 것이다. 그리고 불가능한 상상을 할 모험을 할 것이다.** 그러니 일일이 고치고 가르칠 필요가 없다. 이것이 **잠재력과 가능성을 끌어내는 마인드-풀 리더의 대화방식이다. 정보가 정말 부족해서 좋은 아이디어가 안 나온다면, 동의를 구하고** 정보를 줘도 된다. 코칭에서 **멘토링으로** 넘어가게 되는 것이다.

후배를 양성시킬 **좋은 의도였든 아니든 간에 직장에서 교정적인 피드백**[23]을 주로 주는 리더들은 과연 자신의 소통방식을 **얼만큼 고수해야 하는지를 깊이 생각해 보기 바란다.** 그런 사람은 **자신에게조차도** 매일 잘못했다고 후회하고 질책하는 **자기패배적 모습**을 보일 확률이 크다. 왜냐하면 나에게든 남에게든 긍정적인 것보다는 **부정적인 것을 선택적으로 잘 찾기 때문**이다. 그리고 **실패를 허용치 않는 완벽주의**에 빠져 있을 수도 있다. 결국 자신도 힘들고 상대방도 힘들다. 그런 자신의 모습을 잘 들여다보기 바란다. **긍정적 피드백과 부정적 피드백이 적어도 3:1이 되어야 한다**는 프레드릭슨의 실험결과를 다시 한 번 상기하면 도움이 될 것이다. 자신에게도 3:1의 비율로 인정해 주는 말을 하라.

---

23) **교정적인 피드백**이란 문제가 되는 행동을 바른 방향으로 **수정하려고 주는 피드백**을 말한다.

학습과 연습이 없다면 대화가 늘지 않는다

판단적 시각을 버리고 **비판단적 대화를 하는 데에는 짧지 않은 시간과 노력**이 요구된다. **심리학 책을 많이 읽는 것과 코칭 대화 연습을 많이 하는 길밖에는 없다.** 마인드-풀 리더가 되려면 조급하게 생각하기보다는 직장에서나 가정에서나 많은 연습을 하기 바란다. 그러면 주위 사람들의 웃는 얼굴을 많이 대하게 될 것이다. 리더가 부하들을 푸시하지 않고, 부하들이 눈을 반짝이며 리더의 비전에 끌려오면서 헌신을 마다 않는 조직에 대한 열망은 모든 리더들이 갖고 있다. 부하의 마음을 끌어당기는 리더가 되려면, 바라지만 말고 코칭 대화를 위한 직접적인 노력을 해야 한다.

**때로는 냉정한 지적이 필요할 때도 있다.** 골프 코치가 매일 긍정적인 피드백만 한다면 선수가 발전을 하겠는가? 그런데 **잘못을 지적할 때에는 어떤 방식으로 하느냐가 중요하다**고 한다. 『상자 밖에 있는 사람』에서는 **'당신은 무능한 사람이란 인간관'에 입각해서 얘기하면 필요한 피드백도 비난으로 듣는다**고 한다. 그러나 **같은 말이라도 '당신은 잠재력을 가진 존재라는 인본주의적 인간관'과 성장적인 측면에 입각해서 얘기**할 때, 상대는 리더의 말을 진정성 있게 받아들인다.

셀프코칭할 때도 일론 머스크가 한 말을 굳게 믿어 보자. "나 자신의 그릇은 내가 알고 있는 것보다 훨씬 더 크다. 그저 시도해 보자." 2장에서 말했듯이 인류, 그리고 당신은 위대하다. 단, 이러한 격려의 말과 행동이 다르다면 진정성을 느낄 수 없다.

**오센틱 리더십[24]의 발휘는 말과 행동의 일치에서 나온다.**

# 마인드-풀 리더의
# 기본자세

마인드-풀 리더가 되겠다고 결심했다면 그에 걸맞은 '자세'를 갖추어야 한다. 새 사람이 되어야 한다는 뜻이다. 익스트림 리더는 성장과 변화를 이끄는 **독특한 존재방식에 중독된 사람들**이라고 하그로브는 말한다. **마인드-풀 리더는 직원들로 하여금 지금까지 습관적으로 지나쳐 왔던 것을 새로운 눈과 사고방식으로 보도록 도와주는 사람들**이다. **스스로도 새롭게 태어나도록** 노력해야 한다. 내가 나를 탄생시키는 것이다. **내가 나의 어머니가 되어야 한다.**

첫째, 리더는 과거의 성공 공식이 아닌 **창조자적인 관점에서 미래를 볼 수 있게** 도와줘야 한다. 4장의 기하급수적 성장을 위한 공식을 기억하라. 둘째, 현재의 문제보다는 **미래의 해결책에 초점**을 맞춰야 한다. 인간들의 잠재력을 최대로 발휘하게 하려면 1장에서 언급했던 질병모델이 아닌 **성장모델에 의거**하라. 인

---

24) 오센틱 리더십의 '오센틱(authentic)'이란 말은 심리학자 매슬로가 사용했다. 그는 **오센틱을 자신의 삶을 자신의 본성에 맞추는 것**이라 했다. 인본주의 심리학의 기본개념이다. 이 개념을 리더십에 접목한 것이 오센틱 리더십이다. 루쌘즈와 아볼리오는 오센틱 리더십을 긍정적 심리능력과 고발달적 조직환경을 이끌어 내는 과정이라 정의한다.

간은 위대하고 기하급수적인 성장이 가능하다는 것을 믿어라. 셋째, '모든 것이 가능하고, 모든 상황을 변화시킬 수 있으며, 항상 길이 있고 의지대로 행동할 수 있다'[25]는 긍정심리적 관점에 입각해서 행동한다. 능력을 제한하는 **오류적 근거를 무력화시키기 위해 3장을** 늘 가까이 두고, 머리로만 이해하는 것이 아닌 **체득의 수준이 될 때까지 반복해서 읽어 보기 바란다.**

마지막으로, 공감의 힘을 발휘해야 한다. 남의 고통을 예상하고 그들이 다시 항상성을 회복하길 바라는 것은 인간의 본능이며 존재론적 갈망이다. **감정이입과 공감은 타인에게 가는 문을 열어 준다.** 이런 높은 수준의 의식이 없었다면 인류는 오늘날처럼 성장하지 못했을 것이다. 이런 **성장의 행운을 타인과 나누는 사람이 바로 위대한 리더다.**

25) 『마스터풀 코칭』에서 인용하였다.

# 이 책을 마치며

이제 책을 마칠 시점이 된 것 같다. 이 책은 왜 성장이 중요하며, 성장은 어떤 성질을 가졌는지, 인간이 성장하려면 어떤 점을 염두에 둬야 하는지에 관한 책이다. 이 책을 읽은 독자들이라면 눈앞에 보이는 단기적인 성과에 지나치게 치중해서 사람과 일을 그르치지 말고, **원대하고 차원을 넘어서는 성장을 도모함으로써 이전에는 꿈도 꾸지 못했던 불가능한 미래를 이뤄 내기를 꿈꿔도 좋다.**

**리더 자신이 자꾸 '저성장'이란 클리셰를 언급함으로써 직원들에게 자기패배적이고 상투적인 마음가짐을 전염시키지 말아야 한다.** 대한민국은 지금 성장곡선의 후기 평탄부가 아닌 또

343

**다른 성장을 위한 초기 변곡점에 있다고 상상하라. 4차 산업시대의 도래는 또 하나의 거대한 씨앗을 키울 수 있는 기회다.** 유능한 리더라면 저성장에 초점을 두지 말고 이제야 말로 새로운 산업시대에 들어선다는 사실에 초점을 둬야 한다. 우리의 국민 수준은 또 다른 티핑포인트를 맞을 만큼 잘 준비되고 교육되어 있다. **재부흥의 목전에 들어선 지금은 과거보다 더 가파른 기하급수적인 성장을 이어 나가기 위한 불가능한 상상을 하는 데 에너지를 쏟을 때다.**

**마인드-풀 리더십**은 관계를 변화시키거나 성과를 개선하는 일을 넘어서는 무엇이다. 제대로 된 리더십은 **인간에게 S자 성장 곡선의 원형을 경험하게 해 줌으로써, 행복하고 만족된 삶을 살도록 도와주는 일이다. 복잡한 리더십 기법은 필요 없다.** 이 책의 결론은 **자연과 인간사회에 이미 존재했던 단순한 성장의 원형을 발견하고 그것을 인간들에게 다시 상기시켜 주는 것이다. '더 높이 사고하고 더 멀리 행동하라'**고 말이다.

리더들은 내가 타인을 어떻게 움직일까 하는 고민은 이제 버리기 바란다. 이제부터는 **타인들이 본래 어떻게 움직여 왔는가를 열심히 관찰하고, 남들의 성장을 어떻게 도울까, 조직의 목적**

을 어떻게 더 나은 세상으로 연결시킬까를 부단히 성찰한다면, 나와 세상 모든 사람들은 **기하급수적인 성장을 공유하게 된다.** 이런 **보편적인 원리에 리더십을 맞추려는 노력은 인류를 자유롭게 할 것이다. 진정한 리더는 자연과 인간 본성을 깨달은 사람이다. 자연과 인간성에 더 가까워지는 마인드-풀 리더십을** 기대하며, 스피노자의 말로 끝을 맺는다.

우리의 선(善)은 우리를 타인과 사회 전체의 이익에 연결
시켜 주는 **우정**에 있다.

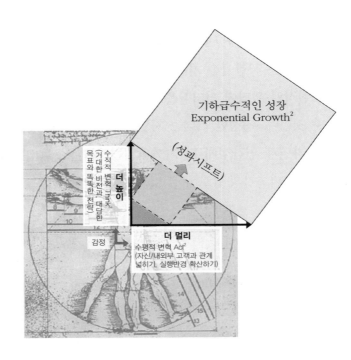

## ※ 이 책의 내용을 교육으로 제공합니다.

〈교육 효과〉
- **개인적 성장:** 자연과 인간의 성장원리를 깨달음으로써 나의 위대함과 내 삶의 의미를 발견하고 **나의 성장 잠재력**에 대한 자신감을 가진다.
- **리더로서의 성장:** 리더로서 나의 정체성과 무의식적인 관계방식을 통찰함으로써 타인에게 **신뢰와 성장을 선물하는 리더**로 성장할 수 있다.
- **비즈니스 성장:** 창조적인 존재방식으로 변화함으로써 기하급수적으로 성장할 수 있는 미래를 꿈꾸고, **새로운 사업기회**를 포착하며, 이를 통해 사업성과를 올릴 수 있다.
- **미래에 대한 대비:** 4차 산업의 도래를 맞이하여 미래의 인간관과 사업관, 리더관에 대해 깊이 성찰하며, **미래지향적인 직관**을 얻을 수 있다.

〈방식〉
특강, 집합교육 프로그램, 일대일 코칭, 집단 코칭

〈주관〉
오인경 mind-pull@nate.com
최치영 cmoehrd@gmail.com

# 저자 소개

**오인경**(In Kyung Oh)

이화여자대학교, 퍼듀대학교 대학원에서 심리학과 교육공학을 전공하고, 보스턴대학교에서 교육공학 박사학위를 취득했다. 삼성인력개발원에서 잔뼈가 굵어, 이후 크레듀(현 멀티캠퍼스)와 포스코 그룹에서 임원으로 일했다. 교육공학 박사로서는 우리나라 최초로 기업인으로 진출하였으며, 포스코 최초의 여성임원을 역임하였다. 체계적인 기업교육시스템과 이러닝을 국내에 정착시키고 일군의 산업영역으로 발전시키는 데 기여를 하였다. 한국코치협회의 인증코치이며 교육전문가로서 리더십, 코칭, 교육방법론 등을 주제로 기업 및 정부, 공공기관, 대학교에서 겸임교수, 사외이사, 강의, 고문, 코치로도 25년 이상 활발히 활동해 왔다.

전공분야의 깊이 있는 성찰뿐 아니라 인문학, 과학, 미래학, 예술, 상담, 코칭 등의 폭넓은 독서와 교차연구를 통해 '인간'이란 존재를 심층적으로 이해하여 기업과 삶에 접목시키려는 독특한 노력을 지향하고 있다.

저서로는 『교육프로그램 개발 방법론』(학지사, 2005)이 있다. 여성리더로서 저자의 성장 스토리는 『워너비 우먼』(와이즈베리, 2015)과 『여자 라이프 스쿨』(책비, 2013)에 소개된 바 있다.

**최치영**(Edward C. Choi)

2000년에 미국 CMOE(Center for Management & Organization Effectiveness)의 한국 파트너로서 한국에 코칭 전문 회사를 설립하였다. 경영자 코칭, 비즈니스 코칭, 마스터풀 코칭 리더십 그리고 라이프 디자인 코칭에 이르기까지 다양하고 심도 있는 코칭 연구를 지속하고 있다. 특히 개인과 조직이 어떻게 코칭을 통하여 변화하고 성장할 수 있는가를 집중적으로 연구하는 과정에서 고대 그리스의 철학에서 많은 영감을 얻은 것을 큰 축복이라고 생각하고 있다.

현재 하고 있는 일에 크게 도움이 된 것은 텍사스 주립대학교, 예일대학교 대학원, 프린스턴 신학대학원, 수원대학교 대학원에서 배우고 연구한 경영학, 철학, 신학 그리고 코칭학을 통한 지식과 경영컨설팅 경험이라고 믿고 있다. 또한 코칭을 통한 개인과 조직의 성장을 연구하고 돕는 일을 남은 인생의 사명이라고 생각하고 매진하고 있다.

# 이제는 성과가 아닌
# 성장을 말하라!

기하급수적인 성장을 이끄는 마인드-풀(Mind-Pull) 리더십 가이드

Now, Focus on Growth over Performance!
- Mind-Pull Leadership Guide -

2019년   1월  25일  1판  1쇄 인쇄
2019년   1월  31일  1판  1쇄 발행

지은이 • 오인경·최치영
펴낸이 • 김진환
펴낸곳 • ㈜ 학지사

　　　　04031 서울특별시 마포구 양화로 15길 20 마인드월드빌딩
대표전화 • 02)330-5114　　　팩스 • 02)324-2345
등록번호 • 제313-2006-000265호

홈페이지 • http://www.hakjisa.co.kr
페이스북 • https://www.facebook.com/hakjisa

ISBN 978-89-997-1713-0 03370

정가 16,000원

이 도서의 국립중앙도서관 출판시도서목록(CIP)은 서지정보유통지
원시스템 홈페이지(http://seoji.nl.go.kr)와 국가자료공동목록시스템
(http://www.nl.go.kr/kolisnet)에서 이용하실 수 있습니다.
(CIP 제어번호: 2018036829)

교육문화출판미디어그룹 학지사

심리검사연구소 인싸이트 www.inpsyt.co.kr
원격교육연수원 카운피아 www.counpia.com
학술논문서비스 뉴논문 www.newnonmun.com
간호보건의학출판사 학지사메디컬 www.hakjisamd.co.kr